「九二共识」文集

许世铨 杨开煌 主编

九州出版社 JIUZHOUPRESS 全国百佳图书出版单位

图书在版编目（CIP）数据

"九二共识"文集／许世铨，杨开煌主编．—2版．
—北京：九州出版社，2021.4

ISBN 978-7-5108-8784-0

Ⅰ.①九…　Ⅱ.①许…②杨…　Ⅲ.①台湾问题—文
集　Ⅳ.①D618-53

中国版本图书馆 CIP 数据核字（2021）第 053568 号

"九二共识"文集

作　　者　许世铨　杨开煌　主编
责任编辑　毛俊宁
出版发行　九州出版社
地　　址　北京市西城区阜外大街甲 35 号（100037）
发行电话　（010）68992190/3/5/6
网　　址　www. jiuzhoupress. com
电子信箱　jiuzhou@jiuzhoupress. com
印　　刷　三河市兴博印务有限公司
开　　本　880 毫米×1230 毫米　　32 开
印　　张　12
字　　数　270 千字
版　　次　2013 年 6 月第 1 版　2021 年 6 月第 2 版
印　　次　2021 年 6 月第 2 次印刷
书　　号　ISBN 978-7-5108-8784-0
定　　价　68.00 元

"九二共识"文集

主　　编　许世铨　杨开煌

编写人员　(按姓氏笔画为序)

　　　　　　朱卫东　刘国深　李庆平　吴寄南

　　　　　　邱进益　余克礼　周志怀　袁　鹏

　　　　　　倪永杰　黄嘉树

编者的话

2012 年是海峡两岸关系协会和台湾海峡交流基金会于 1992 年 10 月底在香港会谈后达成各自以口头方式表述"海峡两岸均坚持一个中国原则"的"九二共识"20 周年。两岸各界纷纷举办活动予以隆重纪念。

中共中央台湾工作办公室主任王毅指出：回顾 20 年来两岸关系走过的曲折历程和近 4 年多取得的重大进展，人们会深切地感受到，"九二共识""对于两岸建立基本互信、开展对话协商、改善和发展两岸关系，发挥了不可替代的重要作用。'九二共识'形成的宝贵经验和凝聚的政治智慧，至今仍具有很强的现实意义"。他强调，"九二共识"的核心是坚持一个中国原则，精髓是求同存异，意义在于构建了两岸关系发展的政治基础。

台湾"大陆委员会"前主委苏起认为，"九二共识"是 1949 年以来，两岸针对"最核心、最关键、最棘手的'一个中国'问题达成的第一个深具历史意义的政治性妥协"。

为了共襄盛举，两岸一些热心学者倡议共同出版文集，汇集两岸官、学、媒体等各界对"九二共识"的阐述、评论、报道及回顾，从两岸的视角为它做历史的存证。这一倡议得到了两岸相关部门和人士的积极支持，这是本文集得以出版的缘起。

本文集收录了亲历香港会谈前后两会磋商和达成"九二共识"过程的权威人士的回忆及论述文章；有关"九二共识"的重要文件和当时的新闻报道；两岸对于"九二共识"的权威宣示和阐述；两岸专家学者和媒体发表的对"九二共识"研究成果和评论文章等等。本文集选用的资料截至2012年11月底。

由于篇幅的限制，编者对上述丰富的文献只能围绕文集的主题予以选登、节录或必要的删节，但没有改动文字，保存了作者的原意。这里要特别说明的是，有鉴于两岸间存在的政治现实，对一些敏感的政治术语和称谓，编者依据两岸例行的做法予以技术性处理，如此而已，别无它意。

囿于编者的学识水平，对文集的选材、编辑难免有疏漏和不足之处，敬请作者和读者赐教、海涵。

2012年12月15日

在"九二共识"20周年座谈会上的讲话（兼序）

（2012年11月26日）

中共中央台办、国务院台办主任　王毅

今年是海协会与台湾海基会达成"九二共识"20周年。回顾20年来两岸关系走过的曲折历程和近4年多取得的重大进展，我们深切地感受到，1992年两会达成各自以口头方式表述"海峡两岸均坚持一个中国原则"的共识，对于两岸建立基本互信、开展对话协商、改善和发展两岸关系，发挥了不可替代的重要作用。"九二共识"形成的宝贵经验和凝聚的政治智慧，至今仍具有很强的现实意义。

"九二共识"的核心是坚持一个中国原则。1949年以后，尽管两岸分隔对立，存在着深刻政治分歧，但双方均长期坚持一个基本立场，那就是：大陆和台湾同属一个中国，中国的领土和主权没有分裂。"九二共识"的核心，就是确立了坚持一个中国原则这一共同认知，由此明确了两岸关系不是国与国的关系、两岸应当在一个中国的框架内进行平等协商。确立这一核心，不仅符合客观事实，也符合双方各自规定，同时使两岸可以暂时搁置难以解决的分歧，构建彼此最基本的互信，进而打开交往与对话的大门。20年的实践充分表明，是否认同一个中国，事关两岸关系的性质，事关两岸关系的前途，事关大是大非。坚持"九二共识"，认同一个中国，两岸就可以展开平等协商，取得丰硕成果，造福两岸同胞。否定"九二共识"，不认同一个中国，两岸协商就难以进行，台海和平就会受到严重冲击，已有的协商成果也可能付之东流。20年来，无论台湾政治情势发生什么变化，我们始终把坚持"九二共识"作为与台湾当局和各政党交往的基础和条件，核心在于认同大陆和台湾同属一个中国。做到了这一点，台湾任何政党与大陆交往都不会存在障碍。

"九二共识"的精髓是求同存异。"九二共识"之所以能够达成，关键在于双方做到了求坚持一个中国之同，存双方政治分歧之异。这一成功实践表明，对于一些既具有共同认知又存在深刻分歧的重大问题，必须正确把握好同与异的关系，善于求大同、存小异，乃至求大同、存大异。求同存异体现了彼此包容、灵活务实、相互尊重、积极进取的精神。只求同，是不现实的；只讲异，更是不可行的。在平等协商中，需要考虑对方的关切，照顾彼此的需求，允许各自保留意见。达成共识的方式也可以灵活多样，不拘一格。只要双方都有解决问题的诚意，努力寻求认知的共同点，妥善处理好分歧点，就可以找到彼此都能够接受的解决办法。这是"九二共识"的精髓所在，也是两岸协商的一条基本经验。"九二共识"的达成以及两岸协商迄今的实践都表明，在两岸固有矛盾长期存在的情况下，处理复杂问题不可能也难以一步到位。而务实搁置争议，善于求同存异，进而积极聚同化异，就能在不断增进共识的过程中，逐步缩小和化解分歧，实现互利双赢的局面。

"九二共识"的意义在于构建了两岸关系发展的政治基础。"九二共识"的达成，直接促成了汪辜会谈的成功举行，推动后续协商取得进展，为两岸建立制度化协商与联系机制发挥了重要作用。2008年6月，两会也正是在相互致函重新确认"九二共识"之后，才得以恢复中断近10年的协商，进而相继签署18项协议和达成多项共识，解决了诸多事关两岸同胞切身利益的实际问题，提升了两岸交往合作的制度化水平。值得指出的是，20年来，"九二共识"已经发展成为两岸关系和平发展政治基础的重要组成部分。2005年中国共产党和中国国民党领导人共同发布的"两岸和平发展共同愿景"，明确宣示双方反对"台独"、坚持"九二共识"，奠定了两党交往的政治基础。2008年5月之后，两岸双方再度确认坚持"九二共识"，这是两岸关系之所以实现历史性转折和取得重大进展的首要关键。我们还高兴地看到，20年来，"九二共识"经受了数度考验，逐渐得到两岸主流民意支持，日益具备了更广泛的社会基础。两岸同胞从两岸关系曲折发展中越来越清楚地认识到"九二共识"的实质内涵和重要意义，从共同享有两岸关系和平发展成果中越来越直接地感受到"九二共识"与自己的切身利益息息相关。我们相信，只要两岸关系的共同基础得到维护，继续按照先易后难、循序渐进的思路推进协商谈判，就一定能够不断取得新的成果，更好地造福两岸同胞。

"九二共识"的启示是要有正视问题、面向未来的政治勇气和智慧。"九二共识"体现了双方打破僵局、开辟未来的政治决断和务实灵活处理复杂事务的政治智慧。这一经验弥足珍贵，富有深刻的启示。应当看到，两岸关系既存在着历史遗留的症结性问题，也会在发展进程中遇到各种新情况和新问题。我们从"九二共识"中汲取的有益养分是，正视而不回避面临的各种问题，同时以对历史、对人民负责的态度，站在全民族发展的高度，积极进取地思考破解难题之道，循序渐进地加以务实推进。过去4年多来的情况表明，尽管两岸协商曾遭遇许多困难，但只要双方审时度势、当断则断，就可以排除干扰，取得符合两岸同胞共同利益的积极成果。展望两岸关系的未来，凡是顺应两岸关系发展趋势、增进两岸同胞共同福祉、符合中华民族根本利益的事情，我们都愿与台湾各界有识之士一道，自觉承担起应尽的历史责任。我们相信，在实现中华民族伟大复兴这个大目标下，两岸同胞完全有能力、有智慧克难前行，把两岸关系前途掌握在自己手中。

同志们、朋友们，

不久前成功召开的中国共产党第十八次全国代表大会，确立了科学发展观的历史地位，提出了夺取中国特色社会主义新胜利的基本要求，明确了全面建成小康社会和全面深化改革开放的奋斗目标，为实现民族复兴描绘了宏伟蓝图。十八大报告充分肯定了对台工作和两岸关系发展取得的重大成就，提出了今后对台工作的指导思想和基本要求，确定了推动两岸关系发展的努力方向和工作目标，体现了中央对台大政方针一以贯之的继承性、与时俱进的创新性、开拓进取的前瞻性。

十八大报告丰富了国家统一理论和对台工作大政方针。报告指出："和平统一最符合包括台湾同胞在内的中华民族的根本利益。实现和平统一首先要确保两岸关系和平发展。"这是我们党在推进祖国和平统一大业的长期实践中作出的重要判断，也体现了我们对和平统一规律认识的进一步深化。报告在强调要坚持"和平统一、一国两制"基本方针和发展两岸关系、推进祖国和平统一进程八项主张的基础上，提出全面贯彻两岸关系和平发展重要思想，继承和发展了中央对台工作大政方针，确立了两岸关系和平发展重要思想作为对台工作大政方针的重要组成部分。推动两岸关系和平发展，既是实施我们国家和平发展战略的重要一环，也是坚持和平统一方针的必然要求。

十八大报告明确了今后一个时期对台工作的总体布局和努力目标。报告要求始终坚持一个中国原则，持续推进两岸交流合作，努力促进两岸同胞团结奋斗，坚决反对"台独"分裂图谋。这些基本要求，构成了确保两岸关系和平发展的政治基础、重要途径、强大动力和必要条件。我们要继续牢牢把握两岸关系和平发展的主题，以巩固深化两岸关系和平发展的政治、经济、文化、社会基础为主要任务和目标，不断推动对台工作取得新的进展。

十八大报告提出了巩固深化两岸关系和平发展的新主张、新论述。一是首次把坚持"九二共识"写入党的代表大会正式文件，表明了我们对"九二共识"作为两岸关系和平发展政治基础重要组成部分的高度重视。二是提出两岸双方应增进维护一个中国框架的共同认知，表明了我们希望在认同并坚持一个中国上寻求双方的连接点，扩大彼此的共同点，增强相互的包容性，从而深化政治互信、加强良性互动，增添两岸关系和平发展的前进动力。三是强调加强两岸关系和平发展的制度化建设，表明了我们愿通过平等协商，强化两岸各领域交流合作的机制化，以利于巩固两岸关系和平发展局面，并且形成不可逆转的趋势。四是主张探讨国家尚未统一特殊情况下的两岸政治关系并对此作出合情合理安排，表明了我们期待为解决两岸症结性问题逐步创造条件，不断拓宽两岸关系的前进道路。合情，就是照顾彼此关切，不搞强加于人；合理，就是恪守法理基础，不搞"两个中国"、"一中一台"。这体现了我们愿意正视分歧、逐步破解难题的决心和诚意。我们相信，只要双方以诚相待，相向而行，循序渐进，任何难题最终都可以找到妥善的解决办法。

同志们，当前对台工作面临着巩固深化两岸关系和平发展的新形势、新任务。我们一定要认真学习、深刻领会、全面贯彻十八大关于对台工作的重大决策部署，在以习近平同志为总书记的党中央领导下，更加奋发有为地做好各项对台工作，不断巩固深化两岸关系和平发展，不断开创对台工作新局面，为完成祖国统一和实现民族复兴作出新的更大贡献。

目　录

一　对达成"九二共识"的回忆及研究文章

二　达成"九二共识"的重要文件与媒体报道

重要文件

媒体报道

三　关于对"九二共识"重要作用的主要论述

中国大陆方面

附：

一

对达成"九二共识"的
回忆及研究文章

两会关于"海峡两岸均坚持一个中国原则"共识

——"九二共识"的由来

唐树备

1991 年，海峡两岸先后成立了受权团体海峡交流基金会和海峡两岸关系协会。台湾方面是 1991 年 3 月间成立海基会，董事长是辜振甫，驻会副董事长兼秘书长是陈长文。海峡两岸关系协会在 1991 年 12 月 16 日才成立。汪道涵任会长，我作为中共中央台办、国务院台办副主任，兼任海协常务副会长，邹哲开任副会长兼秘书长。

在酝酿成立海协，以便于与海基会建立工作关系前，根据中共中央和中国政府关于对台工作中一个中国原则的基本立场，国台办认定，海协和海基会的关系，应定位为一个国家内部尚未统一的两岸两个受权民间团体的关系。

1991 年 4 月间，成立才一个多月的海基会代表团，在陈长文副董事长的率领下，第一次正式来北京访问。

当时，海峡两岸关系协会还未成立，我作为国务院台办副主任，向他宣布了经时任国务院台办主任王兆国、国务院副总理吴学谦先后批准的《国务院台办关于处理海峡两岸交往中具体问题应遵循的原则的五点主张》，其中明确提出：

"中国的统一是台湾海峡两岸同胞的共同愿望和神圣使命，两岸同胞都应为促进祖国和平统一而共同奋斗。""在处理海峡两岸交往事务中，应坚持一个中国的原则，反对任何形式的'两个中国''一中一台'，也反对'一国两府'以及其他类似的主张和行为。"

1991年是台湾海峡突发事件的高峰期。随着台湾当局取消戒严和结束"动员戡乱时期"，以及开放台湾老兵回大陆探亲，两岸民间往来急剧增加，与此同时，由台湾海峡走私和两岸渔事纠纷引起的刑事案件也频频发生。这些事件中，有的是纯属两岸渔民的民间纠纷，有的则是不法分子在台湾海峡进行走私、抢劫。在处理上述事件中，有的是一方公权力介入后引起纠纷的升级；有的是两岸双方公权力都介入并引起冲突而使事态更加复杂化。

1991年11月3日，陈长文第二次率海基会人员来北京，与大陆方面就海峡两岸如何共同合作防止和打击犯罪的程序性商谈交换意见。

防止和打击犯罪行为在侦察和审理过程中必然涉及犯罪案件管辖问题，其中包括上述管辖权究竟属于同一国家内部，还是不同国家之间？

4日上午，我与陈长文在钓鱼台国宾馆开始交换意见。根据批准的说帖，我提出："商谈程序性问题应当有一个原则，这就是要坚持一个中国的原则。"同时，我表示："在合作打击台湾海峡海上走私、抢劫的范围内,可以在正式商谈时讨论案件管辖及调查处理问题。只要双方本着一个中国的原则,这一问题可以得到解决。"

6日上午,我与陈长文就程序性商谈中一个中国原则的表述交换了意见。陈长文表示,坚持一个中国的原则没有问题,台湾的"国统纲领"就是一个中国原则。但在具体文字表述上,由于双方的意见存在若干分歧,未形成共识。

根据双方在这次交换意见的情况,经请示上级,大陆方面确定了两会商谈的方针:坚持一个中国原则,实事求是,灵活处理。如商谈中确实达不成协议,则不勉强,对有关问题,采个案方式处理。

在双方就海峡两岸如何共同合作防止和打击犯罪的程序性商谈交换意见后不久,两岸之间的文书使用问题又凸显出来。

由于台湾当局开放台胞来大陆探亲后两岸同胞交往增多,为维护当事人权益,两岸公证书的互相使用的情况也日益增多。大陆有关部门对台湾出具的公证书,历来不作任何验证,均根据情况分别采证。大陆发往台湾的公证书实际上也被台湾有关部门视情采证。1988年,大陆各县市公证处出具的公证书,发往台湾使用的有1100余份,1989年为4000多份,1990年为8900多份,逐年增多。

但是,1991年3月以后,台湾当局委托海基会对大陆出具的公证书进行验证,并且规定,只有经过海基会的验证,大陆公证文书才能推定为真证,台湾有关部门才能采用。台湾当局的做法,直接损害了两岸同胞的正当权益,为两岸人民的交往设置了障碍。

1992年1月20日,中国公证员协会负责人接受新华社记者采访时指出，台湾当局对大陆公证书在经过验证后才能采用的做法，"实质上是把大陆公证文书作为私文书对待，是无视大陆公证文书效力"。

1992年3月23日，海协与海基会就两岸公证文书使用和两岸开办挂号函件查询及补偿业务问题，举行工作级别的会谈。海协方面在会谈中表示，海峡两岸公证文书使用和挂号函件事务均为中国内部事务，应当在一个中国原则下进行，具体到文书使用的格式、查询方式等，都要区别于国与国间的做法。因此，我方要求在协议中写上一个中国原则或者中国的内部事务。但在事务性商谈中，不必讨论一个中国的政治内涵，表述方式也可以协商。

前来会谈的海基会人士表示，他们未获授权讨论这个问题。

双方会谈进行了3天。由于在一个中国原则问题上陷入僵局，台湾当局中止了原定的两会负责人出面主谈第二阶段会谈。

在上述会谈结束几天后，3月30日，我会见了大陆和台港记者，阐明为何在上述商谈中必须遵循一个中国原则的理由。

我说："日前海协会与台湾海基会就两岸公证文书使用和两岸开办挂号函件的查询、赔偿业务问题的工作商谈是有成果的，双方在很多方面取得了共识。但由于时间比较短，双方对某些方面的认识还有一些分歧，这是很自然的。"

我说："双方分歧的关键在'一个中国'的提法上。我们认为，一个国家里是不存在文书使用困难的，也不存在挂号函件查询困难的。现在，由于两岸没有统一，所以有必要就两岸公证文书的使用和两岸挂号函件的查询、赔偿业务问题找出一些特别的解决办法。在这点上，我们愿意和台湾有关方面积极配合。但是，由于现在两岸没有统一，所以首先应明确我们商谈的或要解决的是一个国家内部的事情。众所周知，国共两党都认为只有'一个中国'，台湾方面通过的有关统一的文件也承认只有'一个中国'。'一个中国'既然是双方的共识，为何双方不能本着这个原则来处理两岸具体事务性问题呢？'一个中国'问题不应成为双方商谈的困扰。"

我还针对台湾当局以政治问题为由拒绝在事务性商谈中确立一个中国原则一事指出："我们并不是要和海基会讨论政治问题，我们只是要确认一个事实，这就是（两岸是）'一个中国'，至于'一个中国'的含义，我们并没有准备也不打算和海基会讨论。两岸没有统一，但我们是一个国家，这个原则我们是坚定不移的。至于用什么方式来表达这个原则，我们愿意讨论。"

1992 年 7 月 6 日，我接到了海基会副董事长陈长文寄来的函件及附来的同年 7 月 3 日台北《中国时报》的社论。该社论将事务性商谈中确立一个中国原则，推衍到"一国两制"。

我于同年 7 月 30 日给陈长文去函，特地加以澄清。

我在信中说："我会提出在处理海峡两岸交往中产生的具体问题和在有关的事务性商谈中要确立一个中国原则的缘由，先生应已有相当深入的了解。贵我两会处理的具体事务是中国的内部事务，而非两个国家之间的事务，并应在实践中贯彻这一基本认知。至于一个中国的内涵不是贵我两会讨论的问题。在两会事务性商谈中对一个中国原则的表述方法，可以充分协商。"

"《中国时报》社论将事务性商谈中确立一个中国原则，推衍到'一国两制'云云，这是该报的理解，我会在事务性商谈中坚持一个中国的原则，并没有包含这层涵义。"

"我对先生关心两岸关系的热忱十分钦佩，希望先生继续为此而不懈努力。我诚挚希望贵我两会能本着互相尊重、不强加于人的态度，实事求是、合情合理地解决一个中国原则的表述问题，希望海峡两岸事务性商谈能有一个好的结果。"

由于在事务性商谈中确立一个中国原则问题无法达成共识，几个月来，两会公证文书和挂号函件的商谈和其他商谈均处于停滞状态，直接影响到两岸同胞的切身利益，如需要公证文书台湾老兵才能向台湾当局办理来大陆探亲、财产继承、两岸同胞间通婚、领养子女等均受到影响，引起了老兵的很大不满。

李登辉被迫要"国统会"研究对策。"国统会"从1992年4月起开始研究，同年8月1日，李登辉主持"国统会"，通过了一个中国涵义的"结论"。其主要论点是三层意思：

一、"海峡两岸均坚持一个中国之原则，但双方所赋予之含义有所不同"。"我方认为，一个中国是指'中华民国'，其主权及于大陆，目前的治权仅及于台、澎、金、马"。"台湾固为中国之一部分，但大陆亦为中国之一部分"；

二、"1949年以后，中国暂时处于分裂的状态，由'两个政治实体'分治海峡两岸"；

三、台湾当局已制订"国家统一纲领"，"开展统一步伐"。

这表明：在各方压力下，李登辉为首的台湾当局，终于对两岸事务性商谈中一个中国原则的表述问题，做出某种回应。

2001年6月台北出版、注明"李登辉唯一受访邹景雯采访记录"的《李登辉执政告白实录》，对这个问题的来龙去脉，是这样叙述的：

"随着两岸互动日趋密切，两岸纠纷频传，若干涉及两岸制度的问题，必须经由两岸协商解决，海基、海协两会高层事务性的协商与谈判迫在眉睫。但是在我方表达积极意愿时，中共却提出了'一个中国'，作为谈判的原则，并在多次协商时为此不欢而散。

"这个难题应该如何解决？李登辉因此在 1992 年 8 月 1 日召开国统会，先就'一个中国'的涵义做出我方的界定。在当时的时空条件下，'国统会'就'一个中国'的叙述有其智慧存在，即对岸指一个中国是中华人民共和国，我们则是指 1912 年成立迄今的中华民国，其主权及于大陆，治权则在台澎金马。任何谋求统一的主张，不能忽视两个政治实体，分治海峡两岸的客观事实存在。"

对台湾当局公布的上述"结论"，有大陆方面无法接受的内容，但是，"结论"明确"海峡两岸均坚持一个中国之原则"，对两会在处理事务性商谈中确立一个中国原则很有帮助。

为此，我组织海协同志起草了海协负责人的谈话，经王兆国、吴学谦先后批准后，于 1992 年 8 月 27 日由新华社发布。

海协负责人说：

"8 月 1 日，台湾有关方面就台湾海峡交流基金会与我会商谈事务性协议时有关'一个中国'涵义问题做出的'结论'中，确认'海峡两岸均坚持一个中国之原则'。我会认为，明确这一点，对海峡两岸事务性商谈具有十分重要的意义，它表明，在事务性商谈中应坚持一个中国原则已成为海峡两岸的共识。

"我会不同意台湾有关方面对'一个中国'含义的理解。我们主张'和平统一，一国两制'，反对'两个中国''一中一台''两个对等政治实体'的立场是一贯的。"

海协负责人在谈话中建议："双方在上述'海峡两岸均坚持一个中国之原则'这一共识的基础上，应迅速恢复并推进事务性商谈，争取积极的成果。"

应当说，正是李登辉主持的"国统会"通过发表的上述"结论"，以及由当时在国务院分管对台工作的中共中央政治局委员吴学谦批准的这个公开谈话，为海协与海基会在事务性商谈中达成表述一个中国原则的共识提供了基础。

由于台湾"国统会"的文件和海协负责人的谈话，是双方"隔空喊话"，可以说是间接的。因此，海协希望海基会能直接对海协做出承诺。

为此，邹哲开与因公前来厦门的时任海基会秘书长陈荣杰，举行了非正式会晤。经过一番周折，两会商定，1992年10月28日至29日，海协与海基会就"两岸公证书使用"问题继续进行工作性商谈。海协派出了海协研究部副主任周宁，海基会派出了法律处长许惠祐。

周宁带去了经批准的海协关于在两会事务性商谈中一个中国原则的5项文字表述方案：

1. 海峡两岸文书使用问题，是中国的内部事务。

2. 海峡两岸文书使用问题，是中国的事务。

3. 海峡两岸文书使用问题，是中国的事务。考虑到海峡两岸存在不同制度（或国家尚未完全统一）的现实，这类事务具有特殊性，通过海峡两岸关系协会、中国公证员协会与海峡交流基金会的平等协商，予以妥善解决。

4. 在海峡两岸努力谋求国家统一的过程中，双方均坚持一个中国之原则，对两岸公证文书使用（或其他商谈事务）加以妥善解决。

5. 海峡两岸关系协会、中国公证员协会与海峡交流基金会依海峡两岸均坚持一个中国之原则的共识，通过平等协商，妥善解决两岸文书使用问题。

许惠祐先后提出 5 种文字表述方案：

1. 双方本着"一个中国，两个对等政治实体"原则。

2. 双方本着"谋求一个民主、自由、均富、统一的中国，两岸事务是中国人事务"原则。

3. 鉴于海峡两岸长期处于分裂状态，在两岸共同努力谋求国家统一的过程中，双方咸认为必须就文书查证（或其他商谈事项）加以妥善解决。

4. 双方本着"为谋求一个和平民主统一的中国"的原则。

5. 双方本着"谋求两岸和平民主统一"的原则。

海基会的 5 种文字表述方案，有大陆方面明显不能同意的文字，如"两个对等政治实体"；如台湾方面以"一个民主、自由、均富、统一的中国"，以示反对"一国两制"；有的用模棱两可的词来替换明确的概念，如用两岸事务"是中国人事务"，来回避"是中国的事务"。我方当然不同意台湾方面的上述 5 种文字表述方案，此后，许惠祐后又提出了 3 项口头表述方案：

1. 鉴于中国仍处于暂时分裂之状态，在海峡两岸共同努力谋求国家统一的过程中，由于两岸民间交流日益频繁，为保障两岸人民权益，对于文书查证，应加以妥善解决。

2. 海峡两岸文书查证问题，是两岸中国人间的事务。

3. 在海峡两岸共同努力谋求国家统一的过程中，双方虽均坚持一个中国之原则，但对于一个中国的涵义，认知各有不同。唯鉴于两岸民间交流日益频繁，为保障两岸人民权益，对于文书查证，应加以妥善解决。

上述三个口头表述方案，由许惠祐念、周宁记。在周宁记完了以后，双方又进行了核对。

由于双方大部分时间都还在讨论对方提出的 5 个文字表述，但两会事先商定的会谈时间已经结束（原定两天，后根据对方要求，已延长了半天），海协代表团按期结束了这轮会谈。

鉴于两会香港商谈取得了很大进展，10 月 29 日和 11 月 2 日，海协两度函告海基会，建议对商谈结果进行评估后，在北京或台湾、厦门或金门，就有关问题进行进一步商谈，并由两会负责人签署协议。

海协内部评估，感到海基会的第八案相对比较好，海协决定以我方在香港会谈时提出的第四案为基础，稍作改动，作为对应。

11 月 3 日，海基会来函，对于一个中国，正式建议"以口头声明方式各自表述"。

大陆方面早已多次主张，"表述方式也可以协商"，这当然包括用口头方式来表述这一方式。

为此，我即请时任海协副秘书长孙亚夫，在当日下午三时许打电话给陈荣杰，表示海协充分尊重并接受海基会的建议，并提议就口头声明的具体内容，进行协商。

当晚，海基会对孙亚夫下午的电话，通过发布《财团法人海峡交流基金会新闻稿》，做出回应。该新闻稿称：

"对一个中国原则"，"本会经征得主管机关同意，以口头声明各自表达，可以接受。至于口头声明的具体内容，我方将根据'国家统一纲领'及国家统一委员会本年八月一日对于'一个中国'涵义所作决议，加以表达。"

我认为，为避免形成大陆方面接受海基会上述受权发表的《新闻稿》代替10月香港会谈时海基会受权口头表述的第8案的印象，海协应明确表示接受上述海基会第8案的态度。同时，由于上述海基会第8案有"双方对涵义的认知有所不同"一句，为避免形成我默认台湾当局在这一词句掩盖下"两个对等政治实体"或"中华民国"的印象，我应做出适当回应。考虑到国共两党历史上曾经达成过协议，但后又被国民党撕毁；这次尽管是两岸受权的两个民间团体的口头协议，但后台"老板"仍然还是国共两党，要防止有朝一天台湾当局"翻脸不认账"，十分有必要把双方达成的口头共识，用文字记录下去，知会对方、公诸于众，以起"立此存照"的作用。

为此，我决定根据经批准发表的海协负责人公开谈话和海协在香港会谈时提出的第4案，由海协起草一封给海基会的函，明确写上上述海基会在香港会谈时受权口述的第8案和海协会的对案。海协第4案的原文是："在海峡两岸努力谋求国家统一的过程中，双方均坚持一个中国之原则，对两岸公证文书使用（或其他商谈事务）加以妥善解决。"这段话的前两句与海基会的第8案吻合或相近，但没有对应海基会第8案中"对于一个中国的涵义，认知各有不同"的文字。经与海协同志商议，我决定，在海协第4案内前两句后加上"但在两岸事务性商谈中，不涉及'一个中国'的政治涵义"一句。

我所以决定用这句话对应海基会的"对于一个中国的涵义，认知各有不同"，是考虑到：1. 首先，这句话表达了我不同意海基会"认知不同"句的立场;2. 这句话保留了海协与海基会在适当时候讨论的权利。我当时就对研究局的同志说,在事务性商谈中不讨论,但在政治性商谈中,我将与你讨论。3. 这句话比较委婉,与双方达成口头共识的气氛和准备此后举行汪辜会谈的气氛比较一致。

1992 年 11 月 16 日,海协正式致函海基会,并由新华社、中国新闻社当天向国内外广播。

函件的全文如下:

海峡交流基金会:

10 月 28—30 日,我会、中国公证员协会人员与贵会人员就海峡两岸公证书使用问题进行了工作性商谈,同时也就开办海峡两岸挂号函件遗失查询及补偿问题交换了意见。这次工作性商谈,不但在具体业务问题上取得了相当大的进展,而且也在海峡两岸事务性商谈中表述一个中国原则的问题上取得了进展。这是有关各方共同努力的结果。

3 月份北京工作性商谈结束后,我会一再表明,海峡两岸交往中的具体问题是中国的事务,应本着一个中国原则协商解决;在事务性商谈中,只要表明海峡两岸均坚持一个中国原则的基本态度,可以不讨论'一个中国'的政治含义,在事务性商谈中表述一个中国原则方式可以充分讨论协商,并愿听取贵会及台湾各界的意见。

在这次工作性商谈中,贵会代表建议在相互谅解的前提下,采用贵我两会各自口头声明的方式表述一个中国原则,并提出了具体表述内容(见附件),其中明确了海峡两岸均坚持一个中国的原则,这项内容也已于日后见诸台湾报刊。我们注意到，许惠祐先生于 11 月 1 日公开发表书面声明，表达了与上述建议一致的态度。11 月 3 日贵会来函正式通知我会，表示已征得台湾有关方面的同意，'以口头声明方式各自表达'。我会充分尊重并接受贵会的建议，并已于 11 月 3 日电话告知陈荣杰先生。

为使海峡两岸公证书使用问题商谈早日克尽全功，现将我会拟作口头表述的要点函告贵会：海峡两岸都坚持一个中国的原则，努力谋求国家的统一。但在海峡两岸事务性商谈中，不涉及'一个中国'的政治含义。本此精神，对两岸公证书使用（或其他商谈事务）加以妥善解决。

我会建议，在贵我两会约定各自同时口头声明之后，在北京或台湾、厦门或金门继续商谈有关协议草案中某些有分歧的具体业务问题，并由贵我两会负责人签署协议。

海峡两岸关系协会

1992 年 11 月 16 日

附：贵会于 10 月 30 日下午所提的口头表述方案：

在海峡两岸共同努力谋求国家统一的过程中，双方虽均坚持一个中国的原则，但对于一个中国的涵义，认知各有不同。惟鉴于两岸民间交流日益频繁，为保障两岸人民权益，对于文书查证，应加以妥善解决。

在时隔 18 天之后，1992 年 12 月 3 日，海基会回函海协。回函中，对上述海协的函件列出的海基会提供的对于一个中国的表述内容，未予否认，对海协提出的大陆方面的口头表述也未提出异议。同时，海基会直接用函件形式向海协重申了海基会 11 月 3 日《新闻稿》中的下面一段话，对"一个中国""口头说明的具体内容"，"我方将根据'国家统一纲领'及国家统一委员会本年八月一日对于'一个中国'涵义所作决议加以表达"。而正如上面所引述的，在台湾"国家统一委员会"1992 年 8 月 1 日的决议中，载明"海峡两岸均坚持一个中国之原则，但双方所赋予之涵义有所不同"这句话。

这样，通过两会的函件往来，两会在事务性商谈中确立一个中国原则的问题，终于解决了。

海基会对海协 11 月 16 日的去函，在事隔半个多月后才做出正式回应，应是经过反复评估斟酌和内部上级部门的审批程序。

在两会事务性商谈中坚持一个中国原则达成共识不久，我和时任海基会驻会副董事长兼秘书长邱进益，在北京就举行汪辜会谈进行了预备性磋商。1993 年 4 月，汪辜会谈在新加坡顺利举行，签署了四项协议，它标志着两岸中国人在 40 多年的隔绝后，开始正式坐下来，平等商讨和解决他们之间的问题。这无疑是历史性的重要一步。

为历史留下公正的注脚

——1992 年两会达成共识始末

刘　墨　肖之光

1992 年 11 月，海峡两岸关系协会与台湾的海峡交流基金会就解决两会事务性商谈中如何表明坚持一个中国原则的态度问题，找到了解决办法。两会达成了各自以口头方式表述"海峡两岸均坚持一个中国原则"的共识，但是，台湾方面这些年来把两会的共识说成了"一个中国、各自表述"。历史是不可更改的。共识究竟是什么？历史的真实又是什么？回顾这段历史，真相即可大白。

事务性商谈中表明坚持一个中国原则态度问题的提出

1987 年底，长达 30 多年的两岸隔绝状态被打破后，两岸人员往来和经济、文化等各项交流随之发展起来，同时也衍生出种种问题。在这种情况下，台湾当局不得不调整"不接触、不谈判、不妥协"的"三不政策"，成立得到官方授权的与大陆方面联系与协商的民间性中介机构，出面处理自己"不便与不能出面的两岸事务"。1990 年 11 月 21 日，体现这一意图的海基会成立，1991 年 3 月 9 日开始运作。海基会成立时，自我规定以"中国的、善意的、服务的"为宗旨。为了发展两岸关系，尤其是逐步推进两岸谈判，并且注意到海基会的上述态度，大陆方面在确定以适当方式与海基会接触、商谈时，就认为两会商谈应有一个共同的基础，使之在一个健康的轨道上进行。

1991 年 4 月 28 日，海基会副董事长兼秘书长陈长文率团来北京访问。4 月 29 日，国台办副主任唐树备在会见陈长文时，受权提出了处理海峡两岸交往中的具体问题应遵循的五条原则，其中第二条是："在处理海峡两岸交往事务中，应坚持一个中国原则，反对任何形式的'两个中国''一中一台'，也反对'一国两府'以及其他类似的主张和行为。"11 月 3 日至 7 日，陈长文再次率团来北京，就合作打击台湾海峡海上走私、抢劫犯罪活动问题进行程序性商谈。商谈中，唐树备再次提出希望海基会表明坚持一个中国原则的态度，争取双方达成共识。双方首次讨论了在事务性商谈中坚持一个中国原则的问题，但未能达成共识。此后，台"陆委会"一再强调台湾方面对一个中国涵义的理解与大陆方面不同，而表达对一个中国的态度是政治性的问题，与事务性商谈无关，海基会在事务性商谈中不得谈这个问题。

为便于与海基会接触、商谈，中共中央台办、国务院台办推动成立海峡两岸关系协会。1991 年 12 月 16 日，海协成立，开始与海基会接触、商谈。海协根据国台办授权，继续以坚持一个中国原则作为两会交往和事务性商谈的基础。

1992年3月23日至26日，两会在北京就"海峡两岸公证书使用"和"开办海峡两岸挂号函件查询、补偿"问题进行第一次工作性商谈。商谈期间，海基会人员按台"陆委会"的要求，一再表示"没有受权谈一个中国问题"。同时，他们在商谈中提出的主张，则明显违反了一个中国的原则。例如，在解决两岸公证书使用问题中，海基会起初用比照国家间驻外使领馆认证的做法来处理大陆公证书在台湾的使用；在解决开办两岸挂号函件业务问题中，援引国家间通邮的做法。实践再次说明，在商谈中确立坚持一个中国原则的共识是必要的，而如何达成这一共识的方式是可以讨论的。

针对台湾当局的曲解和部分台湾同胞的疑虑，商谈结束后，海协于3月30日召开记者招待会，海协常务副会长唐树备就在事务性商谈中应表明坚持一个中国原则的态度问题，作了进一步的阐述。唐树备指出：首先，商谈要反映现实，一个中国是客观事实。处理两岸交往中的事务性问题，在指导思想上要明确这是什么性质的事务，是中国内部的事务呢？还是两个国家之间的事务？本来，在一个国家内，文书使用、挂号函件查询等不需要有特别的协议，但基于没有统一的客观现实，需要采取某些特殊的做法。这种特殊的做法，当然不应同国与国之间的做法混淆起来，因此有必要明确海峡两岸交往中的事务性问题是中国人的内部事务。只有坚持一个中国的原则，并考虑到两岸存在不同制度的现实，才能实事求是、合情合理地处理海峡两岸交往中的各种具体问题，真正维护两岸同胞的正当权益。第二，本来双方对坚持一个中国的原则没有分歧，这见之于中共领导人的谈话，见之于中国国民党领导人的谈话，见之于台湾当局公布的有关统一的文件。明明双方都认为是'一个中国'，偏偏台湾当局某些主管大陆事务的官员，不同意双方提一个中国，不同意双方本着一个中国原则处理两岸交往中的问题。第三，我们提出在事务性商谈中坚持一个中国原则，只是要双方表明坚持一个中国原则的态度，并不是要与海基会讨论'一个中国'的涵义。至于如何表述坚持一个中国原则态度的方式，双方可以协商。唐树备的这一谈话明确说明，海协坚持要求海基会表明坚持一个中国原则的态度，没有要求两会就一个中国的涵义进行讨论并达成共识，而且考虑到双方很难形成共同的文字表述并写进协议，因此在表述方式上，预留了包括口头表述的空间，并将这一信息传达给了台湾方面。此后，海协将自己的态度概括为：海峡两岸交往中的具体问题是中国的内部事务，应本着一个中国原则协商解决；在事务性商谈中，只要表明坚持一个中国原则的基本态度，可以不讨论一个中国的政治涵义；表述的方式可以充分协商，并愿意听取海基会和台湾各界的意见。这种态度始终贯穿在海协解决这一问题的全过程中。

台湾当局被迫表示了"海峡两岸均坚持一个中国之原则"的态度

海协上述合理的主张引起台湾同胞的关注，也使得台湾当局无法回避这个问题。在台湾当局内部，出现了是否在事务性商谈中应表明一个中国原则态度的意见争论。从 1992 年 4 月起，台湾当局的"国家统一委员会"开始研究应对办法，引发了一场有各方人士参与的大讨论。据当时台湾媒体报道，台"陆委会"及"国统会"研究委员中的一些人不同意、不允许海基会在两会事务性商谈中表明一个中国原则。他们认为，1971 年台湾当局的代表被逐出联合国后，国际社会讲的"中国"，是指中华人民共和国，如果在两岸事务性商谈与协议中达成坚持一个中国原则的共识，将造成默认台湾是中华人民共和国的一部分、中共是中国唯一合法政府的影响，将对台湾拓展"国际生存空间"非常不利，也不能满足制造"两个对等政治实体"的需要。但海基会负责人和台一些高层政要认为"不宜回避"一个中国原则，应"坚持一个中国的立场"，并认为"坚持一个中国的立场，并不妨碍我务实外交的开展"，并"可在国际间形成中国问题未获解决的共识"。经过长达三个多月的讨论，8 月 1 日，台"国统会"就海基会与海协商谈事务性协议时有关"一个中国"涵义问题作出"结论"，内称："海峡两岸均坚持一个中国之原则，但双方所赋予之涵义有所不同"；"1949 年以后，中国处于暂时分裂的状态，由两个政治实体分治海峡两岸"；"台湾固为中国之一部分，但大陆亦为中国之一部分"。这份"结论"表明，台湾当局鼓吹"两岸分裂分治""两个对等政治实体"，但也不得不表示"海峡两岸均坚持一个中国之原则"，而且承认台湾是中国领土的一部分。8 月 27 日，海协负责人经过批准发表谈话，指出这份"结论"确认"海峡两岸均坚持一个中国之原则"，"明确这一点，对海峡两岸事务性商谈具有十分重要的意义，它表明，在事务性商谈中应坚持一个中国原则已成为海峡两岸的共识"；同时，针对台"国统会""结论"中祖国大陆方面不同意的内容，海协负责人也明确表示："我会不同意台湾有关方面对'一个中国'涵义的理解。我们主张'和平统一、一国两制'，反对'两个中国''一中一台''两个对等政治实体'的立场是一贯的"。据笔者了解，这时，国台办和海协内部已考虑采取同时各自发表信守一个中国原则声明的方式来体现双方达成的共识，但各自发表的共识不能是各说各话，而是双方都能接受的。因此，海协主张要经过双方商谈，使各自的声明能为对方所接受。

同年9月，两会秘书长在厦门会面，就一个中国原则的表述问题非正式交换意见。海协秘书长邹哲开对海基会秘书长陈荣杰和法律服务处处长许惠祐表示，"台湾方面关于一个中国原则的结论，说明双方在事务性商谈中坚持一个中国原则已有共识。但我们不同意台有关方面对一个中国内涵的解释，也不可能与海基会讨论关于一个中国的内涵"，建议海基会认真考虑径直引用"海峡两岸均坚持一个中国原则"的表述。

两会就各自以口头方式表述海峡两岸均坚持一个中国原则达成共识

1992年10月28日至30日，海协与海基会在香港就"两岸公证书使用"问题继续进行处长级工作性商谈。商谈中，海协代表提出关于表述海峡两岸均坚持一个中国原则的五种文字方案，海基会代表也先后提出五种文字表述方案和三种口头表述方案，其中第八案的表述是："在海峡两岸共同努力谋求国家统一的过程中，双方虽均坚持一个中国的原则，但对于一个中国的涵义，认知各有不同。"海基会代表称此案为台方底案，并建议"以口头声明方式各自表述"。

香港商谈结束后，11月1日，海基会代表发表书面声明表示，有关事务性商谈中一个中国原则的表述，"建议在彼此可以接受的范围内，各自以口头方式说明立场"。海协研究了海基会的第八案，认为这个方案表明了海基会谋求统一、坚持一个中国原则的态度，虽然提出对一个中国涵义的"认知各有不同"，而海协历来主张的"在事务性商谈中只要表明坚持一个中国原则的态度，不讨论一个中国的政治涵义"，因此，可以考虑与海基会以上述各自口头表述的内容表达坚持一个中国原则的态度。海协希望海基会能够确认这是台湾方面的正式意见。3日，海基会致函海协，表示已征得台湾有关方面的同意，"以口头声明方式各自表达"。同日，海协副秘书长孙亚夫打电话给海基会秘书长陈荣杰，在这次香港工作性商谈中，"贵会建议采用贵我两会各自口头声明的方式表述一个中国原则。我们经研究后，尊重并接受贵会的建议"，并再次建议"就口头声明的具体内容，进行协商"。11月16日，海协致函海基会，表示同意以各自口头表述的方式表明坚持一个中国原则的态度，并告之海协的口头表述要点："海峡两岸都坚持一个中国的原则，努力谋求国家统一。但在海峡两岸事务性商谈中，不涉及一个中国的政治涵义。"海协还以附件的方式，将海基会在香港提出的上述第八方案附在这封函中。此后，海基会从未否认海协11月16日去函中附去的海基会在香港商谈中提出的第八案。

由上可见，海协与海基会就在事务性商谈中各自以口头方式表述"海峡两岸均坚持一个中国之原则"达成共识，是以两会各自提出、分别交给对方的上述两段具体表述内容为基础的，而不是不加约束的、单方面随意性的各说各话。对照两会的具体表述内容，海协和海基会各自向对方明确承诺坚持一个中国原则，追求国家统一；至于对一个中国的涵义，海基会说"认知各有不同"，海协说"在事务性商谈中不涉及一个中国的政治涵义"。这充分说明，两会从未就一个中国政治涵义进行过讨论，更谈不上就一个中国的政治内涵"各自表述"达成共识。换言之，双方以各自表述的方式表明坚持一个中国原则的态度是共识，而对一个中国的内涵，双方既未讨论，根本没有共识。

台湾当局蓄意歪曲两会共识意在塞进分裂主张

两会就在事务性商谈中达成各自以口头方式表述"海峡两岸均坚持一个中国原则"的共识后，虽然当时有些台湾媒体将这件事不正确地概括为"一个中国、各自表述"，但海基会却对此采取低调和回避的态度。因为他们向海协表示了"谋求国家统一"和"海峡两岸均坚持一个中国原则"的态度，这是记录在案的事实。

但是，随着李登辉逐步摆脱一个中国原则、制造"两个中国"分裂活动的加剧，台湾方面开始歪曲两会共识。从1993年底开始，海基会领导人和"陆委会"负责人公然在媒体上将两会共识歪曲为"就搁置一个中国原则达成共识"，"意味着双方搁置了中国主权问题的争议"。1995年6月李登辉以所谓私人名义访美后，大陆方面展开了反分裂反"台独"斗争，要求台湾当局停止制造"两个中国""一中一台"的活动，回到一个中国原则的立场上来。美国政府重申坚持一个中国政策，并声明对台"三不支持"。这时，台湾当局尚不敢公然地完全地放弃一个中国原则，只能借助于歪曲两会共识，谎称两会达成过"一个中国、各自表述"的共识，甚至说成是"一个中国涵义、各自表述"，为李登辉制造"两个中国"的分裂活动辩护。对此，海协负责人多次驳斥道："近一个时期，台湾当局为替自己的分裂立场辩护，公然将海协与海基会1992年达成的在两会事务性商谈中'海峡两岸均坚持一个中国原则'的口头共识歪曲为'一个中国、各自表述'，并把一个中国表述为历史的中国，而现在是'阶段性两个中国'。这与两会当时达成的口头共识根本是背道而驰的。""台湾当局已不是在遵循一个中国原则，而是搞'两个中国'。这已不是台方所说的'一个中国、各自表述'的问题了。真正的问题是台湾当局必须以实际行动表明站在一个中国原则的立场上。"

今年7月9日李登辉公然抛出"两国论"，受到海内外所有中国人的坚决反对和同声谴责，国际社会普遍重申坚持一个中国政策。四面碰壁之际，台湾当局祭出"一个中国、各自表述"的说法，为李登辉的"两国论"狡辩。8月1日，台"陆委会"发表的"对特殊国与国关系论书面说明"，在坚持不收回"两国论"的前提下，进一步把两会共识歪曲为海协同意"双方自此就一个中国可以各说各话"，歪曲为"该项共识适用于国际关系"，似乎只要自编自唱"一个中国、各自表述"，连主张"两国论"也是可以的了。这样做，充其量不过是一种"挂羊头卖狗肉"的拙劣表演，是欺骗台湾人民和国际社会的一种骗术。

还需要指出的是，在李登辉"两国论"的基调下，台湾当局今天要求"各自表述"的"一个中国",与1992年台湾当局和海基会所认知的一个中国存在着本质的不同。当年,作为海基会表述基础的台"国统会"的"结论"虽然还坚持所谓"中华民国"的旗号和"主权",但它毕竟表明了"海峡两岸均坚持一个中国原则",还承认"台湾固为中国之一部分,但大陆亦为中国之一部分"。这从一个侧面说明了当时台湾当局承认了一个中国、台湾是中国的一部分、中国的主权和领土完整没有分割。而今天,李登辉公然提出"两国论",已从根本上背弃了一个中国,破坏了两岸接触、对话、谈判的基础。显然,台湾当局的所谓"一个中国、各自表述",并不是真有诚意回到1992年的两会共识,而是企图把李登辉"两国论"的分裂立场强加于两会的共识。

历史是无情的镜子,对历史的歪曲必然会在历史的照妖镜面前现出原形。1992年11月两会共识已写入历史,不可能因为台湾当局的谎言而被改变。海协坚决反对台湾当局把两会共识歪曲为"一个中国、各自表述"。台湾当局只有放弃李登辉的"两国论",真正回到一个中国的立场上来,真正回到两会达成的"海峡两岸均坚持一个中国原则"的共识上来,海协才可能与海基会继续进行包括政治、经济内容在内的广泛对话,进行两岸政治谈判的程序性商谈。

(《两岸关系》杂志1999年第9期)

"九二共识"的历史真相

海协研究部

当前，海峡两岸对话与谈判问题再次成为两岸同胞关注的焦点。在 1 月 24 日钱其琛副总理深入阐述"九二共识"对于重开海协与台湾海基会对话、打破政治僵局的重要意义后，台湾当局领导人依然坚持否定和歪曲"九二共识"的态度。1992 年 11 月，两会就解决事务性商谈中如何表明坚持一个中国原则的态度问题，找到了解决办法，达成了各自以口头方式表述"海峡两岸均坚持一个中国原则"的共识。为维护两会商谈的基础，揭示两岸谈判的意义，澄清台湾当局对"九二共识"的歪曲和诬蔑，有必要向台湾同胞和国际社会再次阐明"九二共识"的形成过程和有关内容。

祖国大陆方面一贯主张通过和平谈判解决双方分歧，实现祖国统一。自 1987 年底两岸同胞隔绝状态被打破以来，随着两岸经贸交往、人员往来和各项交流蓬勃发展，两岸同胞交往日益密切。面对两岸交往中衍生的具体问题，台湾当局不得不调整"不接触、不谈判、不妥协"的"三不政策"。成立海峡交流基金会,就事务性问题与祖国大陆方面进行接触商谈。鉴于台湾当局的有关文件中明确表示坚持一个中国原则、追求国家统一,鉴于海基会以"中国的、善意的、服务的"为建会宗旨,祖国大陆方面为促进两岸交流、维护两岸同胞的正当权益、改善和发展两岸关系,同意进行事务性商谈,并于 1991年 12 月 16 日成立海峡两岸关系协会。

海峡两岸事务性商谈伊始,海协基于两岸交往中的具体问题是中国内部事务的客观现实,提出在商谈和协议中必须坚持一个中国原则;只要表明坚持一个中国的基本态度,可以不讨论一个中国的政治涵义;表述的方式可以充分协商。

1992 年 8 月 1 日,台湾当局的"国家统一委员会"就两会商谈事务性协议时有关"一个中国"涵义问题作出"结论",内称:"海峡两岸均坚持一个中国之原则,但双方所赋予之涵义有所不同";"台湾固为中国之一部分,但大陆亦为中国之一部分";台湾当局"已制订国统纲领,开展统一步伐"。这份"结论"表明了台湾当局承认台湾是中国领土的一部分和"海峡两岸均坚持一个中国原则"、追求统一的立场。为进一步表明海协的态度,为两会达成具体表述创造条件,8 月 27 日,海协负责人发表谈话,指出这份"结论"确认"海峡两岸均坚持一个中国之原则","明确这一点,对海峡两岸事务性商谈具有十分重要的意义,它表明,在事务性商谈中应坚持一个中国原则已成为海峡两岸的共识";同时,针对这份"结论"中祖国大陆方面不同意的内容,海协负责人也明确表示:"我会不同意台湾有关方面对'一个中国'涵义的理解。我们主张'和平统一、一国两制',反对'两个中国''一中一台''两个对等政治实体'的立场是一贯的。"

1992 年 10 月 28 日至 30 日，海协与海基会在香港就"两岸公证书使用"问题继续进行工作性商谈。对于如何在协议文本中表述坚持一个中国原则的意见，双方各自提出 5 种文字方案，但未形成一致的意见。随后，海基会代表"建议在彼此可以接受的范围内，各自以口头方式说明立场"，并又提出 3 种口头表述方案，其中第八案的表述内容是："在海峡两岸共同努力谋求国家统一的过程中，双方虽均坚持一个中国的原则，但对于一个中国的涵义，认知各有不同。"这一口头表述内容，由海基会代表逐字逐句念出，请海协代表现场记录下来。

海协研究了海基会的第八案，认为这个方案表明了台湾当局和海基会谋求统一、坚持一个中国原则的态度，虽然提出对"一个中国"的涵义"认知各有不同"，但没有出现具体涉及"一个中国"政治涵义的文字，而海协历来主张"在事务性商谈中只要表明坚持一个中国原则的态度，不讨论一个中国的政治涵义"。在得到海基会 11 月 3 日来函作出"已征得主管机关同意，以口头声明方式各自表达"的正式答复后，11 月 16 日，海协致函海基会，表示同意以各自口头表述的方式表明坚持一个中国原则的态度，并提出海协的口头表述要点为"海峡两岸都坚持一个中国的原则，努力谋求国家统一。但在海峡两岸事务性商谈中，不涉及一个中国的政治涵义。"海协还以附件的方式，将海基会的第八方案附在函中。12 月 3 日，海基会回函对此不表异议。至此，双方达成了各自以口头方式表述"海峡两岸均坚持一个中国原则"的共识。1993 年 8 月 12 日海基会出版的《汪辜会谈纪要》，也记载了海基会在两会同意以各自采用口头方式表述对一个中国原则的态度后，才积极考虑举行汪辜会谈。

　　两会共识的历史原貌是十分清晰的。在"九二共识"中，双方都表明了"海峡两岸均坚持一个中国原则"和"努力谋求国家统一"的态度；对于"一个中国"的政治涵义，海基会表示"认知不同"，海协表示"在事务性商谈中不涉及"，做了求同存异的处理。正是在此基础上，两会成功地举行了汪辜会谈，建立了制度化的协商与联系机制，进行了一系列商谈，开启了两岸政治对话，为改善和发展两岸关系发挥了重要作用。

　　"九二共识"虽然是各自以口头方式表述的共识，但其过程和内容均有明确的文件和文字记录，是任何人、任何政治势力都否定不了、歪曲不了的。我们要求台湾当局领导人明确承认"九二共识"，就是要求他回到"海峡两岸均坚持一个中国原则"的立场上来，求同存异、搁置政治歧见、面向未来、务实谈判。

　　　　　　　　　（《人民日报》海外版 2002 年 4 月 30 日）

海协会有关人士讲述1992年两会达成共识情况

今年11月，是海峡两岸关系协会与台湾的海峡交流基金会就坚持一个中国原则问题达成共识8周年。记者近日走访了海峡两岸关系协会的有关人士。应记者的请求，这位人士向我们讲述了当年两会达成各自以口头方式表述"海峡两岸均坚持一个中国原则"共识的情况。

海协有关人士回忆说，90年代初，海峡两岸开始事务性接触商谈后，国务院台办和海协基于两岸交往中的具体问题是中国内部事务的客观现实，提出在商谈或协议中必须坚持一个中国原则；在事务性商谈中，只要表明坚持一个中国原则的基本态度，可以不讨论一个中国的政治涵义；表述的方式可以充分协商。

1992年8月1日，台湾当局的"国家统一委员会"就海基会与海协商谈事务性协议时有关一个中国涵义问题作出"结论"，内称，"海峡两岸均坚持一个中国之原则，但双方所赋予之涵义有所不同"；"台湾固为中国之一部分，但大陆亦为中国之一部分"；台湾当局"已制订国统纲领，开展统一步伐"。这份"结论"表明,台湾当局虽然鼓吹"两岸分裂分治""两个对等政治实体",但也明确表示"海峡两岸均坚持一个中国之原则",而且承认台湾是中国领土的一部分,承认要追求和平统一。

8月27日,海协负责人发表谈话,指出这份"结论"确认"海峡两岸均坚持一个中国之原则","明确这一点,对海峡两岸事务性商谈具有十分重要的意义,它表明,在事务性商谈中应坚持一个中国原则已成为海峡两岸的共识";同时,针对台"国统会"的"结论"中祖国大陆方面不同意的内容,海协负责人也明确表示:"我会不同意台湾有关方面对'一个中国'涵义的理解。我们主张'和平统一、一国两制',反对'两个中国''一中一台''两个对等政治实体'的立场是一贯的。"

1992年10月28日至30日,海协与海基会在香港就"两岸公证书使用"问题继续进行工作性商谈。双方就如何在协议文本中表述坚持一个中国原则各自提出5种文字方案,但未形成一致的写法。最后,海基会代表"建议在彼此可以接受的范围内,各自以口头方式说明立场",并又提出3种口头表述方案,其中第八案的表述内容是:"在海峡两岸共同努力谋求国家统一的过程中,双方虽均坚持一个中国的原则,但对于一个中国的涵义,认知各有不同。"这一口头表述内容,由海基会代表逐字逐句念出,请海协代表现场记录下来。

海协研究了海基会的第八案,认为这个方案表明了台湾当局和海基会谋求统一、坚持一个中国原则的态度,虽然提出对"一个中国"的涵义"认知各有不同",但没有具体论述台湾方面的认知,而海协历来主张在事务性商谈中只要表明坚持一个中国原则的态度，不讨论一个中国的政治涵义，因此可以考虑海基会的这一方案，并提出自己表述的方案，作为达成坚持一个中国原则共识的基础。

经过数度函电往来，在得到海基会"已征得主管机关同意，以口头声明方式各自表达"的正式答复后，11 月 16 日，海协致函海基会，指出海基会在 10 月工作性商谈中就表述坚持一个中国原则的态度"提出了具体表述内容，其中明确了海峡两岸均坚持一个中国的原则"，因此同意以各自口头表述的方式表明坚持一个中国原则的态度，并告之海协的口头表述要点为："海峡两岸都坚持一个中国的原则，努力谋求国家统一。但在海峡两岸事务性商谈中，不涉及一个中国的政治含义。"海协将海基会的口头表述方案附在这份函中，作为双方彼此接受的共识内容。12 月 3 日，海基会回函，对此未表示任何异议。

这位海协人士指出，此后，两会都认为经过协商达成了共识，构成共识的就是上述两段经过协商、相互认可的具体内容。台湾当局新领导人所谓"1992 年两会共识没有记录"，完全是昧于事实的诡辩。共识中，两会都表明了"海峡两岸均坚持一个中国的原则"和"努力谋求国家统一"的基本态度。对于一个中国的政治涵义，海基会表示"认知不同"，海协表示"在事务性商谈中不涉及"，做了求同存异的处理。

这位海协人士指出，基于达成 1992 年两会共识全过程的事实及其结果，海协认为，两会达成各自以口头方式表述"海峡两岸均坚持一个中国原则"的共识。这符合当时的情况。各自以口头方式表述是方法，不是共识内容的本身，共识是海峡两岸均坚持一个中国原则。各自以口头方式表述的分别是海基会的第八案和海协 11 月 16 日函中取得共识的表述要点，而不是不加约束的、随意性的各说各话。

1992 年两会达成共识的情况充分说明，尽管双方对一个中国政治涵义的看法存在分歧，但并不妨碍双方表明坚持一个中国原则和谋求和平统一的态度，不妨碍承认世界上只有一个中国、大陆和台湾同属于一个中国、中国的主权和领土完整不容分割。正是在两会都表明坚持一个中国原则、同时暂不讨论一个中国政治涵义的基础上，两会成功地举行了汪辜会谈以及此后进行的一系列商谈，并于 1998 年拉开了两岸政治对话的序幕，为改善和密切两岸关系发挥了重要作用。

这位海协人士最后强调指出，今年 5 月 20 日，中共中央台办、国务院台办受权发表声明，提出"当前，只要台湾当局明确承诺不搞'两国论'、承诺坚持 1992 年海协与台湾海基会达成的各自以口头方式表述'海峡两岸均坚持一个中国原则'的共识，我们愿意授权海协与台湾方面授权的团体和人士接触对话"。然而，台湾当局新领导人拒不接受一个中国原则、不承认 1992 年两会共识，致使两会对话难以恢复，两岸关系危机根源难以消除，遭到了大陆方面和绝大多数台湾同胞的一致反对。我们要求台湾当局新领导人明确承认 1992 年两会共识，就是要求其必须回到"海峡两岸均坚持一个中国原则""共同努力谋求国家统一"的立场和态度上来；而不能玩弄模棱两可的文字游戏蒙混过关。今天，我们与台湾当局新领导人围绕 1992 年两会共识问题上的斗争，本质上是坚持一个中国原则、还是以"台独"为目标继续蓄意分裂中国的斗争。我们坚持一个中国原则，绝不会动摇。我们要求台湾当局新领导人承认一个中国原则、放弃分裂主张的立场，绝不会改变。台湾当局只有表明坚持一个中国原则、谋求国家统一的态度，两会复谈与两岸关系改善才有稳定发展的基础。

（新华社北京 2000 年 11 月 29 日电）

何谓"九二共识"

（台湾）"国政基金会国家安全组"

1992 年，因两岸民间交流渐趋频繁，有关两岸文书验证及共同打击犯罪问题，亟待解决。海基会于 1992 年 3 月派代表赴北京与海协会首度协商，随后两会经数度函电沟通，决定在 1992 年 10 月 28 日在香港协商有关两岸文书查证之协议。

一、两岸协商卡在"一中"原则

在此之前由于中共已提出此项协议需以"一个中国原则"为前提，并要求在协议文中加载相关文字。海协会并提出五种方案。内中均载有"两岸文书查证是中国内部的事务"或"两岸均坚持一个中国之原则"的文字。对于海协会提出的五种方案，我方均认为无法接受，但是也体认到如果不就一个中国原则加以处理，恐怕无法突破僵局，建立若干交集，以解决两岸间许多亟待解决的问题。因此乃一方面思考我方对策，另一方面由"国家统一委员会"对一个中国的涵义预作解释，作为我方基本立场。

于是，"国统会"于 1992 年 8 月 1 日通过"关于'一个中国'的涵义"。其中最重要的是第一点："一、海峡两岸均坚持'一个中国'之原则，但双方赋予之涵义有所不同，中共当局认为'一个中国'即中华人民共和国，将来统一后台湾将成为其辖下的一个'特别行政区'。我方则认为'一个中国'应指 1912 年成立迄今之中华民国，其主权及于整个中国，目前之治权，则仅及于台澎金马，台湾固为中国之一部分，但大陆亦为中国之一部分。"

二、双方提出处理"一中"问题方案

另针对中共所提之五项方案，我方反复研酌，提出五种对案，授权海基会于会谈中酌情提出。海基会方面根据与中共交往之经验与体认，将"陆委会"授权的五种表达方案，酌加修正为三种，并获"陆委会"同意，这三种表达方案是：

（一）鉴于中国仍处于暂时分裂之状态，在海峡两岸共同努力谋求国家统一的过程中，由于两岸民间交流日益频繁，为保障两岸人民权益，对于文书查证应妥善加以解决。

（二）海峡两岸文书查证是两岸中国人间的事务。

（三）在海峡两岸共同努力谋求国家统一的过程中，双方虽均坚持一个中国的原则，但对于一个中国的涵义，认知各有不同。惟鉴于两岸民间交流日益频繁，为保障两岸人民权益，对于文书查证，应加以妥善解决。

当年 10 月 28 日，双方由海基会与海协会代表在香港商谈。在商谈的过程中，双方各依序提出表达方案，反复折冲。我方并鉴于对一个中国问题难有共识，乃授权海基会以各自口头表述方式，以解决此一问题。海协会代表对此提议未表接受，中止商谈。我方代表则停留至 11 月 5 日，见海协会代表无返港续商之意愿后，才离港返台。

三、海基会致函海协会主张各自口头声明表示

海基会并于 11 月 3 日发布新闻稿表示："海协会在本次香港商谈中，对一个中国原则一再坚持应当有所表述，本会经征得主管机关同意，以口头声明方式各自表达，可以接受。至于口头声明的具体内容，我方将根据'国家统一纲领'及国家统一委员会本年 8 月 1 日对于'一个中国'涵义所作决议，加以表达。"同日，海基会并致函海协会。海协会孙亚夫并于是日致电海基会秘书长陈荣杰，表示尊重并接受海基会之建议。

四、海协会回函表示尊重及接受

随后，海协会于 11 月 16 日致函海基会表示："在香港商谈中，海基会代表建议，采用两会各自口头声明的方式表述一个中国的原则，并提出具体表述内容（参见海基会第三案）。其中明确表达了两岸均坚持一个中国的原则。……11 月 3 日贵会来函正式通知我会表示已征得台湾方面的同意，以口头声明

的方式，各自表达。我会充分尊重并接受贵会的建议，并已于11月3日电话告知陈荣杰先生。……现将我会拟作口头表述的要点函告贵会。'海峡两岸都坚持一个中国的原则，努力谋求国家的统一，但在海峡两岸事务性商谈中，不涉及'一个中国'的政治涵义。本此精神，对公证书使用（或其他商谈事务）加以妥善解决。'"

五、达成共识后才启动辜汪会谈

海协会11月16日来函后，我方尚未回函，海协会即于11月30日再度来函，希望早日实现"汪辜会晤"，并建议于12月上旬进行预备性磋商，12月下旬实现"汪辜会晤"。（事实上预备性磋商及辜汪会谈，均至1993年4月上、下旬才举行）根据以上的过程，我们认为1992年两会会谈的结果是两岸一项重要的共识，这项"共识"应包括下列三点：

（一）对一个中国原则，用口头声明方式各自表达。即一般简称的"一个中国，各自表述"或"各自表述，一个中国"，是我方提出，并获得中共接受，并因之开展日后的辜汪会谈。因此应该说是两岸间的一项重要的共识。

（二）我方表述的内容包括海基会第三案、"国统纲领"及"一个中国的涵义"。对此，中共方面已表认知。

（三）海协会也在"一个中国，各自表述"的共识原则下，提出他们的表述内容。

以上就是"一个中国，各自表述"的九二共识。在1995年6月，中共宣布中断两岸两会协商前，北京并未否认这项共识。而中国国民党则自始至今均一贯主张，九二共识代表两岸对立五十年来唯一的政治妥协，更是两岸关系"既有基础"的重要成分，值得各方重视与维护。

（原文刊载于台湾"国政基金会"网站，国安〔析〕090-001 号，2001 年 9 月 6 日）

"九二共识"，细说从头

李庆平（前海基会副秘书长）

民进党执政的"扁政府"，不承认"九二共识"，最近陈水扁"总统"虽然松口，但他仍然玩弄文字游戏，把1992年两岸两会（海峡交流基金会、海峡两岸关系协会）达成的共识，以"九二精神"含混其辞，到底1992年两会讨论的共识真相是什么？以下提出十二点回顾、说明。

一、1992年10月28日至30日海基会、海协会及中国公证员协会人员在香港就海峡两岸公证书使用问题进行工作性商谈，其中有关大陆提出一个中国原则问题，双方虽交换了意见及方案，但并没有达成最终结果。

二、1992年11月3日海基会正式去函通知海协会，有关方面同意"以口头声明方式各自表达"。

三、1992年11月3日海协会接获海基会来函，立刻由海协会孙亚夫副秘书长电话告知海基会陈荣杰秘书长"我会充分尊重并接受贵会的建议"。

四、1992年11月16日海协会致函海基会"我会拟做口头表述的要点函告贵会：海峡两岸都坚持一个中国的原则，努力谋求国家统一。但在海峡两岸事务性商谈中，不涉及'一个中国'的政治涵义。"该函并附海基会于 1992 年 10 月 30 日所提表述方案"在海峡两岸共同努力谋求国家统一的过程中，双方虽均坚持一个中国的原则，但对于一个中国的涵义、认知各有不同。惟鉴于两岸民间交流日益频繁，为保障两岸人民权益，对于文书查证，应加以妥善解决"。来函中海协会建议两会约定各自同时口头声明。

五、1992 年 11 月 17 日下午 4 时，"行政院大陆委员会"黄昆辉主任委员召集"陆委会"及海基会高层对 11 月 16 日大陆海协会来函，研商对策，黄主任委员最后决定，针对大陆海协会 11 月 16 日的来函，我方暂不覆函，但用记者会方式，以口头声明表达我方立场，黄主任委员当时指定海基会李庆平副秘书长在下午 6 时召开记者会，代表海陆两会发言，李庆平副秘书长发表谈话："对海协会 11 月 16 日来函，愿以口头声明各自表达的方式表示欢迎，但我方认为双方对此问题的立场原则早已各自表达过了，不需要再约定同一时间发表。"

我方一贯立场是事务性协商，不应涉及一个中国的政治性议题，但由于中共一再以政治性议题干扰事务性协商，我方基于保障民众权益，在 10 月下旬授权海基会法律处处长许惠祐在香港与海协会商谈时，对一个中国原则提出八个方案，对方也提出五个方案，海协会 11 月 16 日又提出第六个方案，事实上双方已对一个中国原则各自有了清楚明确的表达。

六、1992 年 12 月 3 日海基会致函海协会"我方始终认为：两岸事务性之商谈，应与政治性之议题无关，且两岸对'一个中国'之涵义、认识显有不同。我方为谋求问题之决解，爰建议以口头各自说明。至于口头说明之具体内容，我方已于 11 月 3 日发布之新闻稿中明白表示，将根据'国家统一纲领'及'国家统一委员会'本年 8 月 1 日对于'一个中国'涵义所作决议加以表达。我方此项立场及说明并迭次阐明，香港地区、大陆地区及台湾地区之媒体，对于双方立场及说明，先后已有充分报导。"

（编者有删节，原文刊载于台北《中央日报》，2001 年 8 月 31 日第三版）

二

达成"九二共识"的重要

文件与媒体报道

重要文件

唐树备在新闻发布会上指出，一个中国原则已是两岸的共识，不应成为事务性商谈困扰

海峡两岸关系协会常务副会长唐树备3月30日指出，"一个中国"已是两岸的共识，所以这个原则不应当成为两岸商谈有关具体事务性问题的困扰。

唐树备说，日前海协与台湾海基会就两岸公证文书使用和两岸开办挂号函件的查询、赔偿业务问题的工作商谈是有成果的，双方在很多方面取得了共识。但由于时间比较短，双方对某些问题的认识还有一些分歧，这是很自然的。我们期待着双方在方便的时候进行进一步的商谈。

他说，双方分歧的关键在"一个中国"的提法上。我们认为，一个国家里是不存在文书使用困难，也不存在挂号函件查询问题的。现在，由于两岸没有统一，有必要就两岸公证文书的使用和两岸开办挂号函件的查询、赔偿业务问题找出一些特别的解决办法。在这点上我们愿意和台湾有关方面积极配合。但是，由于现在两岸没有统一，所以首先应明确我们商谈的或要解决的是一个国家内的事情。众所周知，国共两党都认为只

有"一个中国"，台湾方面通过的有关统一的文件也承认只有"一个中国"，"一个中国"既然是双方的共识，为何双方不能本着这个原则来处理两岸具体事务性问题呢？"一个中国"问题，不应成为双方商谈的困扰。

唐树备说，我们并不是要和海基会讨论政治问题，我们只是要确认一个事实，这就是"一个中国"。至于"一个中国"的含义，我们并没有准备，也不打算和海基会讨论。两岸没有统一，但我们是一个国家，这个原则我们是坚定不移的。至于用什么形式来表述这么一个原则，我们愿意讨论。

关于"金门协议"没有写进一个中国原则，这是否可作为今后两岸商谈的模式的问题，唐树备说，"金门协议"是1990年两岸红十字会组织签订的一个协议，涉及两岸私自进入对方地区的人员的遣返等问题。这个"协议"不应成为海协与海基会商订协议时必须遵循或完全应遵循的模式。

近日台湾有关媒体提到：这次海协与海基会的商谈中，大陆方面一直要求直接接触或官方接触。对此，唐树备表示，毫无疑问，我们主张两岸直接"三通"，双向交流。去年，中共中央台办负责人发表的谈话中建议，"由海峡两岸有关部门和受权团体或人士，尽快商谈实现直接'三通'和双向交流的问题。"根据这个建议，考虑到岛内的实际情况，我们成立了海协这个民间团体。台湾方面也认为海基会是民间团体。所以，海协与海基会之间的接触不是官方接触，那么，我们之间在商谈的基础上所要签订的协议也不是官方接触的结果。

关于大陆记者赴台的问题，唐树备说，这次海基会来京时，海协的先生与海基会的先生非正式地交换了意见。我们感谢海基会的邀请。我们关切大陆记者中的一些共产党员到台湾或在台期间不要受到任何的干扰。海基会的先生告诉我们：要善尽东道主的责任。具体什么时候去，怎么去，还没有讨论。

（《人民日报》海外版 1992 年 4 月 1 日）

海协会负责人就台湾当局关于两岸事务性商谈中"一个中国"涵义的文件发表谈话

新华社北京 8 月 27 日电　　本社记者最近就台湾当局对海峡两岸事务性商谈中一个中国原则表述所作的"结论"及其对两岸事务性商谈的影响一事，走访了海峡两岸关系协会负责人。

这位负责人说，我会一再表明，海峡两岸交往中的具体问题是中国的内部事务，应本着一个中国原则协商解决；在事务性商谈中，只要表明坚持一个中国原则的基本态度，可以不讨论"一个中国"的涵义。

这位负责人说，我会提出海峡两岸事务性商谈中应坚持一个中国原则，已经引起台湾同胞的极大关注。8 月 1 日，台湾有关方面就台湾海峡交流基金会与我会商谈事务性协议时有关"一个中国"涵义问题做出的"结论"中，确认"海峡两岸均坚持一个中国之原则"。我会认为，明确这一点，对海峡两岸事务性商谈具有十分重要的意义，它表明，在事务性商谈中应坚持一个中国原则已成为海峡两岸的共识。当然，我会不同意台湾有关方面对"一个中国"涵义的理解。我们主张"和平统一、一国两制",反对"两个中国""一中一台""两个对等的政治实体"的立场是一贯的。

这位负责人最后表示,海峡两岸关系协会主张,我会与海峡交流基金会在上述"海峡两岸都坚持一个中国之原则"这一共识的基础上,应迅速恢复并推进事务性商谈,争取积极的成果,以保障两岸同胞的正当权益,并为海峡两岸合作、振兴中华和促进两岸关系的发展,作出更多的贡献。

(《海峡两岸关系协会 1992 年重要文件选编》)

孙亚夫电话通知海基会的内容

中国新闻社北京 11 月 4 日电　　本社记者从海峡两岸关系协会有关方面获悉，海协副秘书长孙亚夫 11 月 3 日已打电话通知海基会秘书长陈荣杰，两会于 10 月 28—30 日在香港进行的"海峡两岸公证书使用"问题的工作性商谈已经结束；建议有关问题的进一步商谈，在北京或台湾、厦门或金门进行，并由两会负责人士在上述四地之一签署有关协议。

据了解，这次在香港进行的工作性商谈取得了很大的进展。今年 3 月份在北京进行的"海峡两岸公证书使用"和"海峡两岸挂号函件遗失查询及补偿"两项工作性商谈中，台湾有关方面故意把海协在事务性商谈中坚持一个中国原则，界定海峡两岸交往中产生的问题是中国事务、而不是国际事务的主张歪曲为"附加政治性议题"；接着海基会单方面终止了商谈。3 月份工作性商谈结束以来，国务院台湾事务办公室和海协负责人多次公开表示，在海峡两岸事务性商谈中应表述一个中国原则，但先不涉及"一个中国"的政治含义，表述方式可以充分讨论协商，这实际上表明，表述方式可以是文字的、也可以是口头的。在此次香港进行的工作性商谈中，海基会代表建议采用各自口头声明的方式表述一个中国原则；11 月 3 日海基会又致函正式通知海协，"以口头声明方式各自表述"。海协充分尊重并接受海基会的建议，由孙亚夫副秘书长电告陈荣杰秘书长，并建议就口头声明的具体内容，进行协商。由此充分反映了海协实事求是，相互尊重，不强加于人的一贯态度和对海峡两岸公证书使用问题达成协议的诚意。

据记者从海协有关方面获悉，3 月份北京工作性商谈结束时，海协即根据双方磋商后修改的协议草案文本提交给海基会代表。在香港恢复进行工作性商谈前，海协于 9 月 30 日致函海基会，希望对方尽快提出书面修改意见或提出草案，海基会却未予提供。但在这次商谈中，海基会在寄送文书副本方面又提出新的要求。对此，海协认为需要时间进行研究、评估，并要与有关部门协商，这是合情合理的。而海基会却坚持要求在香港达成协议，显然是不切实际的。

早在 9 月 30 日和 10 月 16 日，海协即已致函海基会，明确说明于 10 月 28 日至 29 日，与海基会在香港进行一次工作性商谈。应海基会的一再要求，海协同意延长半天，就有关问题继续磋商。在商谈中，海协考虑到在香港的商谈取得了很大的进展，但还有一些遗留问题和新的问题需要解决，因此，又于 10 月 29 日与 11 月 2 日函告海基会，建议对商谈结果进行评估后，在北京或台湾、厦门或金门就有关问题进行进一步商谈，并由两会负责人签署协议。看来，是否及早进行这样的商谈，是海峡两岸公证书使用问题取得完全成功的关键，值得密切注视。

（《海峡两岸关系协会 1992 年重要文件选编》）

海协会及海基会在香港工作性商谈中就坚持一个中国原则所提表述方案

海协所提表述方案：

1. 海峡两岸文书使用问题，是中国的内部事务。

2. 海峡两岸文书使用问题，是中国的事务。

3. 海峡两岸文书使用问题，是中国的事务。考虑到海峡两岸存在不同制度（或国家尚未完全统一）的现实，这类事务有其特殊性，通过海峡两岸关系协会、中国公证员协会与海峡交流基金会的平等协商，予以妥善解决。

4. 在海峡两岸共同努力谋求国家统一的过程中，双方均坚持一个中国之原则，对两岸公证文书使用（或其他商谈事务）加以妥善解决。

5. 海峡两岸关系协会、中国公证员协会与海峡交流基金会依海峡两岸均坚持一个中国之原则的共识，通过平等协商，妥善解决海峡两岸文书使用问题。

海基会所提表述方案：

1. 双方本着"一个中国，两个政治实体"的原则。

2. 双方本着"谋求一个民主、自由、均富、统一的中国，两岸事务本是中国人的事务"的原则。

3. 鉴于海峡两岸长期处于分裂状态，在两岸共同努力谋求国家统一的过程中，双方咸认为必须就文书查证（或其他商谈事项）加以妥善解决。

4. 双方本着"为谋求一个和平民主统一的中国"的原则。

5. 双方本着"谋求两岸和平民主统一"的原则。

海基会所提口头表述方案：

1. 鉴于中国仍处于暂时分裂之状态，在海峡两岸共同努力谋求国家统一的过程中，由于两岸民间交流日益频繁，为保障两岸人民权益，对于文书查证，应加以妥善解决。

2. 海峡两岸文书查证问题，是两岸中国人间的事务。

3. 在海峡两岸共同努力谋求国家统一的过程中，双方虽均坚持一个中国的原则，但对于一个中国的涵义，认知各有不同。唯鉴于两岸民间交流日益频繁，为保障两岸人民权益，对于文书查证，应加以妥善解决。

海基会 1992 年 11 月 3 日新闻稿

据中共海协会负责人本（三）日透过新华社表示：愿意"尊重并接受"本会日前所提两会各自以口头声明方式表达一个中国原则的建议，但该会亦表示"口头表述的具体内容，则将另行协商"。

本会认为：

一、"文书查证"及"两岸间接挂号信函遗失、查询与补偿"问题之事务性商谈，不涉及政治性议题。惟海协会在本次香港商谈中，对一个中国原则一再坚持应有所"表述"，本会经征得主管机关同意，以口头声明方式各自表达，可以接受。至于口头声明的具体内容，我方将根据"国家统一纲领"及"国家统一委员会"本年八月一日对于"一个中国"涵义所作决议，加以表达。

二、本会希望海协会人员急速赴港，继续与本会在港待命人员完成上述两项事务性议题之商谈。

三、本会今（三）日晚间已责成许处长惠祐等续留香港一至二日，作恢复商谈之准备，务期海协会尽速作成决定，并于十一月五日中午以前通知本会。

台湾"国家统一纲领"

1991年2月23日台湾"国家统一委员会"第3次会议通过

1991年3月14日台"行政院"第2223次会议通过

一、前言

中国的统一，在谋求国家的富强与民族长远的发展，也是海内外中国人共同的愿望。海峡两岸应在理性、和平、对等、互惠的前提下，经过适当时期的坦诚交流、合作、协商，建立民主、自由、均富的共识，共同重建一个统一的中国。基此认识，特制订本纲领，务期海内外全体中国人同心协力，共图贯彻。

二、目标

建立民主、自由、均富的中国。

三、原则

1. 大陆与台湾均是中国的领土，促成国家的统一，应是中国人共同的责任。

2. 中国的统一，应以全民的福祉为依归，而不是党派之争。

3. 中国的统一，应以发扬中华文化，维护人性尊严，保障基本人权，实践民主法治为宗旨。

4. 中国的统一，其时机与方式，首应尊重台湾地区人民的权益并维护其安全与福祉，在理性、和平、对等、互惠的原则下，分阶段逐步达成。

四、进程

1. 近程——交流互惠阶段

（1）以交流促进了解，以互惠化解敌意；在交流中不危及对方的安全与安定，在互惠中不否定对方为政治实体，以建立良性互动关系。

（2）建立两岸交流秩序，制订交流规范，设立中介机构，以维护两岸人民权益；逐步放宽各项限制，扩大两岸民间交流，以促进双方社会繁荣。

（3）在国家统一的目标下，为增进两岸人民福祉：大陆地区应积极推动经济改革，逐步开放舆论，实行民主法治；台湾地区则应加速"宪政"改革，推动国家建设，建立均富社会。

（4）两岸应摒除敌对状态，并在一个中国的原则下，以和平方式解决一切争端，在国际间相互尊重，互不排斥，以利进入互信合作阶段。

2. 中程——互信合作阶段

（1）两岸应建立对等的官方沟通管道。

（2）开放两岸直接通邮、通航、通商，共同开发大陆东南沿海地区，并逐步向其他地区推展，以缩短两岸人民生活差距。

（3）两岸应协力互助，参加国际组织与活动。

（4）推动两岸高层人士互访，以创造协商统一的有利条件。

3. 远程——协商统一阶段

成立两岸统一协商机构，依据两岸人民意愿，秉持政治民主、经济自由、社会公平及军队国家化的原则，共商统一大业，研订宪政体制，以建立民主、自由、均富的中国。

台湾"国统会"关于"一个中国"的涵义

1992 年 8 月 1 日，台湾"国家统一委员会"第 8 次会议通过"一个中国"的涵义，内容如下：

一、海峡两岸均坚持"一个中国"之原则，但双方所赋予之涵义有所不同。中共当局认为"一个中国"即为"中华人民共和国"，将来统一以后，台湾将成为其辖下的一个"特别行政区"。我方则认为"一个中国"应指一九一二年成立迄今之"中华民国"，其主权及于整个中国，但目前之治权，则仅及于台澎金马。台湾固为中国之一部分，但大陆亦为中国之一部分。

二、民国三十八年（公元一九四九年）起，中国处于暂时分裂之状态，由两个政治实体，分治海峡两岸，乃为客观之事实，任何谋求统一之主张，不能忽视此一事实之存在。

三、"中华民国政府"为求民族之发展、国家之富强与人民之福祉，已订"国家统一纲领"，积极谋取共识，开展统一步伐；深盼大陆当局，亦能实事求是，以务实的态度捐弃成见，共同合作，为建立自由民主均富的一个中国而贡献智慧与力量。

海协会就海峡两岸公证书使用问题
商谈致函海基会

海峡交流基金会：

10月28—30日，我会、中国公证员协会人员与贵会人员就海峡两岸公证书使用问题进行了工作性商谈，同时也就开办海峡两岸挂号函件遗失查询及补偿问题交换了意见。这次工作性商谈，不但在具体业务问题上取得了相当大的进展，而且也在海峡两岸事务性商谈中表述一个中国原则的问题上取得了进展。这是有关各方共同努力的结果。

3月份北京工作性商谈结束后，我会一再表明，海峡两岸交往中的具体问题是中国的事务，应本着一个中国原则协商解决；在事务性商谈中，只要表明海峡两岸均坚持一个中国原则的基本态度，可以不讨论"一个中国"的政治含义，在事务性商谈中表述一个中国原则方式可以充分讨论协商，并愿听取贵会及台湾各界的意见。

在这次工作性商谈中，贵会代表建议在相互谅解的前提下，采用贵我两会各自口头声明的方式表述一个中国原则，并提出了具体表述内容（见附件），其中明确了海峡两岸均坚持一个中国的原则，这项内容也已于日后见诸台湾报刊。我们注意到，许惠祐先生于 11 月 1 日公开发表书面声明，表达了与上述建议一致的态度。11 月 3 日贵会来函正式通知我会，表示已征得台湾有关方面的同意，"以口头声明方式各自表达"。我会充分尊重并接受贵会的建议，并已于 11 月 3 日电话告知陈荣杰先生。

为使海峡两岸公证书使用问题商谈早日克尽全功，现将我会拟作口头表述的要点函告贵会：海峡两岸都坚持一个中国的原则，努力谋求国家的统一。但在海峡两岸事务性商谈中，不涉及"一个中国"的政治含义。本此精神，对两岸公证书使用（或其他商谈事务）加以妥善解决。我会建议，在贵我两会约定各自同时口头声明之后，在北京或台湾、厦门或金门继续商谈有关协议草案中某些有分歧的具体业务问题，并由贵我两会负责人签署协议。

海峡两岸关系协会
1992 年 11 月 16 日

海基会 1992 年 12 月 3 日 "关于两岸文书查证" 等事项致海协会的函

海峡两岸关系协会：

关于"两岸文书查证"商谈等事，十一月十六日及三十日大函均悉。

鉴于"两岸文书查证"及"两岸间接挂号信函查询与补偿"是两岸中国人间的事务，问题悬宕多时，不但影响两岸人民权益，且使人民对于交流产生疑虑，诚属遗憾！顷接贵会上述二函，显示"愿以积极的态度，签署协议"、"使问题获得完全解决"，对此，我方表示欢迎。

我方始终认为：两岸事务性之商谈，应与政治性之议题无关，且两岸对"一个中国"之涵义，认知显有不足。我方为谋求问题之解决，爰建议以口头各自说明。至于口头说明之具体内容，我方已于十一月三日发布之新闻稿中明白表示，将根据"国家统一纲领"及"国家统一委员会"本年八月一日对于"一个中国"涵义所作决议加以表达。我方此项立场及说明亦迭次阐明，香港地区、大陆地区及台湾地区之媒体，对于双方立场及说明，先后已有充分报道。

目前当务之急应在于解决事务性实质问题，我方已依在香港商谈所得初步共识，并充分考虑贵方之意见，整理协议草案，在香港面交贵方商谈代表，贵会对于"两岸文书查证"及"两岸间接挂号信函查询与补偿"二草案若仍有"遗留的分歧"，请速函告以利我方研究。

有关辜董事长与汪会长在新加坡之会谈，我方至为重视。至于会谈之相关事宜，本会当于积极研究后，另函相告。

专此 顺致

时祺

财团法人海峡交流基金会

十二月三日

2008 年 5 月两会复谈函电

财团法人海峡交流基金会

海峡两岸关系协会：

本会于今（26）日举行第六届第二次临时董监事联席会议，选任江丙坤先生为董事长、高孔廉先生为副董事长兼秘书长，旋即就职，特此函告。

本会业经我方主管机关授权与贵会就"周末包机直航"、"大陆观光客来台"两项议题进行协商。

期望贵我两会在"九二共识"的基础上，尽早恢复制度化协商。

专此　顺颂

时祺

财团法人海峡交流基金会

2008 年 5 月 26 日

海峡两岸关系协会（函）

海峡交流基金会：

贵会 5 月 26 日关于新任董事长、副董事长兼秘书长等事函悉。

我会对江丙坤先生就任贵会董事长、高孔廉先生就任贵会副董事长兼秘书长，表示诚挚祝贺。

我会同意贵会来函意见，尽速在"九二共识"基础上恢复两会联系往来与协商谈判。

为此，我会邀请贵会江丙坤董事长、高孔廉副董事长兼秘书长于 6 月 11 日至 14 日率团访问北京，就两岸周末包机、大陆居民赴台旅游事宜进行商谈，并期取得积极成果，以满足两岸同胞期待。

顺致

时祺

海峡两岸关系协会

2008 年 5 月 29 日

媒体报道

就台当局对两岸事务性商谈中"一个中国"的涵义海协会负责人发表谈话

新华社北京 8 月 27 日电　本社记者最近就台湾当局对海峡两岸事务性商谈中一个中国原则表述所作的"结论"及其对两岸事务性商谈的影响一事，走访了海峡两岸关系协会负责人。

这位负责人说，海协会一再表明，海峡两岸交往中的具体问题是中国的内部事务，应本着一个中国原则协商解决；在事务性商谈中，只要表明坚持一个中国原则的基本态度，可以不讨论"一个中国"的涵义。

这位负责人说，海协会提出海峡两岸事务性商谈中应坚持一个中国原则，已经引起台湾同胞的极大关注。8 月 1 日，台湾有关方面就台湾海峡交流基金会与我会商谈事务性协议时有关'一个中国'涵义问题作出的"结论"中，确认"海峡两岸均坚持一个中国之原则"。我会认为，明确这一点，对海峡两岸事务性商谈具有十分重要的意义，它表明，在事务性商谈中应坚持一个中国原则已成为海峡两岸的共识。当然，我会不同意台湾有关方面对"一个中国"涵义的理解。我们主张"和平统一、一国两制",反对"两个中国""一中一台""两个对等的政治实体"的立场是一贯的。

这位负责人最后表示,海峡两岸关系协会主张,我会与海峡交流基金会在"海峡两岸都坚持一个中国之原则"这一共识的基础上,应迅速恢复并推进事务性商谈,争取积极的成果,以保障两岸同胞的正当权益,并为海峡两岸合作、振兴中华和促进两岸关系的发展,作出更多的贡献。

（《人民日报》1992 年 8 月 28 日第 4 版）

两岸文书使用问题会谈首日取得进展共识扩大

海协会、海基会代表在港复商　双方今日将就
"一个中国"问题继续讨论

　　[本报讯] 停顿了逾半年的两岸文书使用问题商谈，昨日在港恢复工作性质的商谈。首日会谈结束后，中国大陆海峡两岸关系协会（简称海协会）咨询部副主任周宁和台湾海基会法律服务处处长许惠祐，均表示会议气氛良好，双方的共识在扩大，在两岸文书使用问题的联系主体，解决的具体方法等方面，较今年三月在北京举行的首次会谈取得进展，两会代表对此感到满意。

　　由周宁率领的海协会代表和中国公证员代表共五人，由许惠祐率领的海基会代表共六人，昨日在香港世界贸易中心进行两岸文书使用问题的第二轮商谈首日会议。会谈之前，周宁指出，两岸公证文书使用的商谈，主要是解决两岸有关方面在文书使用中，涉及的公证文书真伪查询有关事项，如何进行合作。只要双方本着实事求是、合情合理的态度，相信此次会谈将可在三月份会谈已达成的共识的基础上，进一步消除

分歧。

许惠祐表示，"两岸文书使用"及"两岸挂号函件遗失之查询与补偿"两个问题的商谈中止七个月来，多少造成民众的不便，如继承遗产问题，寄送重要文件遗失问题等，今天在此就这两个议题再度协商，希望双方抱着务实态度扩大共识，解决问题。

上午三小时的会谈结束后，周宁接受记者访问时表示，双方就有关问题初步交换意见，他感觉到许惠祐已获授权就会谈过程中"一个中国"的问题表述台湾的意见。他对上午的商谈表示满意。

许惠祐对记者表示，上午就文书查证事宜与海协会方面进行广泛交换意见，以三月份讨论为基础，中间有些分歧，原来的分歧已有部分有进一步共识。在一个中国的问题上，双方各自表明了立场。

全日会谈结束后，周宁介绍道，两会代表下午就协议的文本，包括具体的文字表述，进一步交换了意见，在若干问题上形成了初步共识。首天会谈就有关联系主体及其他条款，在原有共识的基础上，形成新的共识。第二日的会谈，将就一个中国原则的表述，进一步交换意见。

许惠祐称，下午会谈首先就两岸挂号函有关问题大体交换了意见，由于这个问题与两岸文书问题有很多雷同，因此回过头来就文书查证使用问题加以沟通，共识部分有所扩大。双方均认为文书寄送公证书副本来核对的范围可酌量扩大，以前的文书也应有解决的方法。至于是否收费，双方则有不同意见，如果海协会方面坚持相互收费，海基会一方面也可以同意考虑。至于"一个中国"的问题，许惠祐说今天继续讨论。

海协会和海基会代表今日将于港鹿酒店继续进行第二日的
会谈议程。

（香港《大公报》1992 年 10 月 29 日）

一个中国　协商前提

马英九：海基会行前即已获得充分授权

　　[台北]"陆委会"副主委马英九昨天指出，刻在香港的海基会主谈代表许惠祐，在会前即获得对"一个中国"表达方式的充分授权，而对于在两会协议文件中的前方陈述一个中国原则，"陆委会"坚持依"国统纲领"及"国统会"在今年八月一日对"一个中国"诠释的精神。

　　马英九表示，"国统会"的诠释，就是承认目前一个中国分裂的现实，分别由两个对等的政治实体管辖海峡两岸，未来追求自由、民主、均富的统一中国。

　　马英九强调，此项对"一个中国"的文字表述协议商谈相当重要，未来各项谈判一旦涉及一个中国，均比照此方式进行；他说，事实上，此次文书验证谈判，我方早已准备具体协议条文因应，而在两天谈判中，双方均是逐条交换意见。

　　至于"一个中国"的文字陈述如何表达，马英九表示，双方仍在陆续协商当中，但内容绝对符合我"国统纲领"原则及"国统会"在八月一日对"一个中国"所下诠释。

　　　　　　　　　　　（台湾《民众日报》1992 年 10 月 31 日）

海协会：接受以口头方式表述一个中国建议

孙亚夫电话告海基会，但强调具体内容
仍待协商，海基会已责成许惠祐续留香港作准备

[记者王铭义台北报道] 在两岸事务性商谈因大陆方面坚持将"一个中国"政治原则纳入协议，导致协商进度陷入僵局之际，大陆海协会副秘书长孙亚夫昨日主动以电话告知海基会秘书长陈荣杰，指称该会将尊重并接受海基会所提，以口头方式表述一个中国原则的建议。

不过，孙亚夫并强调，有关口头表述的具体内容，仍待双方另行协商。"陆委会"昨日对此讯息重申，以口头声明方式各自表达立场，我方可接受，但我方将依"国统会"对一个中国涵义所作之决议加以表达。

尽管大陆海协会副秘书长孙亚夫昨日曾向海基会秘书长陈荣杰电话告知，该会将尊重并接受海基会以口头方式表述一个中国原则的建议，但海基会昨日中午仍急电海协会，吁请尽速派员到香港续行商谈两岸事务性议题。

海基会并获得指示，责成许惠祐等人续留香港一至二日，作恢复商谈之准备。

海基会秘书长陈荣杰昨日强调，孙亚夫在电话中仅简短的说明愿以"口头方式"表述政治原则的问题，至于如何表述，对方仅说另行协商，因此，此一立场是否意谓着大陆方面已有"让步"，或认定为双方的立场已有共识，仍待进一步研究与评估。

陈荣杰说，由于大陆方面建议"及早顺利进行预备性磋商"，因此，海基会昨日中午专函海协会希望在十一月四日上午海基会协商代表人员离开香港之前，决定是否派员到香港续行商谈，并通知海基会。不过昨晚深夜又改为希望在五日以前获得函覆。

据了解，海协会方面告知愿意接受海基会以"口头方式"表述一个中国政治原则的建议，并不代表海协会愿意到香港继续商谈事务性议题，也不等于双方能顺利草签协议文件，尤其，海协会主张在北京或台北商谈"辜汪会谈"预备性磋商的立场，与海基会建议在香港先行完成事务性商谈，并草签协议，再派出更高层主管进行磋商的立场，仍有明显歧见，因此，双方近日内能否突破僵局，并恢复协商，并不乐观。

（台湾《中国时报》1992 年 11 月 4 日）

海协会同意口头表述"一个中国"

我方协商代表许惠祐将再停留香港等候回覆

[记者何振忠台北报道]　　两岸文书查证协商出现突破性发展。大陆海协会昨天以电话通知及透过通讯社发布新闻表示，该会决定尊重并接受海基会的建议，同意以口头声明方式处理表述一个中国原则的问题；至于表述内容，将再另行协商。

海协会副秘书长孙亚夫昨天上午大约十点半左右以电话通知海基会秘书长陈荣杰，告知海协会经过研究之后，决定尊重并接受海基会的建议，以口头声明方式表述一个中国的原则；至于具体表述内容，将再协商而定。这项新的发展，昨天傍晚并透过新华社及中新社发布新闻。

海协会这项决定可说是作了一个关键性的让步，使陷于僵局的文书查证协商，再度出现转圜的机会。海基会在获得这项讯息后，立即告知"陆委会"等有关单位，"陆委会"高层在经过短时间协商后，仍决定依前晚确定的原则，去函海协会表明我方希望在草签协议后，立刻续谈辜汪会谈预备性磋商的立场。据了解，海基会曾以电话向海协会表明，希望能在今天上午十点以前，也就是许惠祐等人返台之前，获得答覆。

两岸文书查证协商之所以迟迟无法突破，就在于中共方面始终坚持要把一个中国原则纳入协议文字当中。

但是，口头表述究竟是双方共同说一套表述内容，或是双方各以自己的表述内容"各说各话"，海协会昨天并未明确答覆。这一点将是双方未来协商的关键所在。

根据研判，中共方面在"一个中国"问题上作此妥协，在接下来的协商地点上，可能会坚持在北京或台湾进行会商。至于我方是否接受，有待进一步观察。

[记者何振忠台北报道]　海协会昨天表示愿意接受以口头声明方式表达一个中国的原则，"陆委会"与海协会连夜会商决定，责成我方代表许惠祐等人在香港多停留一至两天，希望海协会在五日中午以前作成决定回覆我方。

同时，海基会发表声明指出，口头声明的具体内容，我方将根据"国统纲领"及"国统会"今年八月一日对"一个中国"涵义所作决议，加以表达。

惟据了解，海协会同意再度南下香港协商的可能性极低。

（台湾《联合报》1992年11月4日）

两岸公证文书使用问题工作商谈
海协会负责人称取得相当大进展

新华社北京 11 月 3 日电　大陆海峡两岸关系协会负责人今天表示，两岸就公证文书使用问题的工作商谈取得了相当大的进展，海协会将接受海基会以口头方式表述一个中国原则的建议，并愿就具体内容另行协商。

今天上午，海峡两岸关系协会负责人电话告知台湾海基会称，日前，海峡两岸关系协会、中国公证员协会人员与海基会人员就海峡两岸公证书使用问题进行了工作性商谈，同时也就开办海峡两岸挂号函件遗失查询及补偿问题交换了意见。这次工作性商谈，不但在具体业务问题上取得了相当大的进展，取得了不少共识，而且也在海峡两岸事务性商谈中表述一个中国原则的问题上取得了进展。这是有关各方共同努力的结果。

这位负责人说，自今年 3 月份北京工作性商谈结束以来，国务院台湾事务办公室及海协会负责人曾多次公开表示，在海峡两岸事务性商谈中应表述一个中国原则，但先不涉及"一个中国"的政治涵义，表述方式可以充分讨论，并愿意听取海基会的意见。在这次工作性商谈中，海基会建议采用两会各自口头声明的方式表述一个中国原则。他表示，海协会经研究后，尊重并接受海基金的建议。至于口头表述的具体内容，则将另行协商。

（《人民日报·海外版》1992年11月5日）

是彼此让步还是又回到原点

协商结果各有评价　双方诠释出现落差

[记者王铭义特稿] 海基会与大陆海协就两岸文书查证等事务性议题举行的"香港商谈"，在双方有共识，也有歧见的状况下，暂告落幕。

两会这次在"一个中国"政治原则的争议过程，实并未获致实质的成果，但两会的协商代表在会后，仍声称"香港商谈"取得了很大的进展，或获得了新的发展。

两会协商代表对协商结果的"诠释"，与双方商谈的实际结果呈现落差现象，主要是双方的协商代表都认为对方在某些程序或步骤上，作了实质的让步。

大陆海协会说，从今年三月间海基会拒绝讨论一个中国原则，到这次双方在香港充分对表述方式交换意见，显见双方已有共识，商谈也取得了很大的进展；海基会则说，海协会同意双方各自以口头声明方式表述政治原则，显然是两会互动关系的新发展。

尽管两会相关负责人对最后的协商结果各有评价，但究竟双方在协商过程，作了那些让步与妥协？这些互动措施，是真正的让步，还是阶段性的协商策略？

明显易见的，海基会虽依据"国统会"所决议一个中国的原则，与对方进行协商，不致造成立场上的困扰。但这项形式上的议事配合，却构成海协会在程序方面的主控权，尤其，海基会前后态度的调整，无疑的是程序上的让步。

其次，海基会为突破协商僵局，在对方固守应表达政治原则的立场下，主动建议以口头方式各自表达，虽未在实质内容方面让步，但无意中，我却陷入对方的"游戏规则"。

相对的，大陆海协会在协商地点的问题上，弹性地配合海基会所提的香港，但海协会的立场强硬，坚持仅作一次工作商谈，并不愿海基会要求在香港完成协商的建议，如期返回北京，显见其让步只是协商策略的运用而已。

另外，海协会透过各种管道表达"尊重并接受"双方各自以口头声明方式表达政治原则，但却另附"但书"。

由于两岸主管部门各有坚持，或各有考量，使得两会的协商进程屡屡受阻，甚至绕回三月间的争议原点。

海基会与中共海协会就一个中国原则所提表达方案对照表

中共海协会所提"一个中国"的五种表达方案	海基会依"陆委会"授权所提"一个中国"的五种表达方案	我方海基会及"陆委会"授权就中共海协会所提表达方案之修正意见
1. 海峡两岸文书使用问题，是中国的内部事务。 2. 海峡两岸文书使用问题，是中国的事务。 3. 海峡两岸文书使用问题，是中国的事务。考虑到海峡两岸存在不同制度（或国家尚未完全统一）的现实，这类事务有其特殊性，通过海峡两岸关系协会、中国公证员协会与海峡交流基金会的平等协商，予以妥善解决。 4. 在海峡两岸共同努力谋求国家统一的过程中，双方均坚持一个中国之原则，对两岸公证文书使用（或其他商谈事务）加以妥善解决。 5. 海峡两岸关系协会、中国公证员协会与海峡交流基金会依海峡两岸均坚持一个中国之原则的共识，通过平等协商，妥善解决海峡两岸文书使用问题。	1. 双方本着"一个中国，两个政治实体"的原则。 2. 双方本着"谋求一个民主、自由、均富、统一的中国，两岸事务本是中国人的事务"的原则。 3. 鉴于海峡两岸长期处于分裂状态，在两岸共同努力谋求国家统一的过程中，双方咸认为必须就文书查证（或其他商谈事项）加以妥善解决。 4. 双方本着"为谋求一个和平民主统一的中国"的原则。 5. 双方本着"谋求两岸和平民主统一"的原则。	1. 鉴于中国仍处于暂时分裂之状态，在海峡两岸共同努力谋求国家统一的过程中，由于两岸民间交流日益频繁，为保障两岸人民权益，对于文书查证，应加以妥善解决。 2. 海峡两岸文书查证问题，是两岸中国人间的事务。 3. 在海峡两岸共同努力谋求国家统一的过程中，双方虽均坚持一个中国的原则，但对于一个中国的涵义，认知各有不同。惟鉴于两岸民间交流日益频繁，为保障两岸人民权益，对于文书查证，应加以妥善解决。

（台湾《中国时报》1992 年 11 月 6 日）

海协会同意以口头方式表述一个中国原则

[本报记者孟蓉华采访报道] 大陆海峡两岸关系协会昨天下午来函，以书面确认其于本月三日的电话内容，原则上同意海峡交流基金会的建议，对于一个中国原则的表述，以口头声明的方式各自表述，并透露了早日获致结论的希望，这同时也显示了两岸文书查证问题的解决，已露出曙光。

本月三日，大陆海协会副秘书长孙亚夫，以电话告知海基会秘书长陈荣杰，大陆方面"尊重并接受"海基会代表在香港所提出的建议，采用口头声明的方式各自表述一个中国的原则，但，对声明的具体内容，则希望另行协商。

大陆方面并在本月四日，透过"中新社"发布消息，其中对两岸协商文书查证的过程有颇多叙述，却也说明了三日孙亚夫的电话内容。

不过，本月五日海基会代表自港返台后，"行政院大陆委员会"发表严正声明，指责中共当局此次在香港协商的诚意不足，以致商谈中断，同时认为大陆仅以电话及中新社的消息表达实嫌不足，必须以正式来函确认。

不料，十天之后，大陆海协会正式来函予以确认，据了解，该函的内容颇长，细述文书查证问题协商的过程，并再次重申，"尊重并接受"海基会的建议，字里行间也显示了希望早日解决问题的意味，香港会谈的成果在此函中可明确看出。

海基会预定今天对海协会的来函，发布正式消息。

（台湾《中央日报》1992 年 11 月 17 日）

口头表述"一个中国"我表示欢迎

海基会对海协会所建议"约定各自同时口头
声明",如何进行与是否有必要进行,仍有不解;
希望就文书查证和间接挂号问题等技术性方案先做沟通

[本报记者孟蓉华采访报道] 海峡交流基金会昨天指出,对于大陆海协会"尊重并接受"各自以口头声明的方式来表述一个中国的原则,我方表示欢迎,但对于两会将如何进行"约定各自"的口头声明,我方仍有疑问,所以我方希望先就文书查证及间接挂号信函遗失查询与补偿等技术性方案的具体内容进行沟通。

"行政院大陆委员会"与海基会有关人员昨天下午,就大陆海协会的来函进行讨论,由"陆委会"主任委员黄昆辉主持,参加者包括"陆委会"副主委高孔廉,叶金凤,主任秘书何希淳,以及海基会副秘书长李庆平与法律服务处长许惠祐等。

会后,由李庆平发表声明,李庆平指出,"陆委会"与海基会共同认为,大陆海协会对于文书查证及间接挂号信函遗失查询与补偿的问题，尊重并接受我方建议，愿以口头声明各自表述，我方表示欢迎。

李庆平说，我方一贯的立场是，事务性商谈中不涉及"一个中国"的政治性议题，但因大陆海协会一再以政治性议题干扰事务性协商，我方为保障民众权益，"陆委会"遂授权许惠祐在十月下旬于香港做了明确的口头表达，我方在十月二十八、三十及三十一日共提出了八个方案。大陆方面也提出了五个，前天来函中，又提出了第六个。

据了解，我方认为，双方既已对一个中国的原则有了明确清楚的表达，所以对于大陆海协会来函中所建议"在贵我两会约定各自同时口头声明"，我方颇有不解，一方面对要如何进行的方式不解，一方面也对是否还有必要进行，有所不解。

李庆平说，我方认为香港会谈已获致若干具体进展，而且我方也根据会谈的结果，提出了技术性方案的整理本，若大陆方面有不同意见，希望能早日提出具体内容，由两会以电传、电话等方式，继续做充分的沟通。

对于大陆海协会提出的北平、台湾、厦门或金门四个协商地点，李庆平说，在协议的具体内容未达成共识前，地点问题尚言之过早。

上述决议，海基会将在近日内函覆大陆海协会。

[本报记者孟蓉华采访报道] 海峡交流基金会昨天公布了大陆海协会的来函，大陆方面在函中，除了确认以口头声明方式各自表述一个中国的原则，也提出了大陆方面准备作口头表述的新方案。

据海基会副秘书长李庆平指出，大陆海协会所拟作的口头表述要点是："海峡两岸都坚持一个中国的原则，努力谋求国家的统一。但在海峡两岸事务性商谈中，不涉及'一个中国'的政策涵义。本此精神，对两岸公证书使用（或其他商谈事务）加以妥善解决。"

海协会函中也指出，海基会在香港会谈针对表述一个中国原则，提出了具体表述内容，大陆方面而且以附件的方式，"点"出他们所希望我方口头表述的方案："在海峡两岸共同努力谋求国家统一的过程中，双方虽均坚持一个中国的原则，但对于一个中国的涵义，认知各有不同。惟鉴于两岸民间交流日益频繁，为保障两岸人民权益，对于文书查证，应加以妥善解决。"

来函中并细述了文书查证与间接挂号的商谈经过，并重申，大陆方面曾一再表明，两岸交往中的具体问题是"中国的事务"，应本着一个中国原则协商解决，在事务性商谈中，只要表明海峡两岸均坚持一个中国原则的基本态度，可以不讨论"一个中国"的政治涵义，至于一个中国原则的表述方式，可以充分讨论协商，并听取海基会与台湾各界的意见。函中最后并建议，于"贵我两会约定各自同时口头声明"之后，在北平、台湾、厦门或金门，继续协商，并由两会负责人签署协议。

（台湾《中央日报》1992 年 11 月 18 日）

两岸同意各以口头表述一个中国原则

海协会致函海基会建议两会约定时间
共同发表，我方表欢迎但认为不需再共同发表

[记者尹乃菁台北报道] 海协会十六日正式致函海基会，针对两岸文书验证协商中，有关一个中国原则问题，同意接受我方提议，双方各自以"口头方式"表述，并建议由两会约定时间共同发表后，继续在北京、台北、厦门或金门四地之一进行后续协商及签署协议；"陆委会"十七日下午和海基会研究对策后，海基会副秘书长李庆平表示，对海协会愿以口头声明各自表达的方式表示欢迎，但我方认为双方对此问题的立场原则早已各自表达过了，不需再约定同一时间发表。

李庆平并强调，我方一贯立场是事务性协商不应涉及"一个中国"的政治性议题，但由于中共一再以政治议题干扰事务性协商，我方基于保障民众权益，在十月下旬授权海基会法律处长许惠祐在香港与海协会商谈时，已对一个中国原则提出八个方案，对方也提出五个方案，海协会十六日又提出第六个方案，事实上双方已对一个中国原则，各自有了清楚明确的

表达。

海协会十六日致函海基会所提"一个中国"口头声明内容为："海峡两岸都坚持一个中国的原则，努力谋求国家的统一，但在海峡两岸事务性商谈中，不涉及一个中国的政治涵义，本此精神，对两岸公证文书使用或'其他商谈事务'加以妥善解决。"

海基会在十一月三日曾依"陆委会"授权去函海协会，提出我方对"一个中国"口头声明的三项修正案，海协会十六日的来函中，以附件方式，表达希望我方提出的口头声明内容为第三项修正案，亦即："在海峡两岸共同努力谋求国家统一的过程中，双方虽均坚持一个中国的原则，但对于一个中国的涵义，认知各有不同，惟鉴于两岸民间交流日益频繁，为保障两岸人民权益，对于文书查证，应加以妥善解决。"

"陆委会"官员质疑，既然是各自表达对一个中国的原则立场，海协会又何必多此一举提出较偏好我方所提的第三项修正案？据了解，对于海协会十六日来函的"背后动机"，是昨日开会时的研判重点。

（台湾《中国时报》1992 年 11 月 18 日）

海协会负责人就两岸公证书使用的香港工作性商谈发表谈话

新华社北京 11 月 20 日电　本社记者日前就海峡两岸公证书使用问题商谈一事走访了海峡两岸关系协会负责人。这位负责人说，两岸公证书使用的商谈，由于海峡两岸有关方面的共同努力，已经取得了重要进展，还剩下某些分歧。如台湾方面接受海协的建议，及早继续进行海峡两岸公证书使用问题的商谈，共同努力解决剩下的分歧，将有助于这个涉及两岸同胞正当权益的问题很快获得完全解决。

据悉，11 月 16 日，海协为继续推动这一商谈，给台湾的海峡交流基金会发了一份电函。

电函全文是：

"10 月 28 日至 30 日，我会、中国公证员协会人员与贵会人员就海峡两岸公证书使用问题进行了工作性商谈，同时也就开办海峡两岸挂号函件遗失查询及补偿问题交换了意见。这次工作性商谈，不但在具体业务问题上取得了相当大的进展，而且也在海峡两岸事务性商谈中表述一个中国原则的问题上取得了进展，这是有关各方共同努力的结果。

"3月份北京工作商谈结束后，我会一再声明，海峡两岸交往中的具体问题是中国的事务，应本着一个中国原则协商解决；在事务性商谈中，只要表明海峡两岸均坚持一个中国原则的基本态度，可以不讨论'一个中国'的政治含义，在事务性商谈中表述一个中国原则方式可以充分讨论协商，并愿听取贵会及台湾各界的意见。

"在这次工作性商谈中，贵会代表建议在相互谅解的前提下，采用贵我两会各自口头声明的方式表述一个中国原则，并提出了具体表述内容，其中明确了海峡两岸均坚持一个中国的原则，这项内容也已于日后见诸台湾报刊。我们注意到，许惠祐先生于11月1日公开发表书面声明，表示了与上述建议一致的态度。11月3日贵会正式来函表示已征得台湾有关方面的同意，以'口头声明方式各自表达'。我会充分尊重并接受贵会的建议，并已于11月3日电话告知陈荣杰先生。为使海峡两岸公证书使用问题商谈早日克尽全功，现将我会拟作口头表述的要点函告贵会：海峡两岸都坚持一个中国的原则，努力谋求国家的统一。但在海峡两岸事务性商谈中，不涉及'一个中国'的政治含义。本此精神，对两岸公证书使用（或其他商谈事务）加以妥善解决。

"我会建议，在贵我两会约定各自同时口头声明之后，在北京或台湾、厦门或金门继续商谈有关协议草案中某些有分歧的具体业务问题，并由贵我两会负责人签署协议。"

记者同时了解到，10月30日下午，海基会代表提出的拟作为海基会口头声明的内容是："在海峡两岸共同努力谋求国家统一的过程中，双方虽均坚持一个中国的原则，但对于一个中国的涵义，认知各有不同，唯鉴于两岸民间交流日益频繁，为保障两岸人民权益，对于文书查证，应加以妥善解决。"

另据了解，自今年3月份两会在北京进行的工作性商谈以来，海协曾多次公开表示，表述方式可以充分讨论协商，这实际上表明表述方式可以是文字的、也可以是口头的。11月1日，海基会曾发表书面声明，对一个中国原则的表述，"建议在彼此可以接受的范围内，各自以口头方式说明立场"。针对海基会的建议，海协已于11月3日即答复海基会，尊重并接受海基会的这一建议，并提出"口头表述的具体内容，另行协商"。当天深夜，海基会将其对外发表的新闻稿电传海协，稿中第一条中表示："本会经征得主管机关同意，以口头声明方式各自表达，可以接受。"据此，海协在11月16日的函中，提出了海协拟作口头声明的表述要点。

（《人民日报·海外版》1992年11月21日）

三

关于对"九二共识"重要
作用的主要论述

中国大陆方面

中国大陆方面关于"九二共识"
重要作用的主要论述

胡锦涛

胡锦涛主席会见美国总统布什时的讲话（2004 年 11 月 21日）

只要台湾当局承认体现坚持一个中国原则的"九二共识"，两岸对话与谈判可以立即恢复。

胡锦涛总书记提新形势下发展两岸关系四点意见（2005 年3 月 4 日）

第一，坚持一个中国原则决不动摇。坚持一个中国原则，是发展两岸关系和实现祖国和平统一的基石。1949 年以来，尽管两岸尚未统一，但大陆和台湾同属一个中国的事实从未改变。这就是两岸关系的现状。这不仅是我们的立场，也见之于台湾现有的规定和文件。既然台湾和大陆同属一个中国，就不存在所谓大陆和台湾谁吞并谁的问题。当前两岸关系发展困难的症结，在于台湾当局拒绝一个中国原则，不承认体现一个中国原则的"九二共识"。解铃还需系铃人。只要台湾当局承认

"九二共识"，两岸对话和谈判即可恢复，而且什么问题都可以谈。不仅可以谈我们已经提出的正式结束两岸敌对状态和建立军事互信、台湾地区在国际上与其身份相适应的活动空间、台湾当局的政治地位、两岸关系和平稳定发展的框架等议题，也可以谈在实现和平统一过程中需要解决的所有问题。对于台湾任何人、任何政党朝着承认一个中国原则方向所作的努力，我们都欢迎。只要承认一个中国原则，承认"九二共识"，不管是什么人、什么政党，也不管他们过去说过什么、做过什么，我们都愿意同他们谈发展两岸关系、促进和平统一的问题。我们希望台湾当局早日回到承认"九二共识"的轨道上来，停止"台独"分裂活动。只要确立了一个中国的大前提，我们对任何有利于维护台海和平、发展两岸关系、促进和平统一的意见和建议都愿意作出正面回应，也愿意在双方共同努力的基础上寻求接触、交往的新途径。

胡锦涛总书记与连战正式会谈，提发展两岸关系四点主张（2005 年 4 月 29 日）

第一，建立政治上的互信，相互尊重，求同存异。实现两岸关系和平稳定发展，双方建立政治上的互信至关重要。10 多年前，两岸在互信的政治基础上取得相互谅解，本着求同存异的精神，达成了"九二共识"。"九二共识"既确认了双方均坚持一个中国的共同立场，又搁置了双方的政治分歧，是发挥政治智慧、照顾各方利益的成果。这一重要成果，值得我们倍加维护和珍惜。近些年来，两岸关系发展所以一再出现波折，甚至几近危险的边缘，根本原因就是台湾岛内有人否定一个中国原则的共识，使双方互信的基础屡遭破坏。中国共产党主张两岸和平统一，是从两岸同胞和中华民族的根本利益出发的。

中国绝不能分裂，中华民族绝不能分裂，这一条任何时候都不能动摇。作为领导人，不论是在台湾还是在大陆，都应该承担起对国家、对民族、对历史的这个重大责任。当前，要化解两岸僵局、重建双方互信，关键是台湾当局必须停止"台独"分裂活动，承认"九二共识"。只要两岸在"九二共识"的基础上恢复对话和谈判，就一定能够为两岸关系和平稳定发展开创新的局面。

中国共产党总书记胡锦涛与中国国民党主席连战会谈新闻公报（2005年4月29日）

两党共同体认到：

——坚持"九二共识"，反对"台独"，谋求台海和平稳定，促进两岸关系发展，维护两岸同胞利益，是两党的共同主张。

......

两党基于上述体认，共同促进以下工作：一、促进尽速恢复两岸谈判，共谋两岸人民福祉。促进两岸在"九二共识"的基础上尽速恢复平等协商，就双方共同关心和各自关心的问题进行讨论，推进两岸关系良性健康发展。

胡锦涛总书记会见亲民党主席宋楚瑜的谈话（2005年5月12日）

坚持体现一个中国原则的"九二共识"、坚持反对"台独"是两岸进行对话协商的政治基础，也是两岸关系和平稳定发展的政治基础。

中国共产党总书记胡锦涛与亲民党主席宋楚瑜会谈公报（2005年5月12日）

一、促进在"九二共识"基础上，尽速恢复两岸平等谈判。一九九二年两岸达成的共识应受到尊重（一九九二年两会各自口头表述原文：海基会表述——"在海峡两岸共同努力谋求国家统一的过程中，双方虽均坚持一个中国的原则，但对于一个中国的涵义，认知各有不同。"海协表述——"海峡两岸均坚持一个中国的原则，努力谋求国家统一，但在海峡两岸事务性商谈中，不涉及一个中国的政治含义。"）。在前述两岸各自表明均坚持一个中国原则，即"九二共识"（"两岸一中"）的基础上，尽速恢复两岸平等协商谈判，相互尊重，求同存异，务实解决两岸共同关心的重大议题。

胡锦涛总书记在北京会见国民党荣誉主席连战时的致词（2006 年 4 月 16 日）

事实表明，坚持"九二共识"两岸才能够实现和平发展、共同繁荣，反对和遏制"台独"才能够消除损害两岸关系和平发展的最大危险。

胡锦涛总书记在北京会见国民党主席吴伯雄时的讲话（2008 年 5 月 28 日）

反对"台独"，坚持"九二共识"，是双方建立互信的根本基础。只要在这个核心问题上立场一致，其他事情都好商量。

胡锦涛总书记发表《携手推动两岸关系和平发展同心实现中华民族伟大复兴》讲话（2008 年 12 月 31 日）

今年 3 月，台湾局势发生积极变化，两岸关系迎来难得历史机遇。5 月以来，本着建立互信、搁置争议、求同存异、共创双赢的精神，两岸协商在"九二共识"的基础上得到恢复并取得重要成果，两岸全面直接双向"三通"迈出历史性步伐。双方妥善处理一系列问题，保持两岸关系改善和发展势头，推动两岸关系展现出和平发展的前景。

胡锦涛总书记会见上海世博会台湾代表团时的讲话（2010年4月29日）

反对"台独"，意味双方都反对分裂国家；坚持"九二共识"，意味双方可以在一个中国的基础上求同存异。

胡锦涛总书记在日本会见连战荣誉主席时的讲话（2010年11月13日）

两岸关系得以实现历史性转折并取得一系列重要进展，关键在于两岸双方就反对"台独"、坚持"九二共识"达成了一致，建立了互信，形成了良性互动。

胡锦涛总书记在北京会见吴伯雄荣誉主席时的讲话（2011年5月10日）

胡锦涛就推动两岸关系发展提出4点意见。

第一，要继续把握两岸关系和平发展大局。为此，国共两党、两岸双方要坚持体现一个中国原则的"九二共识"，继续坚决反对"台独"分裂活动。巩固了这一共同政治基础，双方就可以继续营造两岸交流合作、协商谈判的必要环境，就可以携手开辟两岸关系发展新局面。

胡锦涛总书记在美国夏威夷会见连战荣誉主席时的讲话（2011年11月11日）

"九二共识"的精髓是求同存异，这体现了对待两岸间政治问题的务实态度。认同"九二共识"是两岸开展对话协商的必要前提，也是两岸关系和平发展的重要基础。为了保持台海形势稳定，为了两岸民众福祉，双方应该继续坚持和维护"九二共识"，增进政治互信，继续引领和推动两岸关系开辟新的前景。

胡锦涛总书记在北京会见吴伯雄荣誉主席时的讲话（2012年3月22日）

在反对"台独"、认同"九二共识"的基础上推动两岸关系和平发展，符合两岸同胞的共同愿望，符合中华民族的整体利益，符合时代发展进步的潮流。

两党和两岸双方继续巩固和增进政治互信，仍然是今后两岸关系保持良好发展势头的首要关键和前进动力。增进政治互信，重在坚持"九二共识"，坚决反对"台独"。为此，需要采取实际行动，作出更多努力。

胡锦涛总书记在俄罗斯海参崴会见连战荣誉主席时的讲话（2012年9月7日）

要不断巩固两岸关系和平发展的政治基础。这几年，两岸双方确立了反对"台独"、坚持"九二共识"的共同政治基础，这是确保两岸关系沿着正确道路前进的关键所在。巩固和深化两岸关系和平发展，需要我们不断增进互信、扩大共识，尤其是要在共同坚持一个中国原则这一重大问题上毫不动摇，态度鲜明。

贾庆林

贾庆林主席在江泽民同志《为促进祖国统一大业的完成而继续奋斗》重要讲话发表10周年纪念会上的讲话（2005年1月28日）

尽管两岸迄今尚未统一，但大陆和台湾同属一个中国的事实从未改变，这就是两岸关系的现状。上世纪90年代初，当时的台湾当局认同一个中国，承认"大陆和台湾都是中国的领土"，"实现国家统一是两岸中国人共同的责任"。那时，双方在共同的基础上开启了协商和对话，并且达成了各自以口头方式表述"海峡两岸均坚持一个中国原则"的"九二共识"。任何政治谈判都应该有共同的基础。在什么基础上进行谈判，关系到两岸关系的性质和前途，也关系到谈判最终能否取得成效。以一个中国原则为基础，体现的是大陆和台湾同属一个中国的两岸关系现状，追求的是和平统一目标。今天的台湾当局一方面拒不承认一个中国原则、否定"九二共识"，大肆鼓吹两岸"一边一国"，另一方面又声称进行两岸无条件谈判。其根本用心，不过是企图以"一边一国"取代一个中国作为谈判的基础，以达到歪曲和改变两岸关系现状、实现其"台独"分裂的目的。这就是当前两岸谈判难以恢复的症结所在。

贾庆林主席在台胞社团论坛开幕式上的讲话（2010 年 9 月 10 日）

实践进一步证明，只要两岸双方坚持"九二共识"、反对"台独"，坚持以民为本、为民谋利，通过良性互动、平等协商，切实推动两岸各领域交流合作，就能够让越来越多的两岸同胞共同分享两岸关系和平发展的成果，共同开创两岸关系和平发展的崭新局面。

贾庆林主席在会见台湾工会界主要代表时的讲话（2011 年 4 月 15 日）

当前两岸关系和平发展的良好局面，得益于两岸双方共同反对"台独"，坚持"九二共识"，并在此基础上建立了互信，使得两岸关系全面改善。

贾庆林主席在第七届两岸经贸文化论坛开幕式上的致词（2011 年 5 月 7 日）

事实证明，有了反对"台独"、坚持"九二共识"这一两岸关系和平发展的共同政治基础，两岸双方就能够搁置争议，求同存异，营造出有利于交流合作、协商谈判的良好环境。

贾庆林主席在会见出席第三届海峡论坛两岸各界人士时的讲话（2011年6月11日）

两岸关系的稳定，关键在于进一步巩固反对"台独"、坚持"九二共识"这一共同的政治基础。

贾庆林主席在第三届海峡论坛大会上的致辞（2011年6月12日）

第一，切实打牢两岸关系和平发展的政治基础。只有保持两岸关系的稳定，巩固反对"台独"、坚持"九二共识"的共同政治基础，排除对两岸关系的各种干扰因素，才能使两岸关系保持正确方向，才能让和平发展的成果不至得而复失。

贾庆林主席在海峡两岸关系协会成立20周年纪念大会上的讲话（2011年12月16日）

1992年，海协会与台湾海基会经两岸双方分别授权，达成各自以口头方式表述坚持一个中国原则的共识，也就是今天人们所说的"九二共识"，由此奠定了两岸协商的政治基础，促成了1993年汪辜会谈的举行，迈出了两岸关系发展历史性的重要一步。2008年6月以来，两会协商在"九二共识"基础上得到恢复并顺利展开，签署了16项协议并达成诸多共识，为开创两岸关系和平发展新局面作出了宝贵贡献。

贾庆林主席在第七届两岸经贸文化论坛开幕式上的致词（2012年7月28日）

在反对"台独"、坚持"九二共识"的共同基础上建立政治互信、搁置争议、求同存异，保持良性互动，是两党和两岸双方彼此交往的一条基本经验，确保了两岸关系大局稳定和持续发展。

钱其琛

《钱其琛副总理在纪念"江八点"发表七周年座谈会上讲话》（《人民日报》2002 年 1 月 25 日）

1992 年海协与台湾的海基会达成各自以口头方式表述"海峡两岸均坚持一个中国"的共识，体现了妥善处理分歧、有效打破僵局的政治智慧。它的重要意义在于：在双方表明坚持一个中国原则态度的前提下，照顾各方利益，以灵活的方式求同存异，建立互信、务实谈判、面向未来。……台湾当局领导人不接受一个中国原则，不承认"九二共识"，这是导致两岸关系陷入僵局的症结，也是造成台海局势难以稳定并可能引发危机的根源。

王毅

王毅主任会见江丙坤董事长时的讲话（新华网 2008 年 6 月 13 日）

建立互信是首要。而建立互信的根本基础是反对"台独"、坚持"九二共识"。

王毅：《巩固良好局面，推进和平发展》（新华网 2010 年 1 月 18 日）

建立互信的基础是反对"台独"、坚持"九二共识"，深化互信的关键是在事关维护一个中国框架这一原则问题上形成共同认知和一致立场。

王毅在会见中国国民党青年工作总会"辛亥革命百年访问团"时的讲话（新华社 2011 年 3 月 25 日）

两岸关系之所以呈现今天的良好局面，是因为国共两党就一些最基本的问题达成了共识。一是双方都反对任何形式的"台独"行径，反对"台独"就是反对分裂国土，就是维护台海和平，维护中华民族的根本和整体利益；二是双方都坚持体现一个中国原则的"九二共识"，尽管双方对一个中国政治意涵的认识有所不同，但可以求同存异，求同存异正是"九二共识"的精髓所在。

王毅在中国驻芝加哥总领馆为旅美台胞代表举行招待会并发表讲话（中国台湾网 2011 年 7 月 30 日）

1992 年，两岸双方经过认真商谈，就各自以口头方式表达海峡两岸均坚持一个中国原则达成共识，后被称为"九二共识"。这一共识的精髓是求同存异，即两岸双方共求对于一个中国的认同，搁置对于一个中国政治涵义认知的分歧。这一共识的核心是尽管两岸间一直存在政治对立，但中国只有一个，国土没有也不能分裂。"九二共识"的达成，为之后的汪辜会谈打开了道路。确认这一共识，也成为 2008 年后两会恢复商谈的重要前提。在两岸关系呈现和平发展光明前景，但又面临种种挑战的情形下，推翻这一前提、否认这一共识，将难以想象两会如何继续通过平等协商解决两岸间的各种现实问题；难以想象两岸如何在政治分歧犹存的情况下继续建立互信、良性互动；难以想象两岸如何为彼此频繁交流、深化合作继续提供良好气氛和必要环境。

王毅在会见海基会董事长江丙坤一行时的讲话（新华网 2011 年 10 月 20 日）

"九二共识"是开展两会商谈的前提和基础。认同并维护这一共识，两会才具备开展商谈的必要条件。否则，不仅两会商谈将陷入停顿，两岸关系也会受到严重影响。

王毅在海峡两岸关系协会成立 20 周年纪念大会上的致辞（2011 年 11 月 16 日）

二十年来两会商谈和两岸关系走过的道路告诉我们，坚持"九二共识"，两岸双方的互信就能维持，基础就能稳固，商谈就能持续，两岸同胞的福祉就能不断增进。否定或者抛弃"九二共识"，不仅两会商谈会陷入停顿，两岸关系也会发生倒退，两岸同胞尤其是台湾同胞的利益就会受到损害。

王毅在第十届两岸关系研讨会上的讲话（2012 年 3 月 15 日）

在事关两岸关系发展方向的重大抉择面前，台湾同胞最终选择了继续支持两岸关系的和平发展，认识到坚持"九二共识"对于稳定台海局势的重要意义，明确表达了期盼两岸持续推进协商、扩大交流合作的愿望。事实再次证明，两岸关系和平发展是一条正确道路，符合两岸同胞的共同期待和根本利益。而"台独"主张罔顾现实，违背民意，无论怎样改头换面，都是行不通的。反对"台独"、认同"九二共识"，巩固交流合作成果，促进两岸关系和平发展，越来越成为两岸民意的主流。

首先要巩固两岸政治互信基础，深化两岸同属一个中国的共同认知。实践证明，两岸双方在反对"台独"、坚持"九二共识"的共同基础上增进互信，良性互动，是推动两岸关系稳定发展的关键。两岸关系越往前发展，双方就越要珍视互信，越要加强和扩大互信。只有这样，我们才能有效地管控分歧，更好地聚同化异，不断克服前进道路上的各种干扰，始终保持两岸关系发展的正确方向。"九二共识"的核心是双方各自以口头方式表述海峡两岸均坚持一个中国原则，精髓是求同存异，即求一个中国之同，存政治分歧之异。坚持一个中国，是指认同大陆和台湾同属一个中国，反对和抵制国家分裂。这不仅构成双方接触商谈的重要前提和基础，也符合两岸各自的有关规定。两岸在事关维护一个中国框架这一原则问题上形成更为清晰的共同认知和一致立场，更为明确地树立两岸同胞一家人的观念，就能为再创两岸关系新局提供更加坚实的基础，为解决两岸之间的各种难题开辟更加明朗的前景，为扩大两岸同胞尤其是台湾同胞的福祉创造更加有利的条件。

王毅在《求是》杂志刊文：十年来对台工作的实践成就和理论创新（2012年10月16日）

确立两岸关系政治基础，推动两岸协商谈判不断取得成果。2005年4月、5月，中共中央和胡锦涛总书记先后邀请中国国民党主席连战、亲民党主席宋楚瑜率团访问大陆。我与岛内主要政治力量首次就反对"台独"、坚持"九二共识"、推动两岸关系发展等重大问题达成共识。这一历史性事件在两岸关系史上写下了浓墨重彩的一笔，产生了举世瞩目的影响。

王毅接受新华社专访：在台湾问题上我们具备坚定决心、充分信心和应有耐心（2012年10月23日）

两岸双方在反对"台独"、坚持"九二共识"的共同基础上建立政治互信，实现良性互动，保持了两岸关系发展的正确方向。

首先，要巩固两岸政治互信基础，坚持一个中国原则。这是保持两岸关系正确方向的首要关键。在反对"台独"、坚持"九二共识"基础上，促进两岸双方就确立和巩固一个中国框架形成更为清晰的认知和一致立场，从而为两岸关系向前发展提供更强大的动力，开辟更宽广的道路。

王毅：和平发展前景广阔（跨越·十年）（《人民日报》2012年10月25日）

二是要巩固增强两岸关系和平发展的政治基础。在两岸关系面临难得发展机遇和两岸固有分歧依然存在的情势下，中央确定要按照建立互信、搁置争议、求同存异、共创双赢的精神，主动积极地改善和发展两岸关系。其中，建立互信是核心。2005年4月，国共两党就共同反对"台独"、坚持"九二共识"达成一致，奠定了两党交往的基础。2008年5月以来，国共两党、两岸双方在这一共同基础上建立政治互信，成为确保两岸关系发展正确方向和良好势头的关键所在。事实证明，在两岸政治分歧一时难以全部解决的情况下，双方只有在共同基础上建立和巩固互信，才能够切实搁置争议，实现良性互动；才能够真正求同存异，逐步积累共识；才能够排除各种干扰，妥处复杂敏感问题。新形势下两岸双方应当不断强化和拓展共同政治基础，进一步谋求聚同化异，就确立和巩固一个中国框架形成更为清晰的共同认知和一致立场，从而为两岸关系向前发展提供更强大动力，开辟更宽广前景。

王毅在"九二共识"20周年座谈会上的讲话（中国台湾网2012年11月26日）

"九二共识"的核心是坚持一个中国原则。1949年以后，尽管两岸分隔对立，存在着深刻政治分歧，但双方均长期坚持一个基本立场，那就是：大陆和台湾同属一个中国，中国的领土和主权没有分裂。"九二共识"的核心，就是确立了坚持一个中国原则这一共同认知，由此明确了两岸关系不是国与国的关系、两岸应当在一个中国的框架内进行平等协商。确立这一核心，不仅符合客观事实，也符合双方各自规定，同时使两岸

可以暂时搁置难以解决的分歧，构建彼此最基本的互信，进而
打开交往与对话的大门。20 年的实践充分表明，是否认同一个
中国，事关两岸关系的性质，事关两岸关系的前途，事关大是
大非。坚持"九二共识"，认同一个中国，两岸就可以展开平
等协商，取得丰硕成果，造福两岸同胞。否定"九二共识"，
不认同一个中国，两岸协商就难以进行，台海和平就会受到严
重冲击，已有的协商成果也可能付之东流。20 年来，无论台湾
政治情势发生什么变化，我们始终把坚持"九二共识"作为与
台湾当局和各政党交往的基础和条件，核心在于认同大陆和台
湾同属一个中国。做到了这一点，台湾任何政党与大陆交往都
不会存在障碍。

　　"九二共识"的精髓是求同存异。"九二共识"之所以能
够达成，关键在于双方做到了求坚持一个中国之同，存双方政
治分歧之异。这一成功实践表明，对于一些既具有共同认知又
存在深刻分歧的重大问题，必须正确把握好同与异的关系，善
于求大同、存小异，乃至求大同、存大异。求同存异体现了彼
此包容、灵活务实、相互尊重、积极进取的精神。只求同，是
不现实的；只讲异，更是不可行的。在平等协商中，需要考虑
对方的关切，照顾彼此的需求，允许各自保留意见。达成共识
的方式也可以灵活多样，不拘一格。只要双方都有解决问题的
诚意，努力寻求认知的共同点，妥善处理好分歧点，就可以找
到彼此都能够接受的解决办法。这是"九二共识"的精髓所
在，也是两岸协商的一条基本经验。"九二共识"的达成以及
两岸协商迄今的实践都表明，在两岸固有矛盾长期存在的情况
下，处理复杂问题不可能也难以一步到位。而务实搁置争议，
善于求同存异，进而积极聚同化异，就能在不断增进共识的过

程中，逐步缩小和化解分歧，实现互利双赢的局面。

"九二共识"的意义在于构建了两岸关系发展的政治基础。"九二共识"的达成，直接促成了汪辜会谈的成功举行，推动后续协商取得进展，为两岸建立制度化协商与联系机制发挥了重要作用。2008 年 6 月，两会也正是在相互致函重新确认"九二共识"之后，才得以恢复中断近 10 年的协商，进而相继签署 18 项协议和达成多项共识，解决了诸多事关两岸同胞切身利益的实际问题，提升了两岸交往合作的制度化水平。值得指出的是，20 年来，"九二共识"已经发展成为两岸关系和平发展政治基础的重要组成部分。2005 年中国共产党和中国国民党领导人共同发布的"两岸和平发展共同愿景"，明确宣示双方反对"台独"、坚持"九二共识"，奠定了两党交往的政治基础。2008 年 5 月之后，两岸双方再度确认坚持"九二共识"，这是两岸关系之所以实现历史性转折和取得重大进展的首要关键。我们还高兴地看到，20 年来，"九二共识"经受了数度考验，逐渐得到两岸主流民意支持，日益具备了更广泛的社会基础。两岸同胞从两岸关系曲折发展中越来越清楚地认识到"九二共识"的实质内涵和重要意义，从共同享有两岸关系和平发展成果中越来越直接地感受到"九二共识"与自己的切身利益息息相关。我们相信，只要两岸关系的共同基础得到维护，继续按照先易后难、循序渐进的思路推进协商谈判，就一定能够不断取得新的成果，更好地造福两岸同胞。

"九二共识"的启示是要有正视问题、面向未来的政治勇气和智慧。"九二共识"体现了双方打破僵局、开辟未来的政治决断和务实灵活处理复杂事务的政治智慧。这一经验弥足珍贵，富有深刻的启示。应当看到，两岸关系既存在着历史遗留的症结性问题，也会在发展进程中遇到各种新情况和新问题。我们从"九二共识"中汲取的有益养分是，正视而不回避面临的各种问题，同时以对历史、对人民负责的态度，站在全民族发展的高度，积极进取地思考破解难题之道，循序渐进地加以务实推进。过去4年多来的情况表明，尽管两岸协商曾遭遇许多困难，但只要双方审时度势、当断则断，就可以排除干扰，取得符合两岸同胞共同利益的积极成果。展望两岸关系的未来，凡是顺应两岸关系发展趋势、增进两岸同胞共同福祉、符合中华民族根本利益的事情，我们都愿与台湾各界有识之士一道，自觉承担起应尽的历史责任。我们相信，在实现中华民族伟大复兴这个大目标下，两岸同胞完全有能力、有智慧克难前行，把两岸关系前途掌握在自己手中。

陈云林

陈云林在海协会成立十周年招待会上的讲话（2001年12月16日）

我们多次重申只要台湾当局明确承诺不搞"两国论"，明确承诺坚持海协与台湾海基会1992年达成的各自以口头方式表述"海峡两岸均坚持一个中国原则"的共识，我们愿意授权海协与台湾方面授权的团体或人士接触对话。

陈云林在纪念江泽民八项主张发表八周年座谈会上的讲话（2003年1月24日）

对话与谈判能否恢复，关键取决于台湾当局对"九二共识"的态度。1992年海协与台湾海基会达成各自以口头方式表述"海峡两岸均坚持一个中国原则"的共识，构成了两会对话与谈判的既有基础。这是任何人都不能磨灭的历史事实。如果台湾当局领导人真有诚意在既有的基础上共同处理两岸之间更长远的问题,那就应当尊重历史、面对现实,明确承认"九二共识"。只要做到这一点,两会对话与谈判即可随时恢复。

陈云林刊文纪念汪辜会谈十周年（《人民日报》2003 年 4 月 26 日）

需要指出的是,1992 年 11 月海协与台湾海基会达成的"九二共识",为汪辜会谈的成功举行奠定了重要基础。"九二共识"既确认了双方的共同立场,又搁置了双方的政治分歧,是发挥政治智慧、照顾各方利益的结果。第一,共识的核心和灵魂是"海峡两岸均坚持一个中国原则"。第二,双方有了"海峡两岸均坚持一个中国原则"的态度,可以搁置争议,也可以保留不同意见。第三,体现共识可以采取灵活方便的形式。这样的历史经验和来之不易的成果,值得两岸同胞珍惜与维护。

陈云林会长在纪念海协会成立 20 周年大会上的报告（2011 年 12 月 16 日）

这一共识的达成,确立了两岸协商的政治基础,为两会开展协商并取得成果提供了必要前提。海协会与台湾海基会二十年的协商历程充分说明,"九二共识"是两会协商的前提,也是两岸关系和平发展的基础。坚持"九二共识",两岸双方就能够建立互信、搁置争议、求同存异、共创双赢,两会协商就能够有效推进,两岸同胞的利益就能够得到充分维护。在两岸关系和平发展过程中,双方虽然不能立即消弭所有分歧,但完全可以通过平等协商,实现互利双赢,共创美好未来。否认"九二共识"、坚持"一边一国",海协会与海基会的协商将难以为继,两会签署的协议将难以顺利实施,两岸关系势必出现停滞甚至倒退,取得的成果可能得而复失,将直接损害两岸同胞尤其是台湾同胞的利益。

陈云林在"九二共识"20周年座谈会上的讲话（2012年11月26日）

纵观"九二共识"达成20年来两会协商互动的曲折历程，特别是总结近4年来推动两岸关系和平发展的成功实践，我们倍加珍视反对"台独"、坚持"九二共识"作为两岸关系共同政治基础的重要意义，倍加重视坚持"九二共识"对推动两岸关系和平发展的重要作用。成果令人鼓舞，前景催人奋进。在两岸关系和平发展由开创期进入巩固深化新阶段的形势下，我们应该更好地以史为鉴，面向未来。

我们要更加重视坚持"九二共识"的基础作用。"九二共识"是两岸建立互信的基础，是两岸关系的宝贵资产。事实已经证明，坚持这一共识，两会协商就能顺利推进，两岸关系就能得到改善；否认这一共识，两会协商就会难以为继，两岸关系也会停滞不前。未来在巩固深化两岸政治互信中，"九二共识"仍将发挥重要的基础作用。越是坚持"九二共识"，越有利于双方在维护一个中国框架上形成更为清晰的共同认知。从而为持续推进两岸商谈、为巩固深化两岸关系和平发展创造更加有利的条件。

我们要正确把握和运用"九二共识"的政治智慧。"九二共识"的核心是坚持一个中国原则，精髓是求同存异。……正确把握"九二共识"的基本精神，充分发挥"九二共识"的政治智慧，海峡两岸的中国人就能够通过平等协商解决自己的问题，就能够推动两岸关系继续沿着和平发展的道路迈进。

我们要继续在"九二共识"基础上推进两岸协商。在今后巩固深化两岸关系和平发展的进程中，需要通过协商解决的问题、作出安排的事项依然很多。……双方坚持"九二共识",发挥政治智慧,保持良性互动,就可以排除干扰,累积成果,不断以更多的协商成果造福两岸同胞,让更多的两岸民众共享两岸关系和平发展成果。

汪道涵

汪道涵会长:《历史的昭示与未来的抉择——写在"汪辜会谈"八周年之际》(《人民日报》2001年4月28日)

"汪辜会谈"之所以成功举行,取决于双方以对国家、对民族、对人民的历史责任感,以诚意和善意构建了两会交往与商谈的共同基础,这就是各自以口头方式表述"海峡两岸均坚持一个中国原则"的共识。没有这一共识作基础,双方是不可能坐到一起来的。在1992年11月达成的两会共识中,海基会向海协表示"在海峡两岸共同努力谋求国家统一的过程中,双方虽均坚持一个中国的原则,但对于一个中国的涵义,认知各有不同"。海协向海基会表示"海峡两岸都坚持一个中国的原则,努力谋求国家统一。但在海峡两岸事务性商谈中,不涉及一个中国的政治含义"。虽然双方对于实现国家统一前的一个中国的政治涵义,在看法上有所不同;但对于"海峡两岸均坚持一个中国原则""努力谋求国家统一"这个大是大非的问题,态度是一致的;双方承诺的是"海峡两岸均坚持一个中国原则"和"努力谋求国家统一"的态度,暂时搁置的是对一个中国政治含义的争议;并且愿意在坚持一个中国原则、暂不涉及一个中国政治含义的情况下,平等协商,共同找出解决问题的办法。这是"汪辜会谈"能够产生政治互信并建立两岸制度化协商机制的基础。

坚持1992年两会共识,以恢复两会协商基础,才能真正接续"汪辜会谈"开创的对话与商谈机制，才能在相互尊重、平等协商、实事求是、求同存异的精神下，增强互信，积累共识，使两岸关系尽早得到改善和发展。

汪道涵会长在海协成立 10 周年招待会上的书面致词（2001 年 12 月 16 日）

不管台湾政局如何变化，在 1992 年两会共识的基础上重开对话与谈判，仍然是政治僵局能否打破、两岸关系能否改善的关键。我们始终抱持极大的诚意，谋求早日恢复两会对话。我们维护 1992 年两会共识，就是希望两会在既有基础上尽早重开对话。承认不承认 1992 年两会共识，说到底是承认不承认"大陆与台湾同属于一个中国"的问题。如果台湾当局拒不承认 1992 年两会共识，就谈不上改善两岸关系的诚意。相反，如果尊重两会商谈的历史，尊重台湾大多数同胞的意愿，真正愿意致力于两岸关系的和平、和谐与合作，就应该承认 1992 年两会共识。

汪道涵会长：《两岸对话与谈判是和平解决问题的唯一途径》（《人民日报》2003 年 4 月 26 日）

"九二共识"是两岸在具体谈判活动中，为凝聚共同基础而暂时搁置重大分歧的实例。它说明，双方对一个中国政治含义看法上的分歧，并不影响对"大陆和台湾同属一个中国"的认同；也说明，在一个中国原则下，双方完全可以通过平等协商，妥善解决两岸同胞共同关心的问题。

李炳才

李炳才刊文纪念"九二共识"十周年：坚持"九二共识"，早日重开对话（《两岸关系》杂志 2002 年第 12 期）

"九二共识"的内容及其达成的过程，体现了妥善处理分歧、有效打破僵局的政治智慧，对于建构商谈基础、建立互信具有多层次的丰富含义。首先，共识的核心和灵魂是双方共同表明了坚持一个中国原则的态度。没有承认一个中国的基础，共识是不会达成的。第二，有了"海峡两岸均坚持一个中国"的态度，如何达成共识并发挥共识的作用，还必须具有照顾彼此利益的包容胸怀、求同存异的务实态度，以相互尊重、平等协商的精神搁置某些政治争议，包括对一个中国政治含义的不同看法。否则，共识也是难以达成的。第三，达成共识的方式可以是灵活的，可以采取各自口头表述的方式。在"九二共识"中，正是在双方表明坚持一个中国原则态度的基础上，暂时不讨论"一个中国"的政治含义，从而面向未来两岸关系的发展，进行务实的对话与谈判。可以说，"九二共识"就是在一个中国原则基础上暂时搁置某些政治争议的典范。

"九二共识"的确立，为十年来两岸谈判的每一次重大进展创造了必要条件。1993年4月，汪道涵会长与辜振甫董事长在新加坡举行会谈，实现了两岸高层人士四十多年来的首次会晤，迈出了两岸关系发展中历史性的重要一步。会谈签署的四项协议，推动了两岸经贸往来和民间交流的发展。1998年10月，辜振甫董事长应邀来上海、北京参访，与汪道涵会长再次会晤，开启了两岸政治对话的序幕，实现了两岸谈判进程从以事务性商谈为主向广泛对话，包括政治、经济对话的方向发展。十年来的实践说明，坚持"九二共识"，两会商谈与对话就比较顺利，就能够解决两岸关系中的一些问题。坚持"九二共识"，符合广大台湾同胞的得益，符合两岸关系发展的要求。

李亚飞

李亚飞在香港《文汇报》举办的两岸关系研讨会上发言：坚持一个中国原则方能恢复对话（《文汇报》2000 年 6 月 1 日）

这里，有必要进一步澄清当年两会共识的情况。1992 年 11 月，两会以各自口头声明的方式达成了"海峡两岸均坚持一个中国原则"的共识。当时海协的表述是："海峡两岸均坚持一个中国的原则，努力谋求国家统一。但在海峡两岸事务性商谈中，不涉及一个中国的政治涵义"；海基会的表述是："在海峡两岸共同努力谋求国家统一的过程中，双方虽均坚持一个中国的原则，但对于一个中国的涵义，认知各有不同"。在各自的表述中，海协与海基会明确向对方承诺坚持一个中国的原则，谋求国家统一。至于"一个中国"的政治涵义，海基会表示"双方认知不同"，海协表示在事务性商谈中先不讨论。因此双方是在表明"海峡两岸均坚持一个中国原则""共同努力谋求国家统一"的基本态度上达成了共识，而不是就一个中国的政治涵义达成"各说各话"的谅解。除了上面海基会提供的表述外，后来海基会又发表了一个"声明稿"，"声明稿"强调依循"国统纲领""国统会结论"。而在上述两个文件中，台湾当局都明确表示"海峡两岸均坚持一个中国原则""共同努力谋求国家统一""台湾和大陆都是中国的领土"。由此说明，尽管双方对一个中国涵义没有共识，但双方确以各自表述的方式，在表明坚持一个中国原则的态度上有共识。由于当时无法达成书面协议，两会共识采取了各自用口头方式表述的办法，但在内容上却不是完全的各说各话，而是以前述两段具有同一性的具体文字为各自表述的内容，是有限定的。因此，不表明"海峡两岸均坚持一个中国原则"的基本态度，而笼统地讲"一个中国、各自表述"，是不能准确概括两会共识精神的。近日，当年向海协人员口述台方表述内容的海基会的某位负责人士，却在台湾新领导人讲话后，信口说什么当年的共识就是"各说各话"，"没有共识"。这当然不符合历史事实。

两会共识对于当前两岸关系的最大启示是：在统一之前，双方虽然对一个中国政治涵义的理解存在差异，但并不妨碍双方对于一个中国原则的坚持。台湾当局有没有改善两岸关系的善意和诚意，就看他们的具体行动了。

唐树备

唐树备在"九二共识"20周年座谈会上的发言（2012年11月26日）

"九二共识"对两岸关系的发展有着多方面的意义：

1. 确立了两岸是虽然尚未统一、但同属一个中国的关系。尽管两岸双方对一个中国的政治涵义还有待讨论，但两岸第一次通过"九二共识"，共同向全体中国人、向全世界明确宣告，我们两岸是一个国家，两岸关系不是国际关系。

2. 开启了两岸在一个中国原则基础上制度性协商的新历程。

3. 两岸通过"九二共识"，向两岸中国人和港澳同胞、海外华侨华人以及世界宣告，要共同努力追求国家统一。尽管两岸实现统一还需要时间，但"九二共识"中的上述宣示，为两岸关系发展指明了方向。"九二共识"中"存异"的部分，反映双方的分歧只是在对一个中国政治涵义的认知上，在中国的领土和主权上不存在分歧。因此，两岸的最终统一，应是结束两岸政治上的对立，而不是领土和主权的再造。

4. 在"九二共识"基础上形成的两岸受权团体接触模式和惯例，可以适用于今后的两岸政治谈判，因而具有长远意义。

台湾方面

台湾方面关于"九二共识"
重要作用的主要论述

◎ **"国统会"**

1992 年 8 月 1 日作出"一个中国的涵义"的决议：海峡两岸均坚持"一个中国"之原则，但双方所赋予之涵义有所不同。

◎ **海基会**

1992 年 10 月 30 日依照"陆委会"的授权，对海协会所提出的"一个中国"表述方案提出表述方案，其中第三案为："在海峡两岸共同努力谋求国家统一的过程中，双方虽均坚持一个中国的原则，但对于一个中国的涵义，认知各有不同。"

◎ **海基会**

1992 年 11 月 3 日发布新闻稿表示："惟海协会在本次香港商谈中，对一个中国原则一再坚持应有所'表述'，本会经征得主管机关同意，以口头声明方式各自表达，可以接受。至于口头声明的具体内容，我方将根据'国家统一纲领'及'国家统一委员会'本年八月一日对于'一个中国'涵义所作决议，加以表达。"

◎**辜振甫（时任海基会董事长）**

有关一个中国原则双方各自表述的方式，是在第一次辜汪会谈时就已经达成的共识。（台北《中央日报》1995 年 12 月 22 日）

◎**张京育（时任"陆委会"主委）**

"事实上，两岸两会在过去即已建立'一个中国原则各自表述'的共识，双方虽然都坚持"一个中国"，但双方对其内涵有不同的解释，而中华民国政府的基本立场，即希望在各自表述'一个中国'的情况下，继续推动两岸关系的发展。"（台北《中国时报》1996 年 4 月 28 日）

◎**连战（时任"副总统"）**

"我方亦承认'一个中国'、'台湾是中国的一部分'，但我方的'一个中国'是中华民国，台湾是中华民国的一部分。台湾与大陆均是中国的领土，双方均确认'一个中国'。对'一个中国'的诠释，必须是'各自表述'。"（台北《中央日报》1997 年 7 月 31 日）

◎**海基会**

1998 年 4 月 29 日发表《"辜汪会谈"四项协议执行的检视》，表示：五年前海峡两岸中国人共同发挥了理性与智慧，对于争议性之"一个中国"采取各自表述之立场，而顺利举行辜汪会谈签订四项协议，期能为两岸中国人奠立全面扩大交流、对等协商的基础。

◎**"陆委会"**

1998 年 6 月发表《现阶段大陆政策与两岸关系——"中

华民国"的立场与作法》，表示：为了解决两岸间对于"一个中国"所存在的重大歧见，两岸谈判代表已在一九九二年十一月达成"一个中国，各自表述"的共识，也就是相互认知到彼此有不同的解释（agree to disagree）。这是相当符合两岸关系现状的结论。也就在这项共识之下，一九九三年四月两岸在新加坡举行辜汪会谈，签订协议，建立起两岸定期协商的制度。

◎**辜振甫（时任海基会董事长）**

两岸在追求统一的过程中，我们并未离开"一个中国，各自表述"的架构，两岸定位的厘清，是为因应政治谈判的到来，并不影响两岸互动基础，两会交流对话的基础仍然存在，并没有任何改变。（台北《中国时报》1999 年 7 月 30 日）

◎**辜振甫（时任海基会董事长）**

2000 年 4 月在海基会《交流》杂志上发表"辜汪会谈七周年"谈话：当年第一次"辜汪会谈"之得以召开，实因双方先前已达成"一个中国，各自以口头表述"的共识，亦即将会谈可能触及的定位难题，作了双方可接受的处理。换言之，"一个中国"的涵义不必深入讨论，因为必然产生不同意见，双方可以把它暂予搁置一边，务实解决交往中衍生的问题。经过平等的会商所达成的这四项协议，也在数百名中外记者见证之下，在公开仪式中完成签署。

◎**苏起（时任"陆委会"主委）**

呼吁以"九二共识"名词容纳国、民、共三党的"一个中国"立场。（台北《联合报》2000 年 4 月 29 日）

◎**连战（时任国民党主席）**

2000 年 9 月 16 日发表《走出历史悲情、创造历史新页》，眼前若要突破"一个中国"的僵局，关键还要回到一九九二年的"一个中国、各自表述"的共识。当初如果没有这个共识，就不可能有九三年的新加坡辜汪会谈。"一个中国，各自表述"最符合求同求存异的精神。（国民党中央政策会编《中国国民党大陆政策参考资料》，2001年6月）

◎**连战**（时任国民党主席）

2000年10月26日连战会见陈水扁时表示：对于"一个中国"两岸会有不同看法。两岸间"九二共识"确实存在，国民党主张的"一中各表"获得多数国人支持。两岸如何求同存异、改善关系，非常重要，如果"民进党政府"一时无法沿用"一中各表"，可以采纳"九二共识"之说，以推动两岸尽速复谈。（参考国民党中央政策会编《中国国民党大陆政策参考资料》，2001年6月第58—59页）

◎**马英九**（时任台北市长）

九二年当然是有共识的，辜汪会谈当时所通过的四项决议，使我们得到许多帮助，未来若能以九二共识作基础，必能有助于两岸复谈。目前大陆和台湾都在否定九二共识，大陆只承认一个中国，台湾只承认各自表述，但此刻大家唯有回到一中的原点，才可能让中断了的谈判恢复起来。（台北《中国时报》2000年9月17日）

◎**邱进益**（前海基会秘书长）

"当年两岸的共识就是一个中国的原则，辜汪会谈双方对一个中国的原则有共识，但对一个中国的内涵则没共识。我们说的一个中国是中华民国，大陆说的一个中国是中华人民共和国，但接受一个中国原则的共识，并不是要台湾接受大陆一个中国是中华人民共和国的内涵，也不是要大陆接受台湾所说的一个中国是中华民国。"（台北《联合报》2000年10月28日）

◎国、亲、新"护宪救台湾"共同声明

2000 年 11 月 11 日，国、亲、新三党领导人连战、宋楚瑜、郝龙斌发表声明，表示：两岸关系的和平与稳定，为国家发展的重要基础。坚决主张，回归一个中国各自表述之九二共识，尽速恢复两岸对等协商。

◎吴伯雄（时任国民党副主席）

在钱其琛副总理会见时表示，国民党对"一个中国"的立场就是"国统纲领"所表述，以及九二年两会共识所主张的"一个中国，各自表述"。（台北《中国时报》2000 年 11 月 24 日）

◎连战（时任国民党主席）

2001 年 1 月 21 日，连战称："当前两岸制度化协商迟迟无法重启，对双方都不利。本党所认知的'九二共识'，符合我国宪法和'国统纲领'，也获得其他在野党的认同。希望民进党政府体认主流民意，回归'一个中国、各自表述'的'九二共识'，以促成两岸恢复协商。"（参考国民党中央政策会编《中国国民党大陆政策参考资料》，2001 年 6 月第 108 页）

◎连战（时任国民党主席）

在一九九二年，两岸授权管道在协商"一中"议题时，达成了"一个中国、各自以口头表述"的共识，进而促成一九九三年历史性辜汪新加坡会谈。九八年再创历史纪录的辜汪上海会晤和辜汪北京会晤，也是在"一中各表"的"九二共识"上达成的。新"政府"应重视"国统纲领"，并以"九二共识"及"一中各表"之原则，尽速重启两岸协商的契机。（台北《中央日报》2001 年 2 月 24 日）

◎辜振甫（时任海基会董事长）

九二年两岸两会在香港会谈期间，双方的确曾就事务性协议商谈过程如何处理"一个中国"的问题进行讨论，但因双方对一中原则的涵义认知有不同理解，海基会才会提议双方各自以口头声明表述。因此，当时达成的共识是"一个中国各自以口头声明方式表述"，目前的关键在于双方对这项共识遵守或不遵守的问题。（台北《中国时报》2001年4月28日）

◎萧万长（时任国民党副主席）

2001年5月9日表示，"九二共识"是"两岸共同市场"的政治基础，两岸应回归到1992年"各自以口头表述一个中国"的共识。

◎辜振甫（时任海基会董事长）

九二会谈所创造的模糊与空间，本能搁置政治争议，然去年以来对所谓"九二共识"又存在诸多不同的看法，因此，单方的诠释或片面的条件，都不足以化解分歧。对于两岸关系未来发展，建议双方回归"九二会谈"当时的相互体谅前提下，在各自表述的过程中求取共识，以再创两岸互动的新局。（台北《中国时报》2001年12月28日）

◎连战（时任国民党主席）

2004年3月18日，国亲联盟的两岸政策坚持"维护现状、台湾优先、经济第一"，不反对"九二共识"，也不反对"一中"原则，但"一中就是中华民国"。

◎连战（时任国民党主席）

2005年4月29日，连战与胡锦涛总书记会晤，发表"两岸和平发展共同愿景"，表示坚持"九二共识"，反对"台独"，谋求台海和平稳定，促进两岸关系发展，维持两岸同胞共同利益。主张在两岸"九二共识"基础上尽速恢复平等协商。

◎宋楚瑜（亲民党主席）

2005年5月4日，宋楚瑜表示将坚守"一中"、"九二共识"以及反"台独"立场。

◎宋楚瑜（亲民党主席）

2005年5月12日，宋楚瑜与胡锦涛总书记会晤，发表会谈公报，表示在"九二共识"基础上，尽速恢复两岸平等谈判。坚决反对"台独"，共谋台海和平与稳定。

◎宋楚瑜（亲民党主席）

2005年5月13日，宋楚瑜称，"两岸一中"所表达的其实就是"九二共识"。原来很长的文字，现在用"两岸一中"简化名词，就不会再去卷到过去文字的争议里面。

亲民党在"立法院"力推"两岸和平促进法"，主张在"四不一没有"与"九二共识"前提下，化解战争危机，促进两岸和平。

◎王金平（"立法院长"）

2005年3月17日，王金平宣布参选国民党主席，表示在"宪法一中"的架构下，以"九二共识"为基础，两岸进行交流与合作，才能让台湾享有安定繁荣。

◎王金平（"立法院长"）

2005年6月1日，王金平在国民党中常会报告参选理念，赞同国共"两岸和平发展共同愿景"，坚持"九二共识"，反对"台独"。

◎国民党十七大

2005年8月20日，国民党十七大将"两岸和平发展共同愿景"列入国民党政策纲领，反对"台独"，回归"九二共识"，重启两岸会谈，签订和平协议，致力经贸合作，实现"三通"直航，循序迈向"两岸共同市场"，全面开放大陆人民赴台观光。

◎马英九（时任国民党主席、台北市长）

2006年3月29日马英九在国民党中常会汇报访美成果时表示，"主张两岸在'九二共识'的基础上，恢复协商和谈判。对于'九二共识'，我们认为是'一个中国，各自表述'，一个中国当然就是指中华民国。我们也听到有些人质疑，世界上承认中共的国家，都把一个中国认为是中华人民共和国；而我们认为是中华民国，是否不切实际？事实上，我们的认定是和我国宪法一致的，宪法所称中国原本就是中华民国，这是毫无疑问的；何况，我们也不可能有第二种解释。一个中国，对我方来讲是中华民国，对大陆而言，是中华人民共和国。双方当然不可能承认有另外一个中国的存在，但是双方却不必因为如此就僵持不下，而影响其他任何交流的进行。这类问题早在1992年都讨论得很清楚，也就是'一个中国，双方各自用口头方式表述'。去年连前主席访问大陆时，也是和大陆当局在如此的基础上达成共识。我们认为这样的共识，是经得起考验的。因为在台湾中国国民党支持，在大陆则是中共支持，而美国方面也能够认可。二年前（2004年）4月21日，当时美国国务院亚太事务助理国务卿詹姆士·凯利（James Kelly），在众议院国际关系委员会作证，特别对台湾的政策发表证词，他明确指出海峡两岸从90年代开始，逐渐建立共识，其中包括'一个中国各自表述'在内。所以两岸不论是在台湾的中国国民党（即当年中华民国政府），和中共及美国，对此一问题已经达到共识。现在唯一没有共识的是民进党，这是一项非常清楚的讯息。"

◎**马英九（时任国民党主席、台北市长）**

2006 年 4 月 3 日见陈水扁时表示，"希望两岸在九二共识上恢复协商，并建立互信机制。九二共识是朝野合作、推动两岸协商的关键。一九九二年香港会谈双方都接受一个中国原则，但同意各自表述，双方的立场认知不同，但不否定各自表述。互不否定，不一定代表相互接受，只要互不否定，就有求同存异的空间。九二共识重要的是内容而不是名称，'一个中国、各自表述'是李登辉在民国八十二年召开国统会时提出的，在总统府里都有档案纪录可查。

台湾要趋吉避凶、迈向双赢，其中的'趋吉'，就是要用九二共识恢复与对岸协商，并尽速开放大陆观光客来台，并且让台湾农产品进入大陆，开创两岸双赢。"（台北《联合报》2006 年 4 月 4 日）

◎**连战（时任国民党荣誉主席）**

2006 年 4 月 16 日连战在北京接受记者采访时表示，国共双方在"九二共识"认知上没有问题，去年达成的"和平发展共同愿景"已经纳入国民党的政策纲领。

◎**王金平（"立法院长"）**

2007 年 4 月 27 日，接受新加坡《联合早报》采访，称台湾前途取决于两岸关系的改善，有"九二共识"，两岸问题就好谈。

◎**萧万长（时任国民党"副总统"候选人）**

2007 年 10 月 7 日，萧万长在美国表示，台湾应在"九二共识"基础上，力求维持现状。两岸应开展信心建立措施的谈判，签署和平协议。

◎连战（时任国民党荣誉主席）

2007年11月1日，连战发表声明反对国民党中央在2008年度中心任务中删除"国统纲领"与"九二共识"。声明称，"九二共识"的形成，有其历史渊源、政治意义。不但是国民党坚持的两岸政策，更是全党与支持者坚定的理念、奋斗的目标，因为这完全有利于台湾民众的福祉和台海和平。国民党都是以"国统纲领"作为最高指导依据，并以"九二共识"作为推动两岸交流协商的基础，这已明确载入党的政纲。

◎宋楚瑜（亲民党主席）

2007年11月1日，宋楚瑜反对国民党中央删除"九二共识"，称"九二共识"是未来两岸安全与重启对话的钥匙，如果没有"九二共识"的默契存在，两岸更不可能维持和平与稳定。

◎吴伯雄（时任国民党主席）

2007年11月1日，国民党秉持"九二共识"的两岸政策没有变，将继续推动两岸交流与协商，建构两岸和平稳定机制。

◎马英九（时任国民党"总统"候选人）

2007年11月1日，马英九就传言国民党中央欲在2008年度中心任务中删除"九二共识"表示，这件事带给我们教训与启示，就是大家都满重视"九二共识"，以前宣导"九二共识"，都没人重视，现在误传要删除，居然那么多人跑出来要护盘，让他感到欣慰。

◎马英九

2008年5月20日就职讲话："在此重申，我们今后将继续在'九二共识'的基础上，尽早恢复协商，并秉持 4 月 12 日在博鳌论坛中提出的'正视现实，开创未来；搁置争议，追求双赢'，寻求共同利益的平衡点。两岸走向双赢的起点，是经贸往来与文化交流的全面正常化，我们已经做好协商的准备。希望 7 月即将开始的周末包机直航与大陆观光客来台，能让两岸关系跨入一个崭新的时代。"

◎ **海基会**

2008 年 5 月 26 日致函海协会：本会于今日举行第六届第二次临时董监事联席会议，选任江丙坤先生为董事长、高孔廉先生为副董事长兼秘书长，旋即就职，特此函告。本会业经我方主管机关授权与贵会就"周末包机直航"、"大陆观光客来台"两项议题进行协商。期望贵我两会在"九二共识"的基础上，尽早恢复制度化协商。

◎ **吴伯雄（时任国民党主席）**

2008 年 5 月 28 日，与胡锦涛总书记会晤时表示，国民党已将"两岸和平发展共同愿景"正式列入党纲，这不仅是对台湾民众而且是对两岸同胞作出的承诺。国民党将一如既往加以推动落实。由衷期盼两岸在"九二共识"的基础上，搁置争议，追求双赢，希望中断多年的两岸协商尽快恢复。

◎ **马英九**

2008 年 6 月 9 日接见江丙坤率领的海基会协商代表团致词：海基与海协两会在 1992 年 10 月于香港进行会谈后，当时虽未达成具体结果，但之后透过函电往来，特别在 11 月 3 日与 11 月 16 日的函电中，双方达成后来被称为"一中各表"的共识，也因此促成 1993 年新加坡的"辜汪会谈"，顺利签署 4 项协议，这是自 1987 年我方开放大陆探亲以来成果最大的一次协商工作，也让各界对两岸关系进展抱持很大的期待。

关于这次即将进行的两会协商，我们还是依据相同的基础"九二共识"来恢复协商，双方都同意用这样的共识来进行，如此就不会有其他的争议，这也是"搁置争议，求同存异"非常重要的意义。能够这样的往前发展下去，我相信两岸关系会有非常正面的、对台湾有利的结果。

◎**江丙坤**（时任海基会董事长）

2008 年 6 月 13 日，江丙坤在胡锦涛总书记会见时表示，台湾政治形势发生变化，有必要根据 1992 年达成的共识，尽快恢复协商。两会为此互致函电，构成了恢复商谈的基础。

◎**马英九**

2008 年 8 月 24 日"823 战役 50 周年"纪念大会致词：1992 年两岸甚至在最困难的主权问题上达成共识，并据以于次年在新加坡举行"辜汪会谈"，签订 4 项历史性协议，就是现在所谓的"九二共识"。

◎**马英九**

2008 年 8 月 26 日接受墨西哥《太阳报》采访时表示：我们基本上认为双方的关系应该不是"两个中国"，而是在海峡两岸的双方处于一种特别的关系。因为我们的"宪法"无法容许在我们的领土上还有另外一个国家；同样地，他们的宪法也不允许在他们宪法所定的领土上还有另外一个国家，所以我们双方是一种特别的关系，但不是国与国的关系，这点非常重要，所以也不可能取得任何一个外国，包括墨西哥在内的双重承认，我们一定是保持和平与繁荣的关系，同时让双方在国际社会都有尊严，这是我们的目标。……这样的争议是属于主权层面的争议，目前无法解决，但是我们虽然不能够解决这个问题，却可以做一个暂时的处理，这就是我们在 1992 年与中国大陆所达成的一个共识，称为"九二共识"，双方对于一个中国的原则都可以接受，但对于"一个中国"的含意，大家有不同的看法。因为对主权的问题到底能不能解决？如何解决？何时解决？目前可以说都没有答案。但是我们不应该把时间精力花在这样的问题上，而应该把重点摆在其它更迫切、更需要双方解决的项目，这就是我们目前推动的政策。

◎马英九

2008 年 10 月 10 日讲话：在两岸方面，海基会与海协会在"九二共识"的基础上重启中断 10 年的协商，化解两岸对立情势，开创和平新局，稳定东亚局势，赢得国际社会肯定。

◎江丙坤（时任海基会董事长）

2008 年 12 月 5 日，在日本东京表示，"九二共识"确实存在，文件放在海基会，可以公开给外界看。

◎马英九

2009 年 10 月 10 日讲话：一年多来，两岸在"九二共识"的务实基础上，签署了 9 项协议，从陆客来台观光到两岸三通直航，从食品安全到司法互助，合作范围日益扩大，善意与互信也逐步累积。

◎马英九

2011 年 8 月 24 日在国民党中常会上谈"九二共识"：1992 年 10 月底，两岸两会在香港协商，虽未作出结论，但同年 11 月，双方即以书面方式同意承认"一个中国原则，以口头方式各自表述"，这就是"九二共识"的内容。一旦"九二共识"又不被承认，两岸关系恐怕又会回到民进党执政时代的情况。……1992 年 10 月底，海基、海协两会在香港协商，对于一个中国原则没有结论；11 月 3 日海基会去函海协会，建议双方承认一个中国的原则，但双方以口头方式各自表述；11 月16 日海协会回函表示同意，这就是"九二共识"。

◎江丙坤（时任海基会董事长）

2011 年 9 月 13 日表示：海基会、海协会两会平台就象一座铁桥，桥墩就是"九二共识"，"九二共识"不存在，平台就不存在；平台不存在，两岸 15 项协议构建的高速公路当然就不存在。

◎马英九

2011 年 11 月 25 日接受"英国广播公司"（BBC）专访：我们和大陆也有个共识，就是"九二共识"，也就是"一个中国、各自表述"，双方都支持"一个中国"的理念，但是双方的定义不一样。定义不一样没有关系，双方相安无事，搁置这个议题，来推动其它更迫切的，这个架构就是过去 3 年我们能够在两岸关系上取得许多成果的重要基础。

◎吴敦义（时任"行政院长"）

2011 年 12 月 18 日表示：两岸要和平发展就是要搁置争议，取得共识，"九二共识"就是共创双赢的基础。

◎江丙坤（时任海基会董事长）

2011 年 12 月 29 日表示：这次"双英"对决其实就是一场"九二共识"的选举，一个是支持"九二共识"，一个是不承认。如果蔡英文当选后推翻"九二共识"，两岸将再度回到陈水扁执政时期交流协商中断的后果。

◎吴敦义（时任"行政院长"）

2012 年 1 月 17 日表示：将以"九二共识"为基础继续向前推进，唯有承认"九二共识"，双方才能搁置争议，才有可能开展不同领域的交流。

◎**吴敦义（时任台湾两岸共同市场基金会代表团名誉团长）**

2012 年 4 月 1 日，在出席博鳌论坛时向国务院副总理李克强表示，过去四年两岸关系走上了和平稳定发展的正确道路，两岸在"九二共识"基础上的协商迄今已达成 16 项协议，两岸关系和平发展的局面值得共同珍惜和巩固。

◎**林中森（海基会董事长）**

2012 年 10 月 17 日，在全国政协主席贾庆林会见时表示：2008 年以来两岸两会在"九二共识"的基础上恢复制度化协商，取得丰硕成果，得到两岸同胞的认同肯定。两岸应在维持、巩固和强化"九二共识"的基础上，百尺竿头，再进一步。

◎**马英九**

2012 年 11 月 9 日出席海基会主办的"九二共识"20 周年学术研讨会时致辞（节选）：

"该研讨会的举办具有三项意义：一是确认'九二共识'的历史事实并给予正确评价；二是确立'九二共识'系目前两岸交流互信之基础；三是宣示'九二共识'为确保两岸和平发展之关键。

"海峡交流基金会（海基会）与海峡两岸关系协会（海协会）开始协商文书验证等事务性议题时，大陆方面希望在所有文件上注明一个中国原则，我方对此不表同意，双方于是决定在 1992 年 10 月至香港会商。而当年 8 月 1 日，李登辉前总统亲自主持'国家统一委员会'，就'关于一个中国的涵义'达成决议，'一个中国应指 1912 年成立迄今之中华民国，其主权及于整个中国，但目前之治权，则仅及于台澎金马。……中国处于暂时分裂之状态，由两个政治实体，分治海峡两岸，乃为客观之事实．'

"1992年10月两会进行协商，但双方仍未取得共识，因此我方续于10月31日提出三项方案。11月3日，海协会透过新华社发布新闻表示愿意接受其中一案，即以口头声明方式各自表达一个中国原则。海基会当日随即发布新闻稿，并正式去函通知海协会，表示已征得"陆委会"同意。海协会当日亦由副秘书长孙亚夫电话通知海基会秘书长陈荣杰，并于11月16日正式函复海基会，表示'充分尊重并接受贵会（海基会）的建议'。海协会除以72字说明其口头表述内容外，亦将我方去信的83字附于来函当中，由此可证，'九二共识'绝非口头或凭空而来，而系白纸黑字的函电往来。

"当时台湾媒体分别以'一个中国，各自表述'、'一中各表'及'一个中国，各说各话'等标题描述此共识，显见此事实是存在的。2000年政党轮替前夕，当时的'陆委会'主委苏起以'九二共识'此简短名称为上述共识命名后，便受到各界广泛使用。因此，'九二共识'的名称系由苏起创设，但内容是海峡两岸两会所确实达成的共识，绝非苏起捏造。

"'九二共识'不应是政治符号，而是历史事实。'九二共识'体现我方在中华民国宪法下，'正视现实、搁置争议'的精神及务实解决问题的态度，不仅符合宪法对两岸的定位，以及国统会在1992年所通过的'关于一个中国的涵义'，同时也完全顾及双方对等、尊严之往来原则。

"大陆政协主席贾庆林在去年12月16日主持'海协会成立20周年纪念大会'时重述，'1992年，海协会与台湾海基会经两岸双方分别授权，达成各自以口头方式表述坚持一个中国原则的共识，也就是今天人们所说的九二共识'，代表中共官方再度确立'九二共识'在两岸关系中所扮演的重要角色。此外，即将卸任的中国大陆总书记胡锦涛昨（8）日亦于十八大开幕典礼中提及'九二共识'，显见海峡两岸均非常重视'九二共识'。

"（马英九）上任4年多来，陆续于9个重要场合发表有关'九二共识'的谈话，包括2次就职典礼演说、4次国庆谈话、2次元旦祝词及国民党十八全大会，希望各界了解'九二共识'是两岸关系的基础，也是确保两岸和平发展的关键。"

◎**王郁琦（"陆委会"主委）**

2012年11月9日出席海基会主办的"九二共识"20周年学术研讨会时致辞：

"1992年10月，为了两岸文书验证事宜，海基会与大陆海协会在香港展开会谈，由于大陆方面提出'一个中国'议题而无法获得具体结果；我于11月3日提议各自以口头声明方式表达。我方根据1992年8月1日李前'总统'登辉先生主持的'国统会'及其决议的'一个中国的涵义'为基础，建议表述内容为：'……双方虽均坚持一个中国的原则，但对于一个中国的涵义，认知各有不同'。后来大陆方面也回函表示'充分尊重并接受'。这就是双方在1992年达成的共识，也促成1993年的新加坡'辜汪会谈'，签署4项重要协议。

"目前'九二共识'一词已广为各方引用，不仅在两岸之间使用，包括大陆领导人胡锦涛、贾庆林及国台办官员；昨天中共十八大会议中，大陆领导人所做的报告书面文字，也列出'坚持九二共识的共同立场'这样的说法；此外，美国前总统小布什及国务院官员等官方也都使用。两岸关系极其敏感复杂，就是有了'九二共识、一中各表'这种创造性的大智慧，才让两岸能各自表述、搁置争议，走出僵局。当然，就'中华民国政府'而言，'九二共识'的重要意涵，就是'中华民国是主权独立的国家'，在'中华民国宪法'架构下，'一中'当然就是'中华民国'，这也是'国'内对两岸关系发展的最大共识。

为了两岸更好地发展，我们有责任在'九二共识、一中各表'所奠定的基础与创造的成果之上，以更积极主动的态度，推动大陆政策相关措施。"

四

专家学者和媒体对"九二共识"的

评论文章

中国大陆

海协海基两会协商之回顾与评析

中国社科院台湾研究所所长、研究员　许世铨

1999 年 7 月 9 日，李登辉抛出"两国论"，破坏了两岸授权对话与协商的基础，使原拟于 1999 年秋天成行的海峡两岸关系协会（以下简称海协会）会长汪道涵访台计划流产，两岸关系继李登辉 1995 年访美之后再次陷入僵局。2000 年 3 月 18 日，民进党候选人陈水扁当选为台湾当局的新领导人。由于民进党的"台独"立场和陈本人的"台独"主张，两岸的政治僵局不但进一步恶化，而且浮现出严重危机。尽管如此，祖国大陆出于对台湾问题外在环境的研判和对掌控台湾问题大局的能力和信心，对台湾新领导人采取了"听其言、观其行"的政策，警告"台独"势力不得采取极端行动，从而稳住了台海地区局势并为两岸僵局的转圜预留了时间和空间。大陆的这一政策体现了其尽最大努力和平解决台湾问题的一贯立场。出于同样的目的，本文试图探讨突破目前两岸政治僵局的可能途径。

一个中国原则是突破僵局之基础

一个中国原则是中国政府对台政策的基石。两岸政治僵局只有在一个中国原则的基础上才有可能取得突破。回顾1949年以来的两岸关系史，人们可以清楚地看到，在大部分的时间里，尽管两岸经历军事对峙并多次发生严重冲突，但两岸均坚持一个中国的立场，斗争围绕在谁代表这个中国问题上，是中国内战的延续。台湾没有一条法律表明中国的主权和领土完整已经分裂，台湾已不是中国的一部分，存在着所谓"两个中国"。在这一共同政治基础上，大陆的海协会和台湾的"海峡交流基金会"（以下简称海基会）于1992年达成了各自以口头方式表述海峡两岸均坚持一个中国原则的共识，排除了两会开始接触和会商以来所遇到的主要障碍，使双方很快就海峡两岸公证书使用和海峡两岸挂号函件遗失查询及补偿问题达成协议，并为海协会长汪道涵和海基会董事长辜振甫1993年历史性的会谈铺平了道路。

然而，随着李登辉更为露骨地推行他的分裂、分治路线，台湾当局逐步篡改、背离了1992年共识，单方面、简单化地把它归结为所谓的"一个中国，各自表述"，企图迫使大陆接受其对一个中国做出"开放性"的解释，从而使李登辉"合法"地公开鼓吹他的"两个对等政治实体""阶段性两个中国""两国论"等分裂中国的主张。台湾当局的新领导人则不顾事实公然否认1992年共识，声称1992年达成的是"没有共识的共识"。① 虽然 1992 年两会共识已被李登辉和台湾新当局蜕变为两岸争议，但 1992 共识对推动两岸关系的发展所作的贡献是有目共睹的。它是在一个中国的框架下，海协会抱着解决问题的诚意，经过和海基会的谈判和让步达成的双方都可以接受的妥协，来之不易。从岛内各党派的统"独"立场看，1992 年共识是除民进党之外的台湾主要政党和主流民意可以接受的突破两岸僵局最现实的途径。主要的障碍是民进党内的"台独"原教旨主义者。但他们不可能永远阻挠台湾主流民意的伸张。因此，本文将对 1992 年两会达成共识的过程做历史的回顾和评析，希望从中能够看到两岸回到这个共识的必要与可能。

1992 年两会协商之回顾

1990 年 11 月 21 日台湾海基会成立，于次年 3 月 9 日正式挂牌工作。台湾当局成立这一"民间中介机构"的原因是，自 1987 年 11 月 2 日开放大陆探亲之后，两岸间的往来日趋频繁，也衍生了许多问题，台湾当局"不接触、不谈判、不妥协"的"三不政策"又无法立即抛弃，因此有意设立这一民间单位来解决当局不能直接出面处理的问题。② 1991 年 12 月 16 日大陆成立了海协会，其宗旨是为了促进海峡两岸交往、发展两岸关系，实现祖国和平统一。海协会亦把解决两岸交往中的具体问

---

① 陈水扁 2000 年 6 月 20 日记者招待会，见《中国时报》，2000 年 6 月 21 日。

② 参阅欧阳圣恩：《再见，白手套——海基会 2000 日》，17 页。

题视为其"授权进行的重点工作之一"。①

北京商谈。出于共同愿望，两会于 1992 年 3 月下旬在北京进行了首次事务性商谈，就"海峡两岸公证书使用"和"海峡两岸挂号函件查询、补偿"两项议题进行工作性商谈。两岸就交流中出现的问题进行接触和商谈后即发现，虽然双方商谈的是事务性问题，但要顺利地解决问题，一个重要的事实必须首先明确：两岸间的事务性问题是一个国家内的事情。这就涉及到一个中国原则的问题。

1991 年 4 月 28 日，当时的海基会副董事长兼秘书长陈长文率海基会代表团首次访问大陆。4 月 29 日，国务院台湾事务办公室副主任唐树备在会见陈长文时，受权提出了处理海峡两岸交往中的具体问题应遵循的五条原则，其中第二条是："在处理两岸交往事务中，应坚持一个中国原则，反对任何形式的'两个中国''一中一台'，也反对'一国两府'以及其他类似的主张和行为。"11 月 3 日至 7 日，陈长文再次率团到北京，就合作打击台湾海峡海上走私、抢劫犯罪活动问题进行程序性商谈。在商谈中，唐树备再次希望海基会表明坚持一个中国原则的态度，争取双方达成共识。双方首次讨论了在事务性商谈中坚持一个中国原则的问题，但未能达成共识。②

1992 年 3 月 22 日两会北京商谈开始后，海基会和它的上级机关台湾的"大陆工作委员会"（以下简称"陆委会"）即

---

① 唐树备常务副会长在海协会成立一周年座谈会上的讲话，见《海峡两岸关系协会 1992 年重要文件汇编》。

② 刘墨、肖之光：《为历史留下公正的注脚》，见《两岸关系》杂志 1999 年 9 月期（总第 27 期）。

坚持，一个中国原则和文书使用等问题会谈的"技术性事务无关"。① 此外，台湾方面开始还坚持使用"文书验证"的措辞，搬用国家间驻外使领馆认证的做法来处理大陆公证书在台湾的使用。关于挂号信函的查询、赔偿问题，海基会开始的用语是"开办两岸间接挂号信函的查询补偿事宜"，并援引国家间通邮的做法，坚持两岸的邮件往来是"间接"的，查询和补偿问题由海基、海协两会来处理，而不是由两岸邮政部门直接处理。海基会代表许惠祐（时任海基会法律服务处处长）的解释是，台湾当局实行的是和大陆"官方不接触"的政策，"两岸发展情势还不到直接通邮的阶段"。② 海基会的这些做法和主张明显违反了一个中国原则。

时任海协会常务副会长的唐树备在北京商谈结束后于 3 月 30 日举行的记者招待会上阐述了大陆的立场。他说："双方分歧的关键在一个中国的提法上。我们认为，一个国家里不存在文书使用的困难，也不存在挂号函件查询问题的。现在，由于两岸没有统一，有必要就两岸文书的使用和两岸开办函件的查询、赔偿业务问题找出一些特别的解决办法。在这点上我们愿意和台湾有关方面积极配合。但是，由于现在两岸没有统一，所以首先应明确我们商谈的或要解决的是一个国家内的事情。众所周知，国共两党都认为只有一个中国，台湾方面通过的有关统一的文件也承认只有一个中国，一个中国既然是双方的共识，为何双方不能本着这个原则来处理两岸具体事务性问题呢？一个中国问题不应成为双方会商的困扰。"他还指出："我

① 见《联合报》1992 年 3 月 24 日。
② 见《联合报》1992 年 3 月 25 日。

们并不是要和海基会讨论政治问题，我们只是要确认一个事实，就是只有一个中国。至于一个中国的涵义，我们并没有准备也不打算和海基会讨论。两岸没有统一，但我们是一个国家，这个原则我们是坚定不移的。至于用什么形式来表达这么一个原则，我们愿意讨论。"①

对于北京会商的结果，时任台湾"陆委会"副主委的马英九对于大陆坚持一个中国原则和文书使用、挂号函件问题是中国内部事务，"感觉十分遗憾"。然而他重申，"我方本来就坚持'一个中国'政策"，并认为，"经过此次协商，两岸的意见已逐渐拉近，有助于问题的解决"。对于下一步的商谈，他表示，经内部协商后将和海协会联系。② 唐树备则认为，工作商谈"是有成果的，双方在很多方面取得了共识。但由于时间比较短，双方对某些问题的认识还有一些分歧，这是自然的。我们期待着双方在方便的时候进行进一步的商谈"。③

海协、海基两会北京商谈是这两个受权的民间机构成立后首次进行的正式会谈，虽然没有达成协议，但双方通过面对面的直接沟通，更清楚和准确地了解了对方的立场，在分歧一时难于化解的同时，在一些问题上取得了共识。分歧的症结是一个中国原则问题。台湾方面虽然表示坚持一个中国政策，但强调双方在其涵义上的分歧，提出用"各说各话"的方式说明一个中国的涵义。台湾方面的这一立场意在凸显其"主权"和"司法管辖权"，谋求所谓"对等政治实体"的地位。大陆方

---

① 海协常务副会长唐树备在记者招待会上的谈话，见《人民日报》海外版1992年4月1日。
② 见《联合报》1992年3月28日。
③ 见《联合报》1992年3月25日。

面则坚持一个中国的原则，坚持两会商谈的事务性问题为一个国家内部的事情，意在维护国家的主权和领土完整。然而，考虑到双方在一个中国涵义上的分歧，特别是这一分歧一时难以解决，为了使商谈取得进展，大陆方面主张，既然双方都奉行一个中国的政策，可暂不讨论一个中国的涵义。由于台湾方面坚持"各说各话"，大陆方面表明了坚定不移地维护一个中国原则的立场，但愿意讨论用什么形式表达这一原则。

北京商谈后，海协将自己的态度概括为：海峡两岸交往中的具体问题是中国的内部事务，应本着一个中国原则协商解决；在事务性商谈中，只要表明一个中国原则的基本态度，可以不讨论一个中国的政治涵义；表述的方式可以充分协商，并愿意听取海基会和台湾各界的意见。这种态度始终贯穿在海协解决这一问题全过程中。[①]

北京商谈未竟全功，但海协会即根据双方磋商后修改的协议草案文本提交给海基会代表，希望对方提出书面修改意见或提出草案，对最终达成协议持积极态度。另一方面，台湾当局出于其为两会协商所设计的政策目标，也希望商谈能继续下去并取得进展。据《联合报》一篇报道分析，从解决民间交流问题着手正是台湾当局"大陆政策设计的主轴，因此海基会（北京）此行成败，也间接考验大陆政策这套设计是否奏效"，"更可能动摇民众对'政府'的信心"。[②] 因此，台湾当局"为因应两岸谈判进程最新发展情势"，决定通过"国家统一委员会"（以下简称"国统会"），"重新完整地对'一个中国'的具体

---

① 刘墨、肖之光：《为历史留下公正的注脚》，见《两岸关系》杂志 1999 的 9 月期（总第 27 期）。

② 见《联合报》1992 年 3 月 22 日。

定义，提出政策性的诠释，并作为台湾谈判代表在两岸谈判桌上的论述依据"。"国统会"随即在 1992 年 8 月 1 日通过所谓"关于'一个中国'的涵义"的政策文件。① 该文件有关一个中国涵义的叙述是：

"海峡两岸均坚持'一个中国'之原则，但双方所赋予之涵义有所不同。中共当局认为'一个中国'即为'中华人民共和国'，将来统一后，台湾将成为其管辖下的一个'特别行政区'。我方则认为'一个中国'应指 1912 年成立迄今之中华民国，其主权及于整个中国，但目前之治权，则仅及于台澎金马。台湾固为中国之一部分，但大陆亦为中国之一部分。"②

海协会对台湾"国统会""8.1"决议文随后作出回应。该会一位负责人对新华社记者表示："8 月 1 日，台湾有关方面就台湾海峡交流基金会与我会商谈事务性协议时有关'一个中国'涵义问题做出的'结论'中，确认'海峡两岸均坚持一个中国之原则'。我会认为，明确这一点，对海峡两岸事务性商谈具有十分重要的意义，它表明，在事务性商谈中应坚持一个中国原则已成为海峡两岸的共识。当然，我会不同意台湾有关方面对'一个中国'涵义的理解。我们主张'和平统一、一国两制'，反对'两个中国''一中一台''两个对等政治实体'的立场是一贯的。"但这位发言人也重申，"在事务性商谈中，只要表明坚持一个中国原则的基本态度，可以不讨论一个中国的涵义"。③

---

① 王铭义：《两岸和谈》，120 页。

② 见《关于"一个中国"的涵义》，《中央日报》1992 年 8 月 2 日。

③ 海峡两岸关系协会负责人就台湾当局关于两岸事务性商谈中"一个中国"涵义的文件发表谈话，新华社北京 1992 年 8 月 27 日电。

从上述双方立场可以看出，虽然双方对一个中国的涵义有重要分歧，对如何处理这一分歧也各有主张，但在坚持一个中国原则这个实质问题上有着重要交集和共识，这为双方继续进行商谈并达成某些协议奠定了基础。1992 年 9 月 17 日，当时的海协会副会长兼秘书长邹哲开和海基会秘书长陈荣杰因工作之便在厦门进行了会面，就一个中国原则的表述问题非正式交换意见。邹哲开对陈荣杰和在场的许惠祐表示，"台湾方面关于一个中国原则的结论，说明双方在事务性商谈中坚持一个中国原则已有共识。但我们不同意台有关方面对一个中国内涵的解释，也不可能与海基会讨论关于一个中国的内涵"，建议海基会认真考虑径直引用"海峡两岸均坚持一个中国原则"的表述。① 其后，两会正式同意在香港进行工作性商谈，海基会由许惠祐主谈，海协会由咨询部副主任周宁主谈，时间定在 1992 年 10 月28 日至 29 日。

香港商谈。这次商谈的主题实际上是如何排除双方在事务性协商中在一个中国原则问题上的分歧。双方都被授权讨论这个问题。② 应该说，双方都表现出一定程度的灵活性，海基会不再完全排拒讨论一个中国原则；海协会同意讨论海基会表明坚持一个中国原则的表述方式。商谈开始后，海协会周宁提出关于表述海峡两岸均坚持一个中国原则的 5 种文字表述方案：

1. 海峡两岸文书使用问题，是中国的内部事务。

2. 海峡两岸文书使用问题，是中国的事务。

3. 海峡两岸文书使用问题，是中国的事务。考虑到海峡两

---

① 刘墨、肖之光：《为历史留下公正的注脚》，见《两岸关系》杂志 1999 的9 月期（总第 27 期）。

② 王铭义：《两岸和谈》，122 页。

岸存在不同制度（或国家尚未完全统一）的现实，这类事务具有特殊性，通过海峡两岸关系协会、中国公证员协会与海峡交流基金会的平等协商，予以妥善解决。

4. 在海峡两岸共同努力谋求国家统一的过程中，双方均坚持一个中国之原则，对两岸公证文书使用（或其他商谈事务）加以妥善解决。

5. 海峡两岸关系协会、中国公证员协会与海峡交流基金会依海峡两岸均坚持一个中国之原则的共识，通过平等协商，妥善解决海峡两岸文书使用问题。

许惠祐则根据“陆委会”的正式授权先后提出 5 种文字表述方案，和三种口头表述方案。

他所提的 5 种文字表述方案是：

1. 双方本着“一个中国，两个对等政治实体”原则。

2. 双方本着“谋求一个民主、自由、均富、统一的中国，两岸事务是中国人事务”原则。

3. 鉴于海峡两岸长期处于分裂状态，在两岸共同努力谋求国家统一的过程中，双方咸认为必须就文书查证（或其他商谈事项）加以妥善解决。

4. 双方本着“为谋求一个和平民主统一的中国”的原则。

5. 双方本着“谋求两岸和平民主统一”的原则。[①]

双方对各自提出的 5 种文字表述方案没有达成一致可以接受的方案。海基会根据“陆委会”的授权，又提出了 3 项口头表述方案：

1. 鉴于中国仍处于暂时分裂之状态，在海峡两岸共同努力

---

① 王铭义：《两岸和谈》，124 至 125 页。

谋求国家统一的过程中，由于两岸民间交流日益频繁，为保障两岸人民权益，对于文书查证，应加以妥善解决。

2. 海峡两岸文书查证问题，是两岸中国人间的事务。

3. 在海峡两岸共同努力谋求国家统一的过程中，双方虽均坚持一个中国的原则，但对于一个中国的涵义，认知各有不同。惟鉴于两岸民间交流日益频繁，为保障两岸人民权益，对于文书查证，应加以妥善解决。①

双方经过交换意见，立场虽有所接近，但并没有达成协议。应海基会的要求，海协会同意将商谈延长半天至 10 月 30 日，但双方仍没有立即达成协议。然而，海协会对香港商谈给予了积极的评价，认为"这次工作商谈，不但在具体业务问题上取得了相当大的进展，而且也在海峡两岸事务性商谈中表述一个中国原则的问题上取得了进展"。② 因此，海协会于 10 月 29 日和 11 月 2 日两次致函海基会，建议对商谈结果进行评估，在北京或台湾、厦门或金门就有关问题进行进一步商谈，并由两会负责人签署协议。③ 11 月 1 日，海基会代表发表书面声明表示，有关事务性商谈中一个中国原则的表述，"建议在彼此可以接受的范围内，各自以口头方式说明立场"。海协会研究了海基会的第三个口头表述方案，认为这个方案表明了海基会谋求统一、坚持一个中国原则的态度，虽然提出对一个中国涵义"认知各有不同"，而海协历来主张"在事务性商谈中只要

---

① 王铭义：《两岸和谈》，126 至 127 页。

② 海协会负责人建议与海基会负责人继续会商，新华社 1992 年 11 月 4 日电。

③ 海协会负责人建议与海基会负责人继续会商，新华社 1992 年 11 月 4 日电。

表明坚持一个中国原则的态度，不讨论一个中国的政治涵义"，因此，可以考虑与海基会以上述各自口头表述的内容表达坚持一个中国原则的态度。海协希望海基会能够确认这是台湾方面的正式意见。① 11 月 3 日，海基会致函海协会，正式通知海协会，"以口头声明方式表述"一个中国原则。当日海协会副秘书长孙亚夫打电话通知海基会秘书长陈荣杰，两会于 10 月 28 日至 30 日在香港进行的工作性商谈已经结束，建议有关问题的进一步商谈，在北京或台湾、厦门或金门进行，并由两会负责人在上述四地之一签署协议。孙亚夫在电话中还通知陈荣杰，海协会充分尊重并接受海基会以口头声明方式表述一个中国原则的建议，并建议就口头声明的具体内容进行协商。② 11 月 3 日当天，海基会发布了一新闻稿确认，海协会已表示尊重并接受"本会日前所提两会各自以口头声明方式表达一个中国原则的建议"，并称："本会经征得主管机关同意，以口头声明方式各自表达，可以接受。至于口头声明的具体内容，我方将根据'国家统一纲领'及'国家统一委员会'本年八月一日对于'一个中国'涵义所做决议，加以表述。"③

海基会 11 月 3 日致海协会的函件和孙亚夫同日打给陈荣杰的电话，使两会关于文书使用和挂号函件查询、赔偿商谈出现"突破性发展"。④ 11 月 16 日和 30 日，海协会又两次致函海基会，以书面形式表明其立场。海协会在 16 日的函件表示：

---

① 刘墨、肖之光：《为历史留下公正的注脚》，见《两岸关系》杂志 1999 年 9 月期（总第 27 期）。
② 海协会负责人建议与海基会负责人继续会商，新华社 1992 年 11 月 4 日电。
③ 见《联合报》1992 年 11 月 4 日。
④ 见《联合报》1992 年 11 月 4 日。

"在这次工作性商谈中，贵会代表建议在相互谅解的前提下，采用贵我两会各自口头声明的方式表述一个中国原则，并提出具体表述内容（见附件），其中明确了海峡两岸均坚持一个中国原则，这项内容也已于日后见诸台湾报刊。"函件正式通知海基会，海协会口头表述的要点是："海峡两岸都坚持一个中国的原则，努力谋求国家的统一。但在海峡两岸事务性商谈中，不涉及'一个中国'的政治涵义。"该函件所附海基会的口头表述内容是该会10月30日下午在香港提出的第3项口头表述案，即"在海峡两岸共同努力谋求国家统一的过程中，双方虽均坚持一个中国的原则，但对于一个中国的涵义，认知各有不同。"① 12月3日，海基会复函海协会，对海协会16日和30日的来函做了答复。该函件对海协会"愿以积极的态度，签署协议"、"使问题获得完全解决"，表示欢迎，并重申11月3日发布的新闻稿中对口头表述一个中国原则的立场，即根据"国家统一纲领"和"国家统一委员会""8.1"决议文加以表达。② 海协会建议两会约定时间同时发表双方口头表述的具体内容，海基会当时的副秘书长李庆平表示"对此还要再进一步研究"。

从上述两会商谈过程可以看出，经过一年多的努力，双方在香港工作性商谈后，最终原则上排除了事务性商谈中的主要障碍，双方以口头声明的方式确认海峡两岸均坚持一个中国的原则，同时在事务性商谈中不涉及在一个中国涵义上的分歧。这应当是1992共识的本来面目。

---

① 1992年11月16日海协会致海基会函。

② 1992年12月3日海基会致海协会函，海基会海文陆（法）字81-1045F号。

1992 年共识之评析

　　1992 年共识,是海协、海基两会"在相互谅解的前提下",抱着解决问题的诚意,认真协商、相互妥协的结果,并得到了双方上级主管单位的充分授权。对共识的任何歪曲和否认,都是对事实的歪曲和否认,也是对双方所付出努力的亵渎。回顾两会达成共识的过程,人们都会看到共识来之不易,应予珍视。两会商谈的事实清楚表明,明确坚持一个中国原则的态度是两岸事务性商谈中不可回避的问题。海协会从一开始即抓住了问题的症结所在,指出无论是推动两岸交流,还是处理交往中产生的具体问题及进行事务性商谈,都离不开一个中国的原则。双方只要在这个问题上达成谅解和共识,其他问题则可迎刃而解。海基会则坚持"两岸事务性商谈,应与政治性议题无关",强调双方在一个中国政治涵义上"认知显然不同"。因此,海基会在北京商谈时未被授权讨论表明对一个中国原则的态度问题,因而采取回避甚至拒绝的立场。由于在这一根本问题上的僵持,双方开始讨论文书使用及挂号函件查询、赔偿的具体事务时,从使用的语汇到处理问题的办法上都出现明显分歧。这可从下表中略见一斑:

议题	项目	海基会立场	海协会立场
两岸文书使用	协议名称	使用"两岸文书查证协议"。	使用"海峡两岸文书查证协议"。
	协议前言	有关一个中国原则的文字与本协议并没有关连，应予删除。	双方应在约旨部分强调一个中国原则，或本着"中国内部事务"之原则签订协议。
	联系主体	主张以协议之双方作为联系主体，或大陆方面指定的机构与海基会进行业务联系。	两岸使用公证书的单位可以直接联系，也可透过海基会协助。
	开办范围	各类文书都应通盘处理。	只获授权处理公证书部分。
	相互提供副本查证项目	除对方所提三类公证书之外，应依旧常案例，纳入学历、身份证明、出生证、课税证明等项。	原则以婚姻、继承、收养三类公证书相互提供副本，以供使用部门核对之用。但愿协商增加项目。
	查证期限	以三十天为原则。	以三十天为原则。
	查证费用	可不必收费	应收取费用。
两岸挂号函件遗失之查询与补偿	大体讨论	不赞成由两岸邮政部门进行直接的业务接触。有关赔偿方式、查询方式、及邮资计费标准等问题仍待再议。	函件查询及补偿非两会业务，应由两岸邮电部门执行相关业务为宜。

（参照 1992 年 10 月 29 日《中国时报》）

上述所列分歧看上去多是技术性的，但追本溯源还是对坚持一个中国原则的态度问题，即必须首先确认两会商谈的问题是中国内部事务，否则双方必然是南辕北辙，难以达成协议。大陆维护国家主权和领土完整的立场是容不得半点让步的。在香港商谈中,海基会被授权讨论如何表述一个中国原则,并先后提出 8 项表述方案,这体现了该会表示的"相互谅解"精神。海协会抱着解决问题的诚意,立即予以积极回应,做出相应让步,同意双方以口头声明方式表述一个中国原则,并以函件形式书面确认口头声明的具体内容。由于香港商谈使双方在坚持一个中国原则问题上取得共识,排除了事务性协商的主要障碍,当时的海协常务副会长唐树备和海基会副董事长邱进益于 1993 年 4 月 8 日至 10 日在北京进行了汪辜会谈的预备性磋商,并就会谈的时间、地点、人员、议题及有关问题达成 8 项共识。同年 4 月 27 日至 29 日,汪辜会谈在新加坡成功举行,签署了《两会联系与会谈制度协议》、《两岸公证书使用查证协议》、《两岸挂号函件查询、补偿事宜协议》以及《汪辜会谈共同协议》等 4 项协议。

令人遗憾的是,在两岸同胞都期待着两岸关系能朝着汪辜会谈开辟的新前景继续发展时,台湾当局领导人李登辉却反其道而行之,加快了分裂国家的步伐。台湾当局单方面地把 1992 年共识归结为所谓"一个中国,各自表述",避而不谈它曾白纸黑字确认的对一个中国的口头表述,即 1992 年 10 月 30 日海基会提出的第 3 项口头表述案和"国家统一纲领"、"国统会" 1992 年 8 月 1 日对于一个中国问题所作的决议,将 1992 年共识歪曲为"各说各话",误导人们相信,台湾当局可以对一个中国原则做"开放性的"解释,从而为其鼓吹分裂国家的主张提供依据。此后,李登辉对一个中国的"表述"即越来越明目张胆地背离一个中国的原则。1993 年 11 月 20 日,台湾当局出席在美国西雅图举行的"亚太经济合作会议"的人员公然提出了"阶段性两个中国政策"。1994 年 7 月 5 日,台湾当局公布

"台海两岸关系说明书"声称："'一个中国'是指历史上、地理上、文化上、血缘上的中国，"明文放弃在法律意义上的一个中国主张。"说明书"对台湾当局所说的两岸是"对等政治实体"的解释是："所谓'政治实体'一词涵义相当广泛，可以指一个国家、一个政府或一个政治组织。""在两岸关系的处理上，双方既不属于国与国间的关系，也有别于一般单纯的国内事务。"李登辉的"特殊国与国关系"此时已隐然纸上。1995年4月8日，李登辉在"国统会"上发表的谈话（即所谓的'李六条'）中说：自1949年以来，"台湾与大陆分别由两个互不隶属的政治实体治理，形成海峡两岸分裂分治的局面"。1996年7月，台湾"外交部"发表的"中华民国参与联合国"说帖更露骨地称："中国系一历史、文化及地理之中性名词"，"唯有在两岸统一后，才有真正的'一个中国'。1997年2月，台湾"行政院新闻局"发表的"透视'一个中国'问题"说帖，开始以"一个分治的中国"代替一个中国。说帖称："与其说'一个中国'，不如说'一个分治的中国'（one divided China），就像现在的韩国、过去的德国或越南一样。"1999年7月9日，李登辉公然抛出"两国论"，声称："1991年修宪以来，已将两岸关系定位在国家与国家，至少是特殊的国与国关系。"

上述事实说明，李登辉在"各自表述"的幌子下，背弃了1992年的共识，从一个中国政策渐行渐远，破坏了两岸对话与协商的基础，为两岸关系制造了巨大困难，并引发了1995—1996年台海危机和1999年7月之后的两岸危机和僵局。这正是为什么大陆不能同意将1992年共识说成是"一个中国，各自表述"，甚至说成"一个中国涵义，各自表述"的原因。这样的说法既歪曲事实，又有害于两岸关系。海协、海基两会从未就一个中国的政治涵义进行过讨论，更谈不上就一个中国的政治内涵"各自表述"达成共识。换言之，双方以各自口头表述的方式表明坚持一个中国原则的态度是共识，而对一个中国的内涵，双方既未讨论，根本没有共识。① 单方面曲解1992年共识，必然破坏两岸关系。

这里还必须指出的是，台湾当局的一些人士，特别是台湾新当局的领导人执意否认1992年双方均表示坚持一个中国的立场。这也是无视事实。只要再看一看台湾报刊当时对两会商谈的报道，即可了解到当时"陆委会"的负责人和海基会的谈判代表都多次表示，"我方本来就坚持'一个中国'政策"。② 1992年12月3日，国民党中常会通过的国民党版的一个中国涵义声明中，则明确表示："台独或'一中一台'是走不通的路，是自取灭亡的路。"《中国时报》1992年10月29日的一篇社论也说："须知，'一个中国'的立场，两岸并无分歧。"还需要指出的一个事实是，就在海协、海基两会达成一个中国共识之前，台湾发生了国民党惩治党籍"立法委员"违反一个中国原则案。9月下旬，台湾"立法院"中国民党次级团体"集思会"的多位"立委"，在总质询时质疑一个中国政策。其中，陈哲男公开鼓吹"一中一台"。时任"行政院"院长的郝柏村"以严峻的口吻一一驳斥"，强调"两个中国政策将会将台湾带至绝路"，"今天若采两个中国政策会给台湾带来立即的灾难"，"一中一台就是台独"，"不认同一个中国就不要作中国国民党党员"。国民党发言人祝基滢表示，国民党坚持一

---

① 刘墨、肖之光：《为历史留下公正的注脚》，见《两岸关系》杂志，1999年9月（总第27期）。

② 见《联合报》1992年3月24日。

个中国政策，反对"一中一台"。国民党秘书长宋楚瑜明确强调，执政党一个中国政策十分明确。国民党考纪会决定给予违反一个中国案的党员以严重警告处分。[①] 从上述事实看，1992年两岸两会均确认了坚持一个中国的立场，是不应有任何疑义的。李登辉当时仍着力于巩固自己的权位，需要稳定两岸关系，尚无暇也无力挑战一个中国原则。

结　语

1992年海协、海基两会经过授权和共同努力所达成的海峡两岸均坚持一个中国原则的共识，是两岸都可以接受的对话和协商的基础。没有这个共识，就不会有两会近20轮的商谈，更不会有汪辜新加坡会晤和4项协议。汪辜会晤后，李登辉慑于两岸关系迅速发展的势头，蓄意歪曲、破坏1992年共识，致使两岸关系跌宕起伏、危机丛生。主张"台独"的民进党执政后，两岸关系则陷于更为危险的僵局之中。尽管如此，大陆仍在尽最大努力和平地化解僵局，使两岸关系能柳暗花明，朝积极方向发展。审视两岸情势，笔者认为，1992年共识仍是两岸能够恢复对话与协商的最近交集点。承认、接受一个中国原则是关键所在。一个中国是改变不了的客观存在。盱衡今日之天下，联合国180多个成员国中，有160多个国家奉行一个中国的政策，这种形势还会进一步发展。"台独"是没有出路的，而且"台独"只会给台湾同胞带来灾难。它绝不是台湾的主流

① 见《中国时报》1992年11月6日。

民意，更有悖于海内外中国人的愿望。诚如"国统纲领"开宗明义的第一句话所言："中国的统一，在谋求国家的富强与民族长远的发展，也是海内外中国人共同的愿望。"在当今世界发展的大趋势下，在大陆综合力量不断增强的情况下，台湾同胞将如何面对21世纪的机遇和挑战？两岸合则两利是不言自明的。在过去50年时间里，台湾总体上执行了一个中国的政策，它对台湾同胞造成了什么伤害？郝柏村先生今年5月15日在《联合报》上撰文说："过去50多年来，我们因主张一个中国，而生存、发展、繁荣、壮大，为什么要放弃呢？"妨碍台湾同胞当家作主的，危害"台湾安全"的，压缩"台湾国际生存空间"的不是一个中国原则而是"台独"！

"识时务者为俊杰"，台湾当局的领导人不妨站得高些，以台湾同胞的现实和长远利益为计，尊重并回到1992年的共识上来，若此，两岸重开对话与协商、从而使两岸关系和平稳定地发展，则可期盼。这是两岸同胞的福祉所在。

（《台湾研究》2000年第四期）

"九二共识"不可否认

肖之光

2000 年 3 月台湾地区领导人选举结束以来，我们与台湾当局新领导人围绕是否接受一个中国原则、是否承认海峡两岸关系协会（简称"海协"）与台湾海峡交流基金会（简称"海基会"）1992 年达成的"海峡两岸均坚持一个中国原则"的共识，进行了激烈的斗争。这场斗争的本质是坚持一个中国原则、维护国家主权与领土完整，还是搞"台独"或"两国论"、蓄意分裂中国的斗争。

一

20 世纪 90 年代初，海峡两岸开始事务性接触商谈后，国务院台办基于两岸交往中的具体问题是中国内部事务的客观现实，提出在商谈和签署协议中必须坚持一个中国原则。

1991 年 4 月 29 日，国务院台办负责人在会见来访的台湾海基会负责人时，受权提出了处理海峡两岸交往中的具体问题应遵循的五条原则，其中第二条是："在处理海峡两岸交往事务中，应坚持一个中国原则，反对任何形式的'两个中国'、'一中一台'，也反对'一国两府'以及其他类似的主张和行为。"12月16日，在中共中央台办、国务院台办指导下，海峡两岸关系协会成立并受权继续以一个中国原则为基础，与海基会接触、商谈。

1992年3月23—26日，两会在北京进行第一次工作性商谈。商谈期间，海基会人员按台"陆委会"的要求，表示"没有受权谈一个中国问题"。但是，他们在商谈中提出的主张，则明显违反了一个中国的原则。例如，在解决两岸公证书使用问题中，海基会起初用比照国家间驻外使领馆认证的做法来处理大陆公证书在台湾的使用；在解决开办两岸挂号函件业务问题中，援引国家间通邮的做法。实践再次说明，在商谈中确立坚持一个中国原则的共识是必要的。

针对台湾当局的曲解和部分台湾同胞的疑虑，商谈结束后，海协于3月30日召开记者招待会，就在事务性商谈中应表明坚持一个中国原则的态度问题，作了进一步的阐述。海协负责人指出：首先，商谈要反映现实，一个中国是客观事实。处理两岸交往中的事务性问题，在指导思想上要明确这是什么性质的事务，是中国内部的事务呢？还是两个国家之间的事务？本来，在一个国家内，文书使用、挂号函件查询等不需要有特别的协议，但基于没有统一的客观现实，需要采取某些特殊的做法。这种特殊的做法，当然不应同国与国之间的做法混淆起来。因此，有必要明确海峡两岸交往中的事务性问题是中国的内部事务。只有坚持一个中国的原则，并考虑到两岸存在不同社会制度的现实，才能实事求是、合情合理地处理海峡两岸交往中的各种具体问题，真正维护两岸同胞的正当权益。第二，本来双方对坚持一个中国原则没有分歧，这见之于中国共产党领导人的谈话，见之于中国国民党领导人的谈话，见之于台湾当局公布的有关统一的文件。第三，我们提出的事务性商谈中坚持一个中国原则，只是要双方表明坚持一个中国原则的态度，并不是要与海基会讨论"一个中国"的涵义。至于如何表述坚持一个中国原则态度的方式，双方可以协商。此后，海协将此概括为：海峡两岸交往中的具体问题是中国的内部事务，应本着一个中国原则协商解决；在事务性商谈中，只要表明坚持一个中国原则的基本态度，可以不讨论一个中国的政治涵义；表述的方式可以充分协商，并愿意听取海基会和台湾各界的意见。

二

海协上述合理的主张引起台湾同胞的关注，也使得台湾当局无法回避这个问题。台湾当局内部出现了是否在事务性商谈中应表明一个中国原则态度的意见争论。从 1992 年 4 月起，台湾当局的"国家统一委员会"开始研究应对办法，引发了一场有各方人士参与的长达三个多月的讨论，8 月 1 日，台"国统会"就海基会与海协商谈事务性协议时有关"一个中国"涵义问题作出"结论"，内称："海峡两岸均坚持一个中国之原则，但双方所赋予之涵义有所不同"；"1949 年以后，中国处于暂时分裂的状态，由两个政治实体分治海峡两岸"；"台湾固为中国之一部分，但大陆亦为中国之一部分"；台湾当局"已制订国统纲领，开展统一步伐"。这份"结论"表明，台湾当局虽然鼓吹"两岸分裂分治"、"两个政治实体"，但也明确表示"海峡两岸均坚持一个中国之原则"，而且承认台湾是中国领土的一部分，承认要追求和平统一。

8月27日，海协负责人发表谈话指出，这份"结论"确认"海峡两岸均坚持一个中国之原则"，"明确这一点，对海峡两岸事务性商谈具有十分重要的意义，它表明，在事务性商谈中应坚持一个中国原则已成为海峡两岸的共识"；同时，针对台"国统会""结论"中祖国大陆方面不同意的内容，海协负责人也明确表示："我会不同意台湾有关方面对'一个中国'涵义的理解。我们主张'和平统一、一国两制'，反对'两个中国'、'一中一台'、'两个对等政治实体'的立场是一贯的"。

同年9月，两会秘书长在厦门会面，就一个中国原则的表述问题非正式交换意见。海协对海基会人员表示，"台湾方面关于一个中国原则的结论，说明双方在事务性商谈中坚持一个中国原则已有共识。但我们不同意台有关方面对一个中国内涵的解释，也不可能与海基会讨论关于一个中国的内涵"，建议海基会认真考虑径直引用"海峡两岸均坚持一个中国原则"的表述。

三

1992年10月28—30日，海协与海基会在香港就"两岸公证书使用"问题继续进行处长级工作性商谈。双方对于如何在协议文本中表述坚持一个中国原则，各自提出 5 种文字方案，但未形成一致的写法。最后，海基会代表又提出 3 种口头表述方案，其中第八案的表述内容是："在海峡两岸共同努力谋求国家统一的过程中，双方虽均坚持一个中国的原则，但对于一个中国的涵义，认知各有不同。"海基会代表称此案为台方底案，并建议"以口头声明方式各自表述"。这一口头表述内容，由海基会代表逐字逐句读出，请海协代表现场记录下来。

香港商谈结束后，海协研究了海基会的第八案，认为这个方案表明了海基会谋求统一、坚持一个中国原则的态度，虽然提出对一个中国涵义的"认知各有不同"，但没有具体论述台湾方面的认知，而海协历来主张"在事务性商谈中只要表明坚持一个中国原则的态度，不讨论一个中国的政治涵义"。因此，可以考虑与海基会以上述各自口头表述的内容表达坚持一个中国原则的态度。海协希望海基会能够确认这是台湾方面的正式意见。11 月 3 日，在得到海基会"已征得主管机关同意，以口头声明方式各自表达"的正式答复后，海协副秘书长打电话给海基会秘书长，表示"贵会建议采用贵我两会各自口头声明的方式表述一个中国原则。我们经研究后，尊重并接受贵会的建议"。11 月 16 日，海协致函海基会，提出海基会在香港商谈中就表述坚持一个中国原则的态度"提出了具体表述内容，其中明确了海峡两岸均坚持一个中国的原则"，因此同意以各自口头表述的方式表明坚持一个中国原则的态度，并告之海协的口头表述要点为："海峡两岸都坚持一个中国的原则，努力谋求国家统一。但在海峡两岸事务性商谈中，不涉及一个中国的政治涵义。"海协还以附件的方式，将海基会在香港提出的上述第八方案附在这封函中，作为双方彼此接受的共识内容。12 月 3 日，海基会回函，对此未表示任何异议。

由此可见，两会经过协商后确实达成了共识，而构成共识的就是上述两段双方各自提出、分别交给对方的具体表述内容，不是不加约束、随意性的各说各话。共识中，两会都表明了"海峡两岸均坚持一个中国的原则"和"努力谋求国家统一"的基本态度。对于一个中国的政治涵义，海基会表示"认知不同"，海协表示"在事务性商谈中不涉及"，做了求同存异的处理。双方承诺的是"海峡两岸均坚持一个中国原则"和"努力谋求国家统一"的态度，暂时搁置的是对一个中国政治含义的争议。"各自以口头方式表述"指的是达成共识的方法，不是共识内容的本身，双方达成各自以口头方式表述的内容是"海峡两岸均坚持一个中国原则"的共识。这是无可争辩的历史事实。

四

海协与海基会达成各自以口头方式表述"海峡两岸均坚持一个中国原则"的共识后，两会随即成功地举行了汪辜会谈以及此后进行的一系列商谈，并于 1998 年拉开两岸政治对话的序幕，为改善和发展两岸关系发挥了重要作用。但是，随着李登辉分裂活动的加剧，台湾分裂势力日益把"九二共识"视为企图摆脱一个中国原则、制造"两国论"的障碍，千方百计地对它进行歪曲和篡改。对此，祖国大陆方面与之进行了坚决的斗争。

去年 3 月台湾当局新领导人上台以来，拒不接受一个中国原则，公然否定两会"九二共识"，企图推翻"海峡两岸均坚持一个中国原则"的对话与谈判基础，致使两会对话难以恢复，两岸关系危机根源难以消除。去年 5 月 20 日，中共中央台办、国务院台办受权发表声明，提出"当前，只要台湾当局明确承诺不搞'两国论'，明确承诺坚持海协与台湾海基会1992 年达成的各自以口头方式表述海峡两岸均坚持一个中国原则的共识，我们愿意授权海协与台湾方面授权的团体或人士接触对话"。我们要求台湾当局领导人明确承认"九二共识"，就是要求其必须回到"海峡两岸均坚持一个中国原则"的立场和态度上来。我们一贯主张通过和平谈判实现祖国统一，坚持一个中国原则关系到海峡两岸和平统一的前景。台湾当局只有承认只有一个中国原则、承认"九二共识"，两会复谈与两岸关系的改善和稳定发展才有基础。

（《求是》杂志 2001 年第 15 期）

回到"九二共识"既有基础
是改善与发展两岸关系的根本途径

中国社会科学院台湾研究所副所长、研究员　余克礼*

在民进党上台执政即将届满两周年之际，善于表演的台湾当局领导人，如一年前一样照例上演了一场接受外国媒体专访，邀集岛内各媒体主管下乡参访的造势活动。有所不同的是，今年的造势活动更"抢眼"、"更有创意"，不仅找到了较有影响的外国媒体做专访，而且在岛内名为"用心看台湾"的"公关"之旅，更是从最前沿的外岛到本岛；从台湾头跑到台湾尾，台湾西绕到台湾东，又特别选择在距离祖国大陆只有几千公尺的金门大担岛，发表所谓的"大担宣言"，再次展现了他擅长宣传、表演、造势的功力。这次造势活动，主要锁定在两岸关系的议题上频频出招，诸如"两岸必须重启协商大门"，台"已经做好谈判的准备"；"两岸三通是必走的一条路"，

*　该文系作者于 2002 年 5 月参加在加拿大举办的"加入 TWO 后的两岸关系"学术研讨会所提交的论文。

"可考虑委任授权民间谈判"①; "改善两岸关系越快越好";
"愿意用善意和诚意来敲门,用信心和行动来开门"② 等等。
其实,台湾领导人从 2000 年 5 月上任至今,就两岸问题发表
过的所谓"善意"、"诚意"言词可谓举不胜举:从"善意的
和解"、"积极的合作"、"永久的和平"、"四不一没有"、"两
岸原是一家人,应相互体谅,相互提携"、"希望有机会到大陆
寻根",到"从两岸经贸与文化的统合开始着手,进而寻求两
岸永久和平、政治统合的新架构"③,再到这次"金门谈话",
不能不说是十足的"语气温和"、"姿态柔软"。但是,对稳定
与发展两岸关系的基础是什么,当前两岸关系陷入僵局的根本
症结是什么,两岸未来的发展方向是什么,却刻意加以回避。
两年来两岸关系发展的事实已经证明,台湾当局光靠种种抽
象、空洞、似是而非的"善意"、"诚意"、"合作"、"和平"
等口号是无法突破两岸僵持局面的。如果台湾当局真有诚意改
善与发展两岸关系,就应该尊重历史,正视现实,以实际行动
真正回到"九二共识"的既有基础上来,这是打破目前两岸僵
持局面的根本途径。

一、"九二共识"是推进两岸关系发展的基础

两岸关系要稳定、要发展、要良性互动,就必须要有一个

---

① 《联合报》2002 年 5 月 10 日、11 日。
② 《中国时报》2002 年 5 月 13 日。
③ 《中央日报》2002 年 5 月 11 日。

基础和方向，"九二共识"解决了这一问题。

（一）"九二共识"的基本内容

1992年海协会和台湾的海基会就两岸事务性商谈中如何坚持一个中国原则的问题，双方经过八个月的协商，直到两会10月底香港会商之后，在11月中旬才达成采用各自以口头声明的方式表达一个中国原则的共识。海基会提交给海协会的表述内容是："在海峡两岸共同努力谋求国家统一的过程中，双方虽均坚持一个中国的原则，但对于一个中国的涵义，认知各有不同。"① 海协会提交给海基会的表述内容是："海峡两岸都坚持一个中国原则，努力谋求国家统一。但在海峡两岸事务性商谈中，不涉及一个中国的政治涵义。"② 上述两会所互换并达成相互默契的各自表述内容，见之于当时两会往来的函电中，也见之于当时的媒体报道中。在表述中，两会都表明了"海峡两岸均坚持一个中国的原则""共同努力谋求国家统一"的态度。这是"九二共识"的核心与基本精神。双方在表述文字中，都使用"均（都）"和"共同"这两个字词，构成了"共识"的基础。至于海基会在表述中所提出的两岸"对一个中国的涵义，认知各有不同"的说法，海协则本着求大同存大异，两岸商谈先易后难的精神，以务实的态度主张，在事务性商谈中不去讨论这个目前不易形成共识的重大政治问题。这既化解了影响两岸事务性商谈正常进行的歧见，又为两岸以后的协商谈判留下了很大的弹性空间。它体现了祖国大陆对改善和发展两岸

---

① 《中央日报》2001年11月7日。
② 《人民日报》2000年6月6日。

关系的宽阔胸襟和极大诚意。

在这里需要进一步阐明的是,虽然当时双方在共识的表述方式上,都赞成采取各自用口头声明的方式进行表达,但是"各自表述"在内容上却不是完全地各说各话,而是以前述相互取得默契的两段具有同一性具体文字为各自表述的内容。也就是说,表述内容是有限定的,而不能根据时空的变化、根据自己的需要去任意地更改和发挥的,否则就不能成其为"共识"。因此,任何对"九二共识"的概括都不能违背首先是由台湾海基会提出来的"海峡两岸均坚持一个中国原则""共同努力谋求国家统一"这一基本精神,如违背这一精神就破坏了共识的基础。

(二)"九二共识"形成的基础与意义

以"坚持一个中国的原则"、"努力谋求国家统一"为鲜明立场的"九二共识"的形成,不是偶然的,它是以祖国大陆和台湾方面一贯的两岸政策作为基础的。众所周知,长期以来,坚持一个中国原则,希望两岸能早日实现统一,不仅是祖国大陆的一贯态度,而且蒋氏父子在统治台湾期间也一直坚持一个中国的原则,坚决反对美国政府搞划峡而治,制造"两个中国"、"一中一台"分裂中国的图谋,坚决取缔各种"台独"叛乱组织,镇压"台独"分子,以中国统一为终身职志。正是基于蒋氏父子到台湾后能顶住美国的压力,坚持一个中国原则,坚持两岸必须统一的立场矢志不渝,中国共产党和中国政府才在 1979 年根据国际和国内形势的变化提出和平统一的方针。李登辉上台后,尤其是在其权力地位尚未稳固之前,虽然骨子里想搞分裂,但是囿于国民党内坚持一个中国原则,主张统一的占绝对主流，因此也不得不一再表示坚持一个中国的政策。台湾当局在国民党内主张统一、反对分裂、希望推进两岸关系发展的人士的推动下，在九十年代初制订了"国家统一纲领"、"国统会"通过了"关于'一个中国'的涵义的决议文"等政策文件。在这些文件中，明确地主张"只有一个中国"、"海峡两岸均坚持'一个中国'之原则"、"台湾固为中国之一部分，但大陆亦为中国之一部分"、"在一个中国原则下，以和平方式解决一切争端"，"促成国家的统一，应是中国人共同的责任"等①。正是当时两岸在追求国家统一、维护国家领土与主权完整等重大问题上有交集，才使九二年两岸两会商谈最终能形成共识有了坚实的基础。

"九二共识"的最大意义在于，这是两岸首次通过授权的半官方机构以商谈的方式共同确认了"海峡两岸均持一个中国原则"，"共同努力谋求国家统一"的政策主张，并在此前提条件下，照顾各方利益，以灵活的方式，求同存异，建立互信，务实对话与协商，面向未来。"九二共识"充分体现了平等协商的精神，是两岸"双赢"的典型范例。十年来两岸关系的发展证明：正是因为有了"九二共识"，才得以实现"汪辜会谈"、两会领导人互访、两岸事务性谈判的深入、两岸政治对话的开启等一系列商谈活动的展开；只有坚持"九二共识"，两岸关系特别是民间的交流交往及经贸投资活动，才得以健康、稳定、快速地发展。

---

① 《联合报》1991 年 2 月 24 日、1992 年 8 月 2 日。

二、民进党当局推翻与否认"九二共识"，两岸关系的发展陷入困境

陈水扁、民进党自 2000 年 5 月上台执政以来，一直以各种手法推翻、否认"九二共识"，使两会商谈、对话、谈判失去了基础，从而关闭了两岸对话与协商的大门，这是当前两岸关系陷入僵局的根本症结，也是台海局势难以稳定并可能引发危机的根源。

（一）推翻与否定"九二共识"的根本原因与目的

民进党是以"台独"作为党纲的"台独"政党，而陈水扁是"台独"党纲的主要起草人之一，"台独"色彩相当鲜明。民进党执政后依然不肯放弃"台独"党纲，陈水扁亦不想放弃"台独"主张。一个主张"台湾独立建国"的政党和个人，当然不可能接受开宗明义表明要"坚持一个中国原则"、"努力谋求国家统一"、与其"台独"理念完全对立的"九二共识"的，因此，自然要想方设法加以否认、推翻。其根本目的还是为了推销"台湾不是中国的一部分"、"台湾是主权独立国家"的分裂主张，处心积虑地想把两岸谈判放到"两国论"和"台独"的基础上，即以"两国论"和"台独"取代"九二共识"，制造两岸商谈新的分歧与障碍，阻挠两岸商谈与对话的恢复。

（二）否认、推翻"九二共识"的主要手法

台湾当局执政两年来推翻、否认"九二共识"的主要做法是：

1. 玩弄文字游戏：以"九二精神"取代"九二共识"。陈水扁上台后，岛内各界强烈要求他放弃"台独"，接受一个中国原则，在"九二共识"的基础上尽快与祖国大陆恢复协商，缓和、改善两岸关系，但是基于"台独"立场，他对此呼声不仅置若罔闻，而且在记者招待会上公开声称，1992年海基会与大陆的海协会在一个中国问题上没有共识，如果要说"共识"的话，"就是没有共识的共识"①。此后，他进一步把两会共识歪曲为所谓"交流、对话、搁置争议的九二精神"②。其用意十分清楚，就是企图以"九二精神"取代"九二共识"，以所谓的"搁置争议"来回避"九二共识"的重要内容，即：承认一个中国的原则。

台湾当局这种不顾事实公开赤裸裸地颠倒黑白的拙劣做法，立即引起了岛内媒体和各界人士的强烈质疑，当时的当事人纷纷站出来用现身说法予以驳斥。如时任台当局"政务委员"的美国马里兰大学教授丘宏达先生，在接受美国之音专访时斩钉截铁地说，1992年两会确曾就一个中国原则达成共识，台湾海基会有文件可以证明，文号是1992年12月3日海文陆候补法81—10475号③；当时的海基会秘书长、现任"侨委会"副委员长的陈荣杰说，两会在九二年交换的"口头声明表述方

---

① 《中国日报》2000年6月21日。
② 台湾"中央社"电2000年7月31日。
③ 香港《文汇报》2000年10月25日。

案"中，双方确实都曾提到"两岸均坚持一个中国原则"这段文字，两岸如能回到"九二共识"的基础上，应有助两岸复谈①；海基会董事长辜振甫也多次站出来澄清指出，1992年两岸确实曾经讨论了"一个中国"，并达成"一个中国，各自以口头表述"的共识②；此外，"中央研究院"院长李远哲、前"行政院长"萧万长、前"陆委会"主委苏起和当时任副主委的马英九、高孔廉以及前海基会秘书长邱进益等人，都曾表达过确有"共识"，这个"共识"是两岸以口头方式各自表述坚持一个中国原则，但不涉及"一个中国"的政治涵义。岛内《中央日报》、《中国时报》、《联合报》等媒体也纷纷公布当时两会有关"九二共识"形成的往来电函。但是，在铁的事实面前，台湾当局仍百般抵赖，顽固地进行狡辩，坚决地否认"九二共识"的存在，称，"找不到白纸黑字的文件"，是"中共自创和强势定义"，是"在野党创造出来的名词"③等等。

2. 制造谎言：攻击"九二共识就是要消灭中华民国、吞并台湾"。在去年（2001）年底"立委"、县市长选举竞选期间，在陈水扁的带领下，台湾当局以及"台独"分裂势力掀起了一股否定、攻击"九二共识"的逆流。这次他们否定、攻击"九二共识"的特点是：利用目前岛内一些民众对统一和"一国两制"还有疑虑的心态，编造所谓接受一个中国原则和"九二共识"就是等于接受"一国两制"，"中华民国"就会被消灭的政治谎言。从去年10月底到12月选举投票之前，陈水扁等人一改以往羞羞答答、遮遮掩掩的态度，十分蛮横地声称，

---

① 《中国时报》2002年10月19日。

② 《中央日报》、《中国时报》2001年3月3日、2001年11月7日。

③ 《两岸关系》月刊2002年1月号。

"根本没有两岸'九二共识'"、"既然没有，要我接受，这是强人所难"，"我不可能接受"①。并将接受"一个中国"、承认"九二共识"引申为就是接受"一国两制"、"出卖台湾"②；说中共的"所谓'一国两制'，'一国'就是中华人民共和国、'两制'就是台湾香港化、地方化、特区化"，如果他因为外界的压力接受了"一个中国的九二共识"，"就等于放弃中华民国、消灭中华民国"③。陈水扁的这些言论很显然，一方面是为自己推翻、否认"九二共识"辩解，另一方面是要误导台湾民众，煽动、激起台湾人民对祖国大陆的仇视，增强台湾对大陆的敌意。这种不断升高敌意的做法使两岸关系降到了冰点。

假的就是假的，谎言是经不起驳斥的。众所周知，祖国大陆近年来不断重申，在处理两岸事务中，世界上只有一个中国，大陆和台湾同属一个中国，中国的主权和领土完整不容分割。在这里说得很清楚，即"大陆和台湾同属一个中国"，并没有说大陆和台湾同属于中华人民共和国。在两岸交往中，祖国大陆也并没有要台湾方面先承认中华人民共和国才进行接触，相反地，台湾当局却一直要祖国大陆去承认"中华民国"，请问这现实吗？从90年代初以来，两岸进行的协商谈判，都是平等的，并没有什么中央与地方之分，两会在"九二共识"的基础上谈了八年，台湾并没有因此而被"消灭"。祖国大陆方面主张"和平统一，一国两制"，同时也了解当前两岸的现实状况，清楚地认识到和平统一是需要一个过程。早在1995年1月31日，江泽民主席在八项主张中就明确地指出，两岸

---

① 《中国时报》2001年11月11日。
② 《中国日报》2001年10月25日。
③ 《联合报》2001年11月11日。

的和平统一、政治谈判，要分步骤、分阶段地进行。祖国大陆方面从来没有要求，也不可能要求一蹴而就。当前坚持一个中国原则，是要在保证中国主权和领土主权完整的前提下，为两岸关系的和平、稳定、改善与发展提供根本保障。至于"一个中国"的内涵，两岸自九十年代初接触以来，从来没有讨论过，九二年海基会提出关于双方对一个中国的涵义，"认知有所不同"的意见，这是对目前现况的陈述，祖国大陆方面并不否认两岸在这一问题上存在着比较大的分歧；鉴于目前解决这种分歧的时机还很不成熟，主张以"暂不讨论"求同存异的方式予以处理，并得到台湾方面的默契。既然"一个中国"的内涵一直没有讨论、商定，怎么就说今天祖国大陆方面希望两岸都必须坚持的一个中国原则就是中华人民共和国呢？显然这是别有用心地蓄意歪曲。事实上祖国大陆方面对未来两岸讨论"一个中国"的内涵已表示出了很大的弹性空间。大陆的领导人曾不只一次地强调过，在一个中国的原则下，什么都可以谈。这个"什么"，当然包括两岸统一以后的国号、国旗、国歌等问题。只要大家都能站在国家、民族和全体中国人民的利益上，凭中国人的智慧，我相信两岸没有解决不了的问题。

3. 玩议题牌：企图将"九二共识"议题化，以此来否定"共识"的存在。台湾当局在以玩弄文字游戏和赤裸裸地否定、攻击"九二共识"的手段失效后，又想以将"九二共识"议题化的方式，来实现其歪曲和推翻、否认"九二共识"的图谋。今年2月1日，新任"行政院长"游锡堃在举行上任后的首次记者会上声称，"愿意派遣相关人员前往大陆访问，就

'九二共识'过程及结果解读的争议",与大陆"广泛交换意见"①。这种喊话与陈水扁当局为了拒绝接受一个中国原则,一上台就声称"一个中国是可以讨论的议题而不是前提"②的手法如出一辙。其目的依然是不愿意承认"九二共识"的客观事实,要混淆问题的性质,企图通过讨论有没有"九二共识",将否定"九二共识"做法合法化。

"九二共识"事实俱在,铁证如山,有案可查,无法否认,根本不存在"讨论和解读"有没有"共识"的问题。"九二共识"自达成以来,一直是两会对话与商谈的基础。台湾当局此时无事生非地提出"对'九二共识'的结果进行解读",无非是要通过讨论制造新的争论,达到否定两会商谈既有基础的目的,这与其拒不接受"大陆与台湾同属一个中国"的分裂立场是一脉相承的。任何企图否定历史事实改变商谈基础的做法,只能进一步加深两岸分歧,加剧两岸僵局,与台湾同胞要求改善两岸关系的愿望是背道而驰的。

(三)推翻、否认"九二共识"的恶果——两岸关系陷入僵局

"九二共识"的主要功能是确立了两岸共同推进两岸关系发展的基础与方向。这个基础就是"一个中国的原则",这个方向就是"谋求国家的统一"。由于民进党当局自上台执政以来,为了推翻国民党执政时期的两岸政策,一直处心积虑,用尽手段要推翻、否认"九二共识",抽掉发展两岸关系的基石,

---

① 《中央日报》2002年2月2日。
② 陈水扁接受日本《朝日新闻采访》,"中央社"2000年3月24日报道。

改变两岸关系的方向，因而使当前的两岸关系发展走进了死胡同，一筹莫展。

1. 两岸对话与协商的大门完全关闭。海峡两岸在 1992 年达成"九二共识"之后，海协与海基会在此基础上进行了数十次商谈与对话，相互联系与往来相当热络，管道十分畅通。后来由于李登辉公然抛出分裂中国的"两国论"，完全背弃了一个中国原则，使两岸协商与对话的基础不复存在，两岸协商与对话的大门被迫关闭。2000 年 3 月在更换台湾地区领导人的选举中，民进党的候选人陈水扁获胜当选，5 月 20 日正式上任。国务院台湾事务办公室在陈水扁就职的当天受权发表声明，郑重提出，只要台湾当局明确承诺不搞"两国论"，明确承诺坚持海协会与海基会 1992 年达成的"海峡两岸均坚持一个中国的原则"的共识，愿意授权海协会与台方授权的团体和人士接触对话。这充分表明了祖国大陆方面愿意改善两岸关系，重新打开两岸对话与协商、谈判大门的诚意。然而，令人遗憾的是，民进党当局基于死守"台独"的立场，不仅不接受一个中国原则，极力推翻、否认"九二共识"，而且利用执政地位大搞"渐进式台独"，鼓吹"台湾是主权独立的国家"，公开地鼓励、支持激进"台独"势力制造"台湾独立建国"、"台湾正名、国家制宪"等疯狂的"台独"活动，致使两岸重启协商与对话的基础完全被破坏。

2. 两岸"三通"遥遥无期。尽快实现"三通"是岛内民众的强烈愿望，近几年来岛内有关"三通"的民意调查显示，一直有高达七成多的民众支持"三通"，台湾的工商界更是一致地强烈呼吁当局立即开放"三通"。但是，台湾当局领导人上台两年来，在政治意识形态挂帅下，以维护台湾"安全"为借口，无视岛内民众的强烈要求，始终不愿开放两岸直接"三通"，致使咫尺海峡依旧犹若天涯。在台湾民众特别是工商界的巨大压力下，陈水扁5月9日在金门大担岛公开声称"两岸三通是必走的一条路"，隔天又说，"可考虑委托授权民间谈判三通"。但是，就在陈水扁大谈"三通"的同时，"陆委会"一口否定了在野党"立委"要求开放直接"三通"的提案，陈水扁提出要授权民间与大陆谈判"三通"也立即遭到"陆委会"的否认。可见台湾当局目前并没有开放"三通"的打算，陈水扁的"三通"喊话，只不过是想以望梅止渴的方式缓解民众的压力罢了。因此，岛内有媒体和人士认为，在陈水扁未来两年的任期内，两岸要实现"三通"恐怕是指望不大了。

3. 破坏了两岸初步建立起来的互信基础，扩大了双方的分歧。"九二共识"是在两岸分离、隔绝数十年，彼此之间缺乏基本的了解、理解、谅解与互信的情况下，双方用了八个多月的时间，从接触、沟通、对话开始，经过多次的协商与谈判，最后在双方各有坚持、互有让步、高度默契的基础上，所达成的第一个重要共识。这一共识使两岸在历经长期敌对、对抗之后，终于建立起了共同推进两岸关系发展的初步互信基础。台湾当局推翻、否认"九二共识"等于践踏了彼此之间的互信，暴露了不守诚信的面目，使两岸接触、对话、商谈与谈判无法进行。更严重的是，台湾当局领导人上台两年来，他的所作所为，诸如搞"渐进式台独"，纵容"台独"分裂势力的发展、极力投靠美国、在国际大搞分裂活动等等，进一步拉大了两岸之间的距离；他的"一个中国原则不是前提，是可以讨论的议题"、"九二共识"是要"消灭中华民国"、"吞并台湾"等讲法，更扩大了两岸的政治分歧与隔阂，增加了相互的不信任感,为两岸关系的发展制造了新的障碍,从而使两岸关系陷入了无解的状况。

三、回到"九二共识"既有基础,突破两岸政治僵局

综上所述,陈水扁、民进党上台执政两年来,一方面基于"台独"理念,至今仍坚决不肯接受一个中国原则,拒不承认"九二共识",利用执政地位大搞"渐进式台独",鼓励、支持激进"台独"分裂势力在岛内疯狂地制造"台独"活动,导致两岸关系的僵局无法打破;另一方面又不断地高喊要"重启两岸协商的大门","改善两岸关系越快越好",试图营造两岸关系和缓的气氛。如果这些做法如吕秀莲所讲,是陈水扁运用两手策略缓和两岸紧张的形势[1],这自然是徒劳的。因为事实已经证明,一边喊空洞、抽象的"善意"、"诚意"、"和平"口号,一边又以实际行动去落实"台独"主张,是无法缓和与改善两岸关系的。如果台湾当局幻想在坚持"台独"的前提下,设法绕过一个中国原则与"九二共识",实现两会恢复接触与对话,甚至两岸"三通",达到在两岸关系方面也得分,更是不可能。因为坚持一个中国原则是祖国大陆和平解决台湾问题的底线,"九二共识"是当前两岸恢复接触、对话、协商、谈判,必须面对的既有基础。坦率地讲,祖国大陆方面,现在在这个大是大非的原则问题上,已经没有任何妥协与退让的余地了。因为近几年来,祖国大陆方面为了寻求与扩大两岸共识

---

[1] 《中央日报》2002年5月11日。

的基础，在坚持根本原则的同时，对一个中国原则的表述已经做了尽可能具有最大包容性和灵活性的解释。目前的表述就是最后底线，祖国大陆方面绝不会让台湾当局逾越或者绕过这一底线的。因为如果祖国大陆放弃了一个中国原则与"九二共识"，去开放两岸"三通"、开启两岸对话与谈判，那就会容易造成不是一个国家内部的"三通"与对话和谈判的严重后果。也就是说如果这样做，等于祖国大陆方面接受了民进党当局梦寐以求的"台湾是一个主权独立的国家"、"台湾是台湾，中国是中国"，"两岸是互不隶属的两个国家"的"台独"分裂主张，从而使两岸之间的"三通"、对话与谈判变成了两个国家之间的"三通"、对话与谈判。这种结果最终不是使两岸走向和平统一，而是走向和平分裂。如果出现这种局面，不仅对不起列祖列宗，而且所有的中国人也是决不会答应的，更与祖国大陆方面一贯坚决捍卫国家主权与领土完整的做法格格不入。曾几何时，祖国大陆在新中国刚成立时，宁愿承受在外交上被孤立，经济上遭受封锁的困难，都坚持只有承认新中国的一个中国的政策的国家，才与之建立外交关系的立场。在中国日益走向强盛，特别是在国际社会已普遍接受一个中国的政策的今天，怎么可能期待祖国大陆方面在一个中国原则问题上做出让步呢？民进党当局如果有此幻想是相当不切实际的。

（《台湾研究》2002 年第 3 期，编者有删节）

"九二共识"客观存在　民进党须务实面对

北京联合大学客座教授　杨毅周

最近一段时间以来，"九二共识"再度成为两岸关注的焦点。先是马英九接受专访时表示，"九二共识"是两岸关系的基石，如果民进党主席蔡英文未来不承认，两岸关系将陷于不确定状态；没有这个，两岸关系是否能够和平发展，要打很大的问号。民进党发言人林佑昌随即响应称，民进党从来不承认"九二共识"，因为"九二共识"就是"一中共识"。国台办发言人范丽青则明确表示"九二共识"客观存在，民进党应当务实面对。岛内舆论和各方专家学者对于这个议题纷纷发表看法，表示关切，成为两岸舆论的一个热点问题。

这些年来，两岸关系呈现和平发展的良好态势，"九二共识"作为两岸关系和平发展的基础之一，发挥了重要的作用，功不可没。两岸本应在此基础上进一步巩固"九二共识"，进一步加强政治互信，进一步推进和平发展。但 2011 年台湾政治进入了选举年，"立法院"将进行改选，并为明年底的"大选"造势，新一轮的台湾政权争夺战就要开始了。自从 2008

年失去政权后，民进党就一直在寻机夺回政权。在去年底的五市选举中，民进党得票数超过了国民党，刺激了民进党重新执政的期望。然而，民进党仍然坚持"台独党纲"，拒不承认"九二共识"；蔡英文更是当年以"两国论"代替"一个中国"的主要设计者和执行者。如果民进党上台执政，就有可能对当前两岸关系的和平发展的态势产生严重冲击，影响到台海的和平与稳定。因此，在两岸关系和平发展的新形势下，民进党如何面对"九二共识"，自然为大家所关注。

"九二共识"已成为两岸关系和平发展的基石

两会在 1992 年形成的共识虽然没有形成共同的文字表达，有其脆弱性的一面，但这并不能否认共识的存在。不管当时这个共识如何各自表述，都是以海协、海基两会提出的、分别以信函方式交给对方的表述内容为基础，而不是不加约束、单方面随意性的各说各话。遗憾的是，由于之后李登辉当局开始推行分裂主义路线，利用 1992 年两会达成共识的脆弱性，把"一个中国，各自表述"变成"一个中国，随意表述"，蓄意歪曲两会共识，偷渡其分裂主义的主张：把两会的共识说成是"就搁置一个中国原则达成共识"，把"一个中国"说成是"历史的、地理的、文化的"，甚至把"特殊的国与国关系"也说成是符合当时的两会共识，为其制造"两个中国"、"一中一台"铺路。1992 年两会达成的共识被歪曲得面目全非，两岸互信完全丧失，两会协商谈判无法进行，引起了大陆的强烈不满和批驳。之后陈水扁、民进党因此借口声称 1992 年两会的共识不存在，给予否定。

　　然而，1992 年两会共识的客观存在并不因为台湾某些人的歪曲否定就可以抹杀掉。2000 年，陈水扁在"大选"中获胜，两岸形势更加紧张。为了寻找两岸的共同基础，当时留守的"陆委会"主委苏起提出以"九二共识"这个名词来概括 1992 年两会形成的共识。由于它反映了当时两岸达成的成果而为两岸的主要政党所接受，成为两岸主要政党之间对 1992 年两会达成的共识的共同表述。2005 年 4 月，当时的国民党主席连战先生应邀访问北京，与胡锦涛总书记达成了"三项共同体认，五项愿景"。其中的第一个体认就是两岸坚持"反对台独，坚持'九二共识'"。这是两岸主要政党之间第一次达成的可以共同表述的政治共识。在这个政治共识之上，才有了两岸关系和平发展的五项愿景。之后，以"九二共识"为基础的两岸关系和平发展共同愿景成为国民党的政纲。2008 年国民党籍的马英九当选台湾当局领导人，"九二共识"也就成为台湾当局推动两岸关系和平发展的施政纲领的基础。2008 年 12 月 31 日胡锦涛总书记发表了《携手推动两岸关系和平发展，同心实现中华民族伟大复兴》的重要讲话，提出了推动两岸关系和平发展的六项主张，明确表示"我们应该把坚持大陆和台湾同属一个中国作为推动两岸关系和平发展的政治基础"。而这个政治基础的两岸共同表达就是"九二共识"。

　　之后，两岸两会在"九二共识"的基础上恢复了谈判。"九二共识"不仅规定了两岸两会谈判及其结果的基本关系，而且也自始至终贯穿于协商谈判的全过程。首先正是"九二共识"，确定了两岸两会协商谈判的关系不是"国与国的关系"，不是"两个国家的关系"，而是一个国家的内部关系。其次两

岸的协商谈判也不是中央与地方的关系，而是双方平等地进行
协商谈判。再次就是两岸两会的协商谈判是本着互信互利共创
双赢、促进两岸交流与合作、促进两岸人民相互了解和理解的
善意与意向展开的。正是在这样的精神之下，两岸两会在短短
两年多的时间里，就签订了 15 项协议，推动两岸关系和平发
展的进程。没有"九二共识"，这些协议就不可能产生。同时，
正是在"九二共识"的基础上，祖国大陆才不断推出惠台政
策，才有在两岸的协议中的不断地让利，才有两岸合作所产生
的"和平红利"。所有这些成就的取得，离不开"九二共识"。
可以说，"九二共识"，是两岸同胞的共同财富。

"九二共识"需要进一步强化

两岸两会的协商过程表明，"九二共识"这个概念所要表
达的是两岸关于一个中国的现实：一个包括大陆与台湾的领
土，居住在这块土地上的人民，以及存在于其中的一个独立而
不可分割的主权，既反映了两岸同属一个中国的事实，也反映
了两岸尚未统一的现状。"九二共识"的关键在于其背后对于
"一个中国"这个客观存在的认知是共同的，使得"九二共
识"有着坚实的客观依据。只是由于现实的政治环境，使得两
岸对这一共同认知在语言表达上称为"九二共识"。

两岸关系在经历了军事对峙、政治对立的 60 年后，至今
内战状态并没有消除，其中存在着许多一时难以解决的固有
的、复杂的冲突和矛盾。"九二共识"的可贵之处就在于两岸
中国人经过自己的努力和智慧，面对现实，求同存异，克服各

种障碍，达成了相互可以接受的妥协，为两岸建立政治互信、进行协商谈判、达成和平发展局面提供了难得的共同政治基础。正是在"九二共识"的基础上，两岸关系的和平发展才成为可能，两岸关系才有可能得到今天的发展成果，这样的成果来之不易。"九二共识"是两岸关系和平发展这座大厦的基石。

随着两岸关系和平发展的持续推进，两岸协商谈判必然也要循序渐进地"先易后难"，"先经后政"。当前两岸的协商谈判正在逐步进入深水区，这就意味着两岸政治基础还要进一步深化，意味着"九二共识"还需进一步强化，两岸关系和平发展才有可能继续向前推进。所以，"九二共识"不但不能回避，还要随着两岸关系的发展而向前发展，才能使两岸关系和平发展具有可持续性。

民进党的两岸政策不承认"九二共识"难有出路

当前两岸关系和平发展浩浩荡荡，蔚为潮流。民进党否认"九二共识"，完全是受到其"台独"的立场的束缚，不愿意接受两岸同属一个中国的法理与现实，不愿意看到两岸关系的密切与和谐，不愿意流失"台独"支持者的选票。对于民进党来说，面对"九二共识"，承认"九二共识"，确实需要真诚、勇气和远见。最近，民进党的一些有识之士做了一些新的努力，并为此遭到"台独"基本教义派的攻击。然而，正如许信良所说的，没有正确的两岸政策，民进党是无法上台执政的。即使执政也无法平稳。

今天，两岸关系和平发展的理念深入人心，两岸关系和平发展的成果惠及大众，两岸关系和平发展的前景与两岸同胞的命运紧密相联。所有这些都是建立在"九二共识"的基础上的。两岸还要在这个基础上继续向前发展。这是一个有利于两岸人民，有利于中华民族的大趋势，是台湾任何一个负责任的政党所必须面对的。不承认"九二共识"其实就是开历史的倒车，必然使两岸关系和平发展受挫倒退，这绝不是两岸同胞所愿意看到的。民进党只有真正抛弃"台独"立场，承认"九二共识"，才有可能面对今天两岸关系发展的现实，才有可能为台胞谋福祉，才有可能得到两岸同胞的信任，才有可能开创两岸关系的未来。

（《中国评论》月刊 2011 年 4 月号，总第 160 期，编者有删节）

"九二共识"廿周年的回顾与反思

全国台湾研究会副秘书长、研究员　杨立宪

今年恰逢两岸两会达成"九二共识"整 20 周年。1 月 14 日，台湾举行"二合一"选举，在野的民进党抛出所谓的"台湾共识"，试图以此击败坚持"九二共识"的执政的国民党，结果功亏一篑。选后民进党开始检讨败选原因，尽管对是否因为不承认"九二共识"导致败选看法不一，但多数人同意是其两岸政策导致登顶的最后一里路失败，因而都同意要"在互动中加强了解"，"用对话代替对抗，用互动追求互利互惠"。①

3 月 22 日，国民党荣誉主席吴伯雄在北京与胡锦涛会晤时表示："两岸同属一个中国"，台湾现行法律"是以'一国两区'概念做为法理基础，足以说明两岸并非国与国关系而是特

---

① 《蔡英文吁在互动中了解大陆》，www.fjsen.com，东南网 2012 年 2 月 23 日讯；《苏贞昌提两岸新论述》，东南网 2012 年 4 月 12 日讯；《陈菊谈两岸交流》，《联合报》2012 年 4 月 17 日。

殊关系。"① 前国民党副秘书长兼大陆事务主任张荣恭就此强调，吴伯雄明确指出"两岸同属一个中国"，以及"台湾人也是中国人"，"具有极高的政治意义"，"对海峡两岸的互信基础形成向下稳扎、向上开展的作用，足以确保马英九下一个4年任期内，海峡两岸的和平共荣。"②

由上述两件大事可见，台湾主流民意在决定台湾前途与两岸关系何去何从的关键时刻力挺"九二共识"；选后民进党不得不反省其两岸政策，朝着接触对话了解互动的正确方向迈出步伐；吴伯雄荣誉主席代表国民党明确表示"两岸同属一个中国"；表明"九二共识"在两岸互动中具有无可替代的作用与影响力，已日益深入人心，这不啻是对"九二共识"达成廿周年最好的纪念。

值此之际，笔者想从20年来两岸围绕"九二共识"的互动切入，在此基础上对围绕"九二共识"的一些争议作些思考和分析，从中探寻一些对两岸关系和平发展有意义的启示。

可以这么说，从1992至2012的20年，"九二共识"经历了三个阶段的曲折历程。

第一个阶段：1992.12—2000.5。

翻开1992年11—12月间大陆海协会与台湾海基会的往来文件可知，虽然彼时两会在民间事务性议题商谈中，对于究竟应否涉及及如何表述"一个中国原则"（以下简称"一中"原则），有不同的意见，但"两岸都坚持一中原则，都努力谋求

① 《"吴胡会"的三大重要意义》，http：//www.cdnews.com.tw，《中央网络报》2012-03-24。
② 《张荣恭：国共首度共同确认两岸同属一中》，中评社台北2012年3月24日电。

国家统一",都同意各自以口头方式表述坚持一个中国原则是毫无疑问的,这实即"九二共识"。① 正是因为有这样的共识,两岸两会才能够在政治军事对立长达40余年的大背景下展开接触,先后举行了包括2次"汪辜会晤"在内的各种层级的协商会谈20多次,签署了4项协议,建立了两会制度性协商机制,务实解决了两岸同胞交往中一些事务性功能性的问题,促进了两岸民间的经济文化交流和人员往来,使两岸关系朝着结束对立、平等协商、和平发展、创造双赢的方向迈出重要步伐。

第二个阶段:2000.5—2008.5。

2000年5月民进党首次登上执政舞台,两岸之间围绕"九二共识"的争论由此进入新阶段。执政之初,陈水扁为了稳定政局和两岸关系,曾在"就职演说"中作出"四不一没有"②的承诺,表示愿意在"九二共识"或"九二精神"的基础上发展两岸关系,③ 并授意成立了"跨党派两岸小组"来协助整合内部共识,2004年还提出要建立"两岸和平稳定的互动架构"④ 等。但由于民进党坚持"两岸一边一国"的定位,故其作出的所有缓和两岸关系的姿态,充其量是策略运用而已。2002年陈水扁兼任党主席后,不仅全盘否认"九二共识",还

① 刘墨、肖之光:《1992年两会达成共识始末》,《两岸关系》杂志1999年第9期。

② 原话是:"只要中共无意对台动武,本人保证在任期之内不会宣布'独立',不会更改'国号',不会推动'两国论'路线,不会推动改变现状的统独公投,也没有废除'国统'纲领与国统会的问题。"

③ 《"总统府":陈水扁曾承认"九二共识"》,台湾中央社2011年9月8日。

④ 《陈水扁炮制两岸"和平稳定互动架构协议"》,www.chinataiwan.org,中国台湾网2004年2月3日。

积极推动"正名、制宪、去中国化"等。2004 年，陈水扁发动了首次"公投绑大选"，连任之后更加紧推动"公投制宪"和"以台湾名义加入联合国"，致使两岸关系紧张局势一波未平一波又起。

与此同时，以国民党为代表的泛蓝阵营下野后经过总结反省沉淀，对 1992 年两会达成的"各自以口头方式表述坚持一中原则"的重要性有了新的认识，体会到"九二共识是搁置争议，共创双赢最好的办法，如果不承认它，两岸关系会陷入不确定的状态，甚至于会倒退"，① 转而要求民进党当局承认"九二共识"，在此基础上确保两岸关系平稳发展不要倒退；对于陈水扁在"九二共识"问题上先恭后拒的态度，泛蓝阵营的国、亲、新三党都给予了坚决的批判；对于陈水扁当局推翻"四不一没有"承诺，公然推动"法理独立"的行径，泛蓝政党则进行了坚决的抵制和斗争，以实际行动捍卫了"九二共识"。

台湾政局的发展演变，特别是主张"台独"的民进党上台执政，也使大陆对台湾政局和两岸关系的复杂性有了更加深刻的认识，对台政策因应新形势作了必要的调整，开始将"反独"作为首要任务，对"九二共识"的内涵则作了更加明晰的界定。2000 年 5 月 20 日，中台办国台办针对陈水扁正式就职发表声明，指出："当前，只要台湾当局明确承诺不搞'两国论'，明确承诺坚持海协与台湾海基会 1992 年达成的各自以口头方式表述'海峡两岸均坚持一个中国原则'的共识，我们愿

---

① 《马英九谈"九二共识"》，见《陈文茜：陈水扁欲承认九二共识遭蔡英文否决》，凤凰卫视 2011 年 12 月 21 日。

意授权海协与台湾方面授权的团体或人士接触对话。"换言之，大陆以此作为与民进党当局接触对话与互动的底线。

由于陈水扁当局拒不承认"九二共识"并极力推动"法理独立"，两岸关系陷入空前紧张的状况，大陆全国人大于2005年3月制订了"反分裂国家法"以为因应。与此同时，中共中央先后邀请泛蓝三党主席率团访问大陆，并分别发表了"胡连会"、"胡宋会"等新闻公报，国共两党达成了坚持"九二共识"、反对"台独"、促进和平发展的"五项共同愿景"。在两岸同胞的共同努力下，陈水扁当局推动的"法理独立"图谋受到挫败，和平发展路线受到台主流民意的支持。

第三个阶段：2008年5月至今。

2008年，国民党候选人马英九以领先221万多张选票的优势及58.45%高得票率，战胜了民进党候选人，实现了第二次政党轮替，两岸关系由此进入良性互动的拐点，展现出全新的风貌。

在政治互信和新思维的指导下，4年多来，两岸不仅恢复了停滞9年之久的两会制度性协商，先后举行了7次"陈江会"，签署了16项协议，实现了两岸民众渴望已久的直接通航通商通邮和双向交流，而且通过平等协商，合情合理地处理了一些困扰台湾多年的扩大国际交往和参与国际活动的问题，使两岸关系出现了空前的大缓和大交流大突破大发展，使两岸人民得以分享和平发展带来的红利。

令人遗憾的是，下台后的民进党没有认清时代潮流和两岸关系发展大势，依然坚持"台独"思维，拒不承认"九二共识"，而且"逢中必反"。新任党主席蔡英文虽然花了大量人力、精力和时间研究"十年政纲"，并提出"两岸和而不同、和而求同"、"从世界走向中国、与中国战略互利"、"强化台湾、凝聚共识"等新口号，① 但她始终无法说清楚下列问题：1. 不转变"台独"立场，不承认"九二共识"，如何与大陆打交道、"与中国战略互利"？2. 在中国大陆已成为世界第二大经济体、两岸经济谁也离不开谁的情况下，台如何"绕开中国走向世界，再从世界走向中国"？3. 不承认"九二共识"，如何凝聚"台湾共识"？4. 处理不好蓝绿关系和两岸关系，如何"强化台湾"？

正因为蔡英文说不清上述的问题，导致在"二合一"选举的关键时刻，台一批重量级的企业家挺身而出，直指"空心蔡"之不可靠，以实际行动力挺"九二共识"，力挺两岸关系和平发展，最终导致一直自我感觉良好的民进党及其"蔡苏配"在最后关头败下阵来。台湾主流民意用选票教训了拒不承认"九二共识"的民进党，这与其说是"九二共识"的胜利，不如说是两岸人民共同维护了和平发展局面。

综上所述，1992 年以来的 20 年，对于两岸关系来说，是艰难坎坷的 20 年，也是在黑暗中苦苦摸索的 20 年。有关各方都试图为数十年的两岸敌对纠结关系找到一个一揽子彻底解决的办法，但在经历了挫折教训之后，人们最终发现两岸关系错综复杂，暂时没有任何一方有能力一劳永逸地解决所有的问题。国共两党最先从犹如乱麻般的两岸关系中找到了一个可以理顺它的线头，这就是"九二共识"。

"九二共识"虽不尽如人意，却是在相当一段时间里符合两岸关系现况、能为两岸所共同接受的最大公约数，唯有从

① 蔡英文：《强化台湾凝聚共识》，《自立晚报》2011 年 8 月 23 日。

"九二共识"入手，两岸关系才有可以和衷共济、良性互动的支点，才有逐步乃至最终解决问题的希望。认清这一点并小心呵护之，对于把握两岸关系发展的正确方向，不断克难前行至关重要。

20年来两岸关系发展的历程表明，能否积极对待"九二共识"，归根结底取决于是否真心希望两岸关系和平稳定发展。民进党前主席谢长廷曾经说过，"两岸关系最大的问题不在政策，而在态度"。[①] 笔者深以此言为是。换言之，如果真正认识到两岸关系对台湾十分重要，真心想发展两岸关系，即使没有"九二共识"，也会努力尝试推动建立一个共识，至少应从不挑战大陆最坚持的"一中"原则做起；反之，如果认为两岸和平的价值低于"台独"的价值，即使有共识也会视若无睹，甚至将其推翻。民进党对待"九二共识"的态度就是其对待两岸关系态度的缩影。

令两岸同胞都感到振奋的是，经过几年来的努力，和平发展路线已经结出可喜的果实，"九二共识"已经深入人心，并且在年初岛内"大选"中经受了严格检验。"1·14"选举的结果维护了两岸关系和平发展的成果，为确保今后4年沿着和平发展的道路继续前进，争取到了宝贵的时机。两岸应抓住机遇，力争在"九二共识"的基础上取得更大的突破，如此才有可能使和平发展的成果更多惠及普罗大众，使和平发展的路线不再因岛内政党竞争而有改变之虞，进而达成两岸双赢的目标。

---

① 《谢长廷宣称：大陆"无有"两岸才能入"无间"》，www.taihainet.com/news/twnews，台海网2007年6月12日；《谢长廷：2008若当选将努力推动两岸协商对话》，凤凰卫视2007年6月12日。

但另一方面必须看到，国民党在"1·14"选举的胜利不代表"九二共识"已坚不可撼，也不代表未来4年两岸关系会一帆风顺；民进党的路线政策调整没那么容易，两岸关系和平发展仍处于初级阶段，仍然面临着严峻的挑战。对此，人们应有充分的思想准备。

（《中国评论》月刊2012年7月号，总第175期，编者有删节）

"九二共识"的意义与作用

中国人民大学国际关系学院教授　黄嘉树

1992 年 11 月，大陆的海协会与台湾的海基会达成"各自以口头方式表述'海峡两岸均坚持一个中国原则'"的共识，后来台湾学者苏起将其冠名为"九二共识"，获两岸政界和媒体的广泛采用。

然而围绕"九二共识"这四个字，多年来也一直争议不断。基本的争端有三：一是到底有无"九二共识"？台湾的蓝营说有而绿营否认；二是"九二共识"的内容到底是什么？国民党说是"一中各表"而大陆说是"海峡两岸均坚持一个中国原则"；三是"九二共识"是否应有一个"升级版"甚至应被某种新共识取代？两岸的学者也都有不同的看法。

从辩证的角度看，争议性高恰恰反映出其影响力大！以下，笔者就以上述三大争议为由头，分析一下"九二共识"对两岸关系究竟发挥何种深远而重大的影响？

一、"九二共识"确立了两岸关系和平发展的政治基础

先看第一个争端，民进党坚持否认"九二共识"的存在，却说不清楚它真正要质疑的是什么：

是要质疑 1992 年没有见诸书面的共识吗？当年双方来往公函中多次出现"坚持一个中国原则"的提法，这就是共识之体现！白纸黑字俱在，怎能睁眼不承认？

是要质疑"九二共识"这四个字的提法当时不存在吗？那人们会反问：一个孩子生出来了，三年后别人给他取了个正式的名字，你能因为这孩子的名字是三年后取的就说孩子三年前不存在吗？

是要质疑谈判不应该先设置一个基本的指导原则或先建构一个初步的共识基础吗？然而古今中外任何谈判，要想谈出成果，这二者都是必须具备的。似这种 ABC 的常识，民进党内衮衮诸公难道真不明白？

说穿了，民进党既不反对谈判前应先有双方的共识基础，也不在乎 1992 年两岸在程序上到底有没有达成书面共识，它真正反对的是双方同意把"坚持一个中国原则"作为两岸关系的政治基础，而这正是"九二共识"最重大的价值所在！

回顾史实：1992 年 3 月底，经由两会第一次工作性商谈，大陆方面发觉台湾方面似有背离一个中国原则的意向，如海基会希望比照国家间驻外使领馆认证的做法来处理大陆公证书在台湾的使用；并希望按照国家间通邮的做法来处理两岸挂号函业务；有鉴于此，大陆方面建议双方在事务性商谈中应确立坚

持一个中国原则的共识，至于如何达成这一共识的方式则可以讨论。

迫于大陆的敦促，台湾"国统会"于 1992 年 8 月通过《关于"一个中国"的涵义》的"结论"，公开表示其立场为："海峡两岸均坚持一个中国原则，唯对一个中国原则之内涵，认知有所不同"；"台湾固为中国之一部分，但大陆亦为中国之一部分"。大陆方面在认真研究了这份文件后，感到台湾方面的表态证实双方对在事务性商谈中应坚持一个中国原则已有共识，于是同意就如何表述这一共识与台湾海基会磋商。

1992 年 10 月 28—30 日，两会就"一个中国"问题密集交换意见，陆方提出五种文字表述方案；台方则提出文字及口头（5 加 3）共八种表述方案，在其最后一案即第八案中建议"在海峡两岸共同努力谋求国家统一的过程中，双方虽均坚持一个中国原则，但对于一个中国的涵义，认知各有不同，"并建议"以口头方式各自表述"①。11 月 16 日，大陆海协会致函海基会，表示"我会充分尊重并接受贵会的建议"，即同意以各自口头表述的方式表明坚持一个中国的态度，同时将大陆的表述要点告知对方，此函并将台湾海基会提出的第八案作为附件一并寄送，表明这是对第八案的正式答复；台湾方面旋即将海协会的来函向媒体公开并表示"欢迎"。以上史实说明"九二共识"是以"两岸均坚持一个中国原则"为核心内容，它虽然没有共同签署的文件为象征，但却是以双方彼此换文，并以书面通知对方"我会充分尊重并接受贵会的建议"来体现的，是以

---

① 刘墨、肖之光：《为历史留下公正的注脚——1992 年两会达成共识始末》，载《两岸关系》，1999 年第 9 期。

海协会的发函日——11 月 16 日为明确的达成日期的。

"九二共识"的达成，直接保障了后来"汪辜会谈"的顺利举行以及两会谈判的进展。但从 1995 年—2008 年，两岸关系又走了一大段弯路。先是李登辉采取种种手法背离和挑战一个中国原则，至 1999 年公开提出"两国论"；接着是陈水扁代表民进党在台执政，公然否认"九二共识"，以"一边一国"挑战"一个中国"；李、扁相继近十三年的倒行逆施，致使两岸谈判的基础荡然无存，两会商谈被迫中断近十年之久，两岸关系则急转直下，最紧张时几乎达到战争边缘。

直至 2008 年 5 月，马英九先生代表国民党重新上台执政，从那时起到 2012 年，双方在共同承认和维护"九二共识"的基础上，迅速恢复了两会谈判，并在四年多时间里，相继签订十八项协议。两岸关系取得历史性的突破，跨进了和平发展的新阶段。

回顾二十年的历史，"九二共识"在台湾走过了一段"肯定——否定——再肯定"的曲折历程，两岸关系则相应展现出"发展——停滞乃至高度紧张——再度蓬勃发展"的起伏轨迹。这雄辩地证明了"九二共识"与两岸关系"一荣俱荣、一损俱损"的相关性。自 1949 年以来，两岸虽未统一，但中国的主权和领土并没有分裂，两岸在法理上都承认只有一个中国，大陆和台湾同属这一个中国，两岸关系是一国内部地区间之关系而非两国关系。有了这一共同认知和一致立场，就有了构筑政治互信的基石，什么事情都好商量。反之，如果背离或挑战一个中国原则，就是挑战包括台湾同胞在内的全体中华民族的根本利益，中国政府和人民绝不会坐视不理，台湾有良知的人也会挺身反对。

二、"九二共识"开拓了两岸关系和平发展 "求同存异"的路径与方法

了解两岸关系历史的人会发问:在五十年代,双方都非常真诚地坚持一个中国原则,但当时非但没有和平交流,反倒是直接的炮战和海空接火,可见仅在"坚持一中"的意愿上"求同"是不够的,还必须找到"存异"的路径与方法,才能使两岸关系真正转入和平发展的轨道。"九二共识"就是双方本着"求同存异"的精神共同努力所取得的重大成果。

就大陆方面而言,"存异"主要表现为三点:

(一)只要求双方表明坚持一中的基本态度,在事务性商谈中可不讨论一中原则的内涵。"不讨论"不是"不知道",其实双方想说什么,彼此都是大致清楚的。之所以"不讨论",就是明知对方要说的是本方无法同意的话,但又不便当面批驳;更何况此类分歧争论再凶,一时也找不到妥善的解决办法;不如以"不讨论"的方式将其搁置,以防因为此类一时无解的深刻分歧爆发争吵,使本来可以共同解决的问题也解决不了。

(二)不仅仅讲本方的法理,也从对方的"官方文件"和"现行规定"中找依据。早在1992年3月30日,海协会常务副会长唐树备先生就在记者招待会上指出:"本来双方对坚持一个中国的原则没有分歧,这见之于中共领导人的谈话,见之于中国国民党领导人的谈话,见之于台湾当局公布的有关统一

的文件"①。这是笔者所见大陆有关方面负责人首次正面引述台湾方面的"文件"。2000 年 5 月 20 日，中台办、国台办受权就两岸关系发表声明，其中表示："一个中国原则见之于台湾当局多年来的有关规定和政策文件，不是我们单方面强加给台湾的"②。此后同类表述越来越多见，特别值得重视的是，2005 年 3 月，胡锦涛总书记在著名的"胡四点"讲话中提出"（坚持一个中国原则）不仅是我们的立场，也见之于台湾现有的规定和文件"③；2012 年 3 月，胡总书记在会见吴伯雄名誉主席时重申"见之于双方的现行规定"④，2012 年 7 月 28 日，全国政协主席贾庆林在第八届两岸经贸论坛开幕式上的致辞中指出："两岸从各自现行规定出发，确立这一客观事实（两岸同属一个国家），形成共同认知，就确立、维护和巩固了一个中国框架"⑤。这些正面引用台湾方面"官方文件"和"现行规定"的表态，实际是在敌对状态未结束的情况下，予对方以某种"合法性"的"弱承认"。

（三）表述方式双方可以协商，大陆方面愿意尽力听取台湾各界的意见。上文所引史料已说明两会于 1992 年 10 月底—11 月 16 日的密切协商互动过程，最后以大陆表示"我会充分尊重并接受贵会的建议"而告达成共识。兹不赘述。

① 刘墨、肖之光：《为历史留下公正的注脚——1992 年两会达成共识始末》，《两岸关系》，1999 年第 9 期。
② 新华社北京 2000 年 5 月 20 日电。
③ 《胡锦涛提出新形势下发展两岸关系四点意见》，《人民日报》，2005 年 3 月 5 日。
④ 《吴伯雄提"一国两区"概念》，news. sina. com. cn/2012 - 03 - 23/07562412192。
⑤ 国台办网站：《政务要闻》，http：//www. gwytb. gov. cn/wyly/201207/t20120728-2860438. htm.

就台湾方面而言，"存异"主要表现为对"一中各表"的坚持、特别是对"各表"的强调。大陆则不同意把"九二共识"简单概括为"一中各表"，其顾虑有三：（一）当初大陆同意"各自以口头方式表示"的对象，是坚持一个中国原则的态度，而不是一中原则的内涵；（二）在"两岸"场合，只有"坚持一中"才是双方能共同遵守的游戏规则，"各表"则仍旧是"自说自话"，是双方都把"一中"同自己的法统和政权合法性连接，这就容易突出分歧，不利于搁置争议。与其重申原来的一贯主张而刺激对方，但又解决不了问题，不如暂时"不讨论"即"不表"；（三）如果接受"各表"为游戏规则，必将难以避免有人把"一中"空洞化，或对"各表"做指鹿为马式的处理。后来两岸关系的演变充分证明了这绝不是杞人忧天。

必须强调的是，虽然大陆一直不同意"一中各表"，但也极力避免就这个问题引起争论。其理由是：（一）对大陆而言，重要的不在于能否"各表"而在于"各表"的内容是否真正符合"一中"。事实上在"对内"层次，双方一直是"各表"的，台湾当局对内讲"一个中国就是中华民国"，在两岸就双方政治关系达成一致意见前，一时尚难以改变这种"现状"；（二）毕竟大陆已经同意"各自以口头方式表述"，它与"一中各表"真的很相似，除非专家，一般人很难说清二者之区别，而对绝大多数民众而言，只要突出双方"求同"的一面即好，不必凸显"异"的一面。（三）台湾"各表"的内容大陆尽管有不同意的部分，但也有可以正面引述的部分，所以并未简单地"一棍子打死"。

从后来两岸关系发展的实际过程看，不论是达成共识时的

1992 年，还是 2008 年以后，只要双方都承认和接受"九二共识"，就意味着双方都有"求同存异"的决心、诚心和包容心。诚如苏起所说："九二共识"是 1949 年以来两岸针对"最核心、最关键、最棘手的'一个中国'问题所达成的第一个深具历史意义的政治性妥协"[①]。其历史意义就在于此项共识充分体现了两岸中国人的政治智慧和博大胸襟，它不仅确认了双方的共同立场，实现了"求同"，又较妥善地搁置了彼此的重大争议，达到了"存异"。它为照顾对方的利益、共谋合作开拓出必要的模糊空间，为两岸关系的良性发展开拓出广阔的前景，为两岸关系迈入和平发展的新阶段奠定了基础。

三、"九二共识"指明了两岸关系发展的终极方向

虽然中国改革开放的总设计师邓小平先生早已反复强调了和平发展的主题，但在 1992 年，这方面的理论还未应用到台湾问题的领域，当时更没有出现"和平发展架构"之类的提法。二十年后，两岸关系的大环境和大格局都发生天翻地覆的变化，已经迈入和平发展的新阶段，共同建构两岸关系和平发展框架，已经成为两岸人民追求的价值目标和美好愿景。那么二十年前达成的"九二共识"还能否适应今日的需要？二十年前，双方是把"暂不讨论一个中国原则的内涵"（台湾方面表述为"一中各表"）确定为"事务性协商"中所适用的原则，

---

① 苏起、郑安国：《"一个中国，各自表述"共识的史实》，翰芦图书出版有限公司，2005 年 6 月修订第四版，第 1 页。

而今两岸虽然仍未进入政治领域的谈判，但时间应当说是越来越近了，一旦双方开始研讨政治议题，此项共识还能否继续适用？国民党把"九二共识"概括为"一中各表"，大陆对此始终不同意，结果形成"九二共识、各自表述"的局面，说明其作为两岸政治互信的基础仍嫌薄弱，是否应当创新和强化？带着这些问题，就有人提出了"九二共识"应当有"升级版"甚至应被某种新共识取代的看法，从而形成在"九二共识"问题上的第三大争议。

对这一问题可以从两方面来讨论。首先应当承认，世界上任何事物都是发展变化的，"九二共识"同样也需要不断创新和发展！鉴于"一中各表"不能在两岸领域形成双方共同遵守的游戏规则，必须对一个中国原则的内涵有一个能超越双方法统与政权认同的表述方式，而且双方都能接受、甚至都同意用书面协议的方式来表述，才能比较久远地解决两岸在"一中"问题上的争议，真正奠定两岸关系和平稳定发展的基础。在两会的事务性谈判中可以不讨论一个中国原则的内涵，但一旦进入政治性议题，这个问题可能必须要谈；但又不能谈崩，这也需要对一中原则找出一个"同表"或"共表"的方案。

大陆近些年很强调"一中"框架的概念，它和"一中"原则是什么关系？笔者个人理解，对"一中"原则双方有不同的表述，把双方表述中能共同接受的部分连起来，搭起来，就形成"一中"框架。因此"一中"框架比一中原则更有包容性，它不仅要能包容本方对一中的见解，也要能包容对方的。同时，"一中框架"还包括它将设置一个架子或箱子，把那些暂时解决不了的争端（如"谁代表一中"？谁是中央？）搁置或封存，尽量减少由这些争端导致的冲击波伤害两岸关系。

近几年来，两岸有很多人提出不少有建设性的意见，如"两岸同属中华民族"、"大陆和台湾是两岸同胞的共同家园"、"包括大陆和台湾在内的全中国的主权属于台海两岸全体人民"之类的提法，在台湾内部还是有不少人接受的。台湾的两岸统合学会已经明确主张"一中同表才能为两岸和平发展奠定基石"。① 这四年来，国民党的一些重要领导人也提出了很好的观点和意见，如吴伯雄荣誉主席今年三月与胡总书记会晤时代表国民党提出坚持一个中国、"两岸同属一中"的表态，有助于"一中"框架的建构②。总之，双方的共识还是在渐渐增加和积累，对最终形成一个"一中"框架的"同表"方案，还是可以乐观的。

即使将来形成了"同表"，也不意味就取代或否定了原来的"各表"。在统一之前可能会出现这样的局面，就是在两岸场合双方多讲"一中"框架的内容，但在"对内"的时候仍坚持"各表"，但以尽量不刺激对岸为宜。因此，"一中同表"并不意味着取代"九二共识"，而是对"九二共识"的补充和强化。

另一方面，在现阶段，仍然要大力坚持"九二共识"、宣传"九二共识"、维护"九二共识"。首先，不管两岸关系发展到什么阶段，由"九二共识"所奠定的两岸关系和平发展的政治基础和互信内容——海峡两岸均坚持一个中国原则，是不能变的。在事务性协商中要坚持这一原则，将来进入政治议题

---

① 张亚中：《一中同表或一中各表》，生智文化事业有限公司，2011 年 1 月第二版，第 47 页。

② 《吴伯雄提"一国两区"概念》，news. sina. com. cn/2012 - 03 - 23/07562412192。

协商，更要坚持这一原则。其次，"九二共识"所开拓的基本路径——求同存异，以及在达成"九二共识"过程中双方所汇聚的智慧涵养和成功之道，是进入和平发展阶段的两岸关系更需要借重的。其三，"九二共识"指明了两岸关系和平发展的未来走向——国家统一！在1992年10月海基会提交海协会的八种表述版本中，至少有三个版本（包括最后的第八版）使用了"在海峡两岸共同努力谋求国家统一的过程中"这样的提法，可见当时的台湾当局还认为"努力谋求国家统一"本应是"海峡两岸均坚持一个中国原则"的题中应有之义，这在台湾"国统纲领"和1992年8月"国统会"关于"一个中国"的涵义的"结论"中也有很清楚的表示，由此亦可见继续坚持"九二共识"之重要！

谨以此文纪念"九二共识"达成二十周年！

台湾及香港

两岸谈判中一个中国原则之探讨

台湾政治大学中山人文社会科学研究所教授　邵宗海[*]

一、"一个中国"在两岸接触谈判中的折腾过程

1991 年 2 月"国统纲领"的公布与同年 4 月"动员戡乱时期"的宣告终止，都对一个中国的原则有所诠释以及"一个中国"的方向有所确定。特别是李登辉"总统"在 1991 年 4 月 30 日记者会接受记者询问时就表示，在"动员戡乱时期"终止之后，台北将视中共为控制大陆地区政治实体，称它为大陆当局或中共当局。因为大陆地区现为中共所控制是必须面对的事实。这样的宣示等于说明了"一国两区"的架构，同时再度加强了当时"行政院"郝柏村"院长"于 1990 年 7 月在

---

[*] 收稿日期：1998 年 8 月 21 日；收稿日期：1998 年 12 月 23 日；收稿日期：1999 年 4 月 13 日

219

"立法院"提出施政报告时所表达台北将实施"一国两区"的初步概念。郝"院长"在施政报告中虽然承认中共是统辖中国大陆地区的政府事实,但是所谓的"一国",他毫不含糊的就说明,是"中华民国",而非一般所提到的抽象概念的中国,或是文化及民族的中国。

可是大约同一时间里,台湾内部对于"一个中国"的看法并不趋于一致,而且官方有些措施甚至启人疑虑。这样对"一个中国"的诠释,台北显出宣示与执行层面有落差的现象,北京的反应,当然是质疑声中免不了朝更不利两岸互信的方向发展。波涛所及,首当其冲的便是两岸之间的谈判,已开始被要求与"一个中国原则"并同一起在讨论议题上出现。

(一) 两岸事务性协商涉及"一个中国"冲突的首例

首先导致两岸谈判中有关一个中国原则争议是在 1992 年 3 月 23 日至 26 日,由海基会与海协会在第一阶段商讨两岸文书查证使用及间接挂号查询补偿问题。其实文书查证与挂号函件遗失查证均只是事务性的技术问题,交由海基会与海协会互相联系,既可增加两会沟通功能,也可避免两岸邮政单位因直接联系而导致"官方接触"的困扰。原先双方尚可同意相互寄送公证书副本来核对真伪,并对有疑义者相互协助查证。不过,谈判具体措施,例如相互协助查证收费与否的看法不同,寄送公证书副本的范围要否限制的争议,以及挂号信函查证补偿问题要否双方邮政单位出面的歧见,遂导致共识结论的难产。最主要的是一个中国原则又被海协会带入讨论话题,而双方对此看法又颇多差距。遂使在北京与香港的两次协商均未能达成具体协议而差点不欢而散。

类似的问题在 1991 年 11 月间，当海基会与中共国务院台湾事务办公室就两岸共同防制海上犯罪进行程序性协商时已经发生。当时中共对台办副主任唐树备希望在"一个中国"前提下，把合作的对象限于台湾与福建，藉机完成"省对省"的错觉。海基会秘书长陈长文则希望在"一个中国"之下，加入"对等互惠"的立场以错开中共的矮化措施。双方虽然各说各话，对"一个中国"的共识也互有不同内涵的解释，可是也完成了协商结果。

此次文书查证协商，海基会原也想援用此例来与海协会谈判，期望在强调一个中国原则下，不因双方不同的内涵解释而妨碍了双方急待需要解决的事项。实际上，当时已有媒体敏锐地观察到这方面问题：《联合报》一篇分析报导中就提到："以两岸政治现势，想要找出一个让两岸都能接受的'一个中国'定义，似乎不可能；在对方不愿回避的情况下，各说各话的模糊解释，恐怕将成为惟一的可行之道"。

但是"行政院陆委会"没有同意海基会在文书查证协商中可提及一个中国的原则，固是基于防弊心理，却也因而让双方协商没有结果而提早结束。不过，"一个中国"的争议并没有因此结束，受到中共频频以这个原则来统战台北的攻势，李登辉"总统"藉着"国统会"第七次委员会议召开之便，就明白指出："中共目前对两岸事务性谈判的策略是要加入'一个中国'的前提，我们应谨慎因应，不要掉进圈套"。李"总统"并裁示，有关"一个中国"的涵意问题，不妨交由"国统会"研究委员继续研究后，再提出建议报告。

"国统会"研究委员于"民国"81 年 5 月 19 日集会，再度就"一个中国"涵意进行讨论。结果会议后，多数委员的看法是：1949 年以后两岸分裂的事实不能不承认，在现阶段分裂的情况下，中国的主权问题应予虚悬或冻结。另外，研究委员亦认为，两岸对"一个中国"涵义的认知，短期内不会有共识，因此目前不宜将一个中国原则纳入两岸事务性谈判之协定文字中，以免掉入中共的陷阱。

但是在"民国"81 年 7 月 16 日经"立法院"二读通过"台湾地区与大陆地区人民关系条例"，却使得台北必须面对一个中国的问题。根据"陆委会"的说法，当初"政府"研拟该条例所秉持的基本理念是"一国二区"——一国系指"中华民国"，两地区是指台湾地区与大陆地区。《中国时报》发表社论建议："在两岸进一步交往中，如何界定'一个中国'的内涵，已是一个不可回避的问题。"《联合报》社论指出："若是我们因为中共提'一个中国'，便回避之，忌讳之，我们在两岸关系上便自屈于地方政府的地位，在全体中国人心目中便丧失与中共争取一个中国主导者的地位"。时任中国政治学会理事长魏镛也认为："接受'一个中国'便会使人误会我们已经接受'一国两制'，或将使国际人士误以为我们已经接受'中共'为'中国'而言，这种论点未免太心虚，太低估了本身在国际社会中说明及澄清我方立场的能力"。

因此，当"国统会"研究委员在"民国"81 年 7 月 29 日再度集会时，对于"一个中国"的意涵就不再回避去界定。当天会中对一个中国确立了三项原则，即"确定一个中国原则，承认两岸分裂事实，强调追求国家统一目标"。8 月 1 日"国统会"第八次全体委员会议，就对"一个中国"的意涵作成三点结论，其实这也延续了"国统"研究委员的建议内容。有关三点结论的实际内容抄录如下：

海峡两岸均坚持"一个中国"之原则，但双方所赋予之涵义有所不同。中共当局认为"一个中国"即为"中华人民共和国"，将来统一后，台湾将成为其辖下的一个"特别行政区"。我方则认为"一个中国"应指一九一二年成立至今之"中华民国"，其主权及于整个中国，但目前之治权，则仅及台澎金马。台湾固为中国之一部分，但大陆亦为中国之一部分。

"民国"38年（公元1949年）起，中国处于暂时分裂之状态，由两个政治实体，分治海峡两岸，乃为客观之事实，任何谋求统一之主张，不能忽视此一事实的存在。

"中华民国政府"为求民族之发展、国家之富强与人民之福祉，已订定"国家统一纲领"，积极谋取共识，开展统一步伐；深盼大陆当局，亦能实事求是，以务实的态度捐弃成见，共同合作，为建立自由民主均富的一个中国而贡献智慧与力量。

"总统府"副秘书长，也是"国统会"研究委员邱进益，在"一个中国"意涵三点结论作成后发表看法说，定位"一个中国"，主要是因事务性问题所引起，不是用来对付中共。而李"总统"在"国统会"作结论时也提到：现在说一个中国，不是讲一个中国如何定位的政策，而是说明如果海基会与中共签订事务性书面协议时，其中如有"一个中国"说法，我们可将自己的意见与立场用文字表达出来。

当"一个中国"意涵已有定位，而且决策高层也有共识这将用在两岸事务性谈判协议方面。因此台北与北京双方最后暂接受两会各以口头声明方式表达一个中国原则而结束这两次会议的争议。稍后，于1993年3月，两岸对文书查证与挂号函件查询的协议草案条文内容达成具体共识,由主谈双方许惠祐(海基会)与孙亚夫(海协会)敲定在联系主体方面,直接由海基会与"中国公证员协会","中国通信学会"联系后始达成共识。并开始积极展开草签工作的安排。

（原载台湾《"国立"政治大学学报》第七十八期,节选自第二部分,编者有删节）

有善意，没诚意

——评陈水扁推翻九二年两岸共识

《海峡评论》社论（2000 年 7 月号）

继"五二〇"就职演说，陈水扁又于"六二〇"记者会发表了"美国满意，国际肯定，中共没借口"的两岸政策。但依然是"有善意，没诚意"，他的"有善意"，在呼吁两岸的和解，他的"没诚意"在于不接受"一个中国原则"，甚至推翻了九二年的两岸共识，使得两岸和谈唯一的共识基础都被推翻。

阿扁在记者会上对两岸关系的"有善意"是从近日的两韩峰会说起的——"南北韩能，为什么两岸不能？我相信两岸的领导人同样具有智慧，同样具有创意，我们可以一起来改写历史、来创造历史，阿扁在此诚挚地邀请中共的领导人江泽民先生，我们是不是携手努力，我们也可以共同创造像南北韩一样的历史性"握手的一刻"，我们可以不拘形式、不限地点、也不设前提，我们两位领导人可以坐下来，我们可以握手和解，我相信如何为海峡两岸的人民做出最大的付出跟贡献，这是海峡两岸的全体人民同胞共同的盼望。"

但是，两韩不预设"一个民族"，不预设"国家统一"的前提，不排除"美国满意，国际肯定，北韩没借口"的前提，两岸领导人能够有握手的一刻吗？

韩国是被国际战争分裂成两个国家，还要坚持"国家统一"的前提，以进行两韩的和解。中国与德国不同，不是二战的战败国，也和韩国不一样，不是从日本殖民地独立。中国是二战的战胜国，台湾是因中国战胜而光复的，虽然由于国共内战分裂成两岸分治，但是，中国不是因战败而分裂（德国），也不是国际战争而分裂，两岸至今在国际上，在主权上，仍是一个中国。一个中国当然是两岸和谈与统一的历史和现实的政治前提。南北韩已成两国，犹以"一个民族"追求"国家统一"。中国主权没有分裂又为什么不可以"一个中国"为前提追求中国统一呢？

陈水扁坚持不接受一个中国原则的前提，坚持不认同"中国人"，坚持不追求中国统一，两岸又如何有"握手的一刻"？阿扁以南韩峰会营造对两岸关系的善意，却又要推翻一个中国原则的前提，其"善意"的"诚意"又安在？难道两岸的统一必须先"两国"再一国，才是"打断手骨颠倒勇"吗？列强连韩国的统一都要干扰，何况两岸中国人的团结与统一，更是霸权主义的梦魇和威胁，阿扁要"美国满意，国际肯定，中共没借口"，那正是"请鬼抓药"，永远达不到两岸的和解和统一。

在记者会上，阿扁重申了就职演说中两岸"既有的基础"。看来，似乎又是他的"善意"。他说："所谓'既有的基础'，阿扁要再次补充强调，过去海峡两岸海基、海协两会的接触、对话、协商与协定，只要有结论，只要有共识，都是既有的基础。九二年的事情，对岸说有所谓'一个中国原则'的共识，但我方认为，好像事实不是这样，'一个中国'的问题，有讨论但没共识，我们提出来，如果有'共识'，应该是'一个中国各自口头表述'，但是对岸认为并没有这样的共识，所以如果说要有'共识'，那是没有共识的'共识'，所谓 agree to disagreed。大家同意，双方都可以有不同的意见，我觉得非常好。只要大家有诚意，大家有善意，大家愿意携手走出历史性的一大步。我们握手和解，我们为什么不继续努力，试着寻找出'一个中国'的涵意，一个能为两岸所能真正接受的'一个中国'的真正涵意，为什么我们不能继续努力？"

阿扁这段话充满了歧义混含和逻辑错乱，甚至于"机诈"，不说也罢，说了又制造许多新的问题。

回顾"辜汪会谈"前夕，九二年的两会谈判，海协会要求签署一个中国原则的共识，海基会不同意以文字签署，海协会让步，各自以"口头表述"亦可。因此，简称为"一个中国，各自表述"。

当时，海基会的表述为："在海峡两岸共同谋求国家统一的过程中，双方均坚持一个中国原则，但对于一个中国的涵义，认知各有不同。"海协会的表述则为："海峡两岸都坚持一个中国的原则，努力谋求国家的统一，但在两岸事务性商谈中，不涉及'一个中国'的政治涵义。"

由此可知，一个中国原则和"一个中国涵义"在两岸谈判中是有区别的。"一个中国涵义"两岸从来没共识，但一个中国原则两岸是有过口头共识的。"没有共识的共识"是"一个中国涵义",而不是一个中国原则,阿扁以一个中国原则为"没有共识的共识",如果不是"牛车逗马达",逗错了,那就是以谎言推翻了九二年的两岸共识。推翻了九二年两岸共识,又哪来的"既有的基础"呢?

当时一个中国原则对"中华民国"根本不是问题,只有李登辉有问题而已。阿扁很清楚,"中华民国宪法"就是一个中国原则的,所以,在竞选时期发表的"宪政"白皮书中,还特别指明现行"宪法"是不利于"台湾主权独立"的。"国统纲领"的近程阶段也明文一个中国原则。

至于,"一个中国,各自表述"的简称,直到李登辉以"两国论"为"一个中国,各自表述"后,大陆方面才否认有"一个中国,各自表述"的共识,把"一国"表述成"两国"可能会有两岸的共识吗?可能会是台湾方面"国统纲领"的一个中国原则吗?

4月29日,"辜汪会谈"七周年,辜振甫抱病召开记者会,公布当年"一个中国,各自表述"的真相,并指出"当年辜汪会谈得以展开,实因双方先前已达成'一个中国、各自以口头表述'的共识,亦即将会谈可能触及的定位难题,做了双方可以接受的处理,也就是'一个中国'的涵意不必深入讨论,因为必然会产生不同意见,双方交往可以把它暂予搁置一边,务实解决双方交往中衍生的问题,""双方遵守与尊重所签署的协定及所达成的共识,对两岸关系的正常发展深具指标性意义,一旦协定和共识未见切实履行,不仅错失两岸建立互信的契机,也延误两岸人民权益相关的问题。"(《中时晚报》4月29日)

之后,唐树备就曾向台湾来客询问辜振甫是否代表阿扁,若是，即可恢复会谈。但是，5 月 28 日，蔡英文、陈明通、许惠祐联袂参加吕秀莲"国家展望基金会"的研讨会，同声否认九二年两岸有一个中国原则的共识，尤其许惠祐当年是参与者，更赖得一干二净。因而引起了当年也参与其事的前"陆委会"副主委马英九、前海基会秘书长邱进益和副秘书长石齐平的反驳，而承认当年两岸当然有过共识。

阿扁推翻九二年两岸一个中国原则的口头共识，而又要肯定"既有的基础"，这种"有善意"岂止是"没诚意"，简直是要赖嘛！

阿扁推翻一个中国原则的共识，却又说："一个能为两岸所能真正接受的'一个中国'的真正涵意，为什么我们不能继续努力？"一个中国原则是指两岸领土主权完整，"一个中国涵义"就必须涉及那一个政府才是这一个领土主权完整的中国代表，才有权在中国的领土范围内行使主权。没有"一个中国原则"，即不承认两岸是一个主权领土完整的国家，又何来谁代表中国，谁来行使中国主权的"一个中国涵义"的问题。故须有一个中国原则，才有"一个中国涵义"的问题。阿扁否认一个中国原则的共识，却要努力"一个中国涵义"的共识，但"一个中国涵义"在否定一个中国原则的逻辑下已被否定了。又如何能努力于"一个中国涵义"的共识呢？阿扁以语言逻辑要诈，诈骗得了台湾人民，但诈骗得了北京的台湾研究专家吗？

况且，在两岸统一之前，两岸的"一个中国涵义"必然是相互排斥的。或者，阿扁会天真的以为北京可以接受"中华民国政府"为中国代表，可以在全中国领土行使主权吗？或者，阿扁准备接受北京的"一个中国涵义"——中华人民共和国政府为中国唯一合法政府，台湾属于中华人民共和国的一省？除了这个"一个中国涵义"外，北京当局又不能像李登辉和陈水扁一样视宪法为无物，以"两国论"取代宪法的一国论。大陆不能接受台湾的"一个中国涵义"，台湾又何能接受大陆的"一个中国涵义"？虽然大陆涵义的"一个中国"和台湾涵义的"一个中国"不同，但却都是"一个中国"的主张，这就是一个中国原则了。原则具有普遍性才能成为两岸共识。所以，阿扁推翻一个中国原则的共识，而扬言努力"一个中国涵义"的共识，那只能是骗你的，那也是逻辑上的不可能。

阿扁对两岸关系的"有善意，没诚意"还表现在答记者问2008年奥运会之事，他说："'天底下没有不可能的事'。对于北京有可能在公元2008年主办奥运会，做为台湾人民的一份子，我们给予最大祝福，未来也不排除支持北京当局顺利争取主办；如果可能，奥运会比赛项目如此多，或许可以把其中一部分比赛拿来台湾举行。这种事情现在看起来非常敏感，好像绝对不可能，但是还有八年时间，没有不可能的事。只要大家有诚意，愿意握手和解，天底下没有不可能的事。"

当年李登辉骗老"国代"的票说"六年后一定带你们回大陆"一样，阿扁的"总统"任期只有四年，再连任也不过八年，2008年，他已经不当"总统"了，八年后，谁知道形势如何变化。"还有八年时间，没有不可能的事"，阿扁开了一张不必自己兑现的长期支票，这种"善意"的"诚意"又在那里？如果阿扁真有诚意的话，不必八年后，国际运动会多得是，除了奥运外，还有亚运，两岸有如两韩共同组队，协定共同的旗帜、队名，韩国队要同唱"阿里郎"进场，我们不也可以唱"龙的传人"吗？

　　从"五二〇"到"六二〇"，陈水扁的两岸政策充满了语言的"善意"，但却没有实现的"诚意"，甚至还推翻了九二年的两岸共识，这也是十二年来，两岸的唯一共识。推翻了现有两岸唯一的共识，又要如何去从事两岸的和解呢？也许真如阿扁所说："天底下没有不可能的事。"这又是一个"向不可能挑战"的台湾领导人。

　　（原文刊载于《海峡评论》社论 2000 年 7 月号，编者有删节）

"一个中国，各自表述"共识的意义与贡献

（台湾）"国政基金会国家安全组"召集人　苏起

今天，有几个人能体会：

一、"一个中国，各自表述"共识是两岸自 1949 年隔海分治以来，历经四十余年武装对峙与意识形态斗争以后，所达成的第一个深具历史意义的政治性妥协。

二、这个妥协所针对的议题正是两岸之间最核心、最关键，也最棘手的"一个中国"问题。用法律语言说，就是主权问题。用通俗语言说，就是定位问题，其中包括各自的自我定位，与彼此的相互定位。正因如此，所以这项妥协至为难能可贵。

三、正因为台海双方在最难的"一个中国"问题上达成模糊的共识，所以才可能在 1993 年 4 月的新加坡举行辜汪会谈，并在随后两年间不间断地进行事务性商谈。如果 1992 年没有共识，何来 1993、1994、1995 年的两岸和缓情势？再拉长时间看，如果没有这项基本妥协，怎可能在两岸至今 53 年的"零和"对立中出现昙花一现的"双赢"四年呢？所以"九二

共识"对于创造及维持台海情势的稳定，是深具贡献的。

很可惜地，"一个中国，各自表述"共识的历史意义与贡献，在政党轮替后的政治纷扰中被有意或无意地忽略了。扁"政府"在执政第一年，一直故意利用它的模糊性与复杂性，混淆一般民众的认知与记忆。去年"立委"与县市长选举前夕，陈水扁"总统"干脆直接宣布废弃此一共识，以为今年八月的"一边一国"论铺路。陈水扁与民进党"政府"想要另起炉灶的企图心，不难理解。但开创新的未来，是否必须全盘否定过去，却值得商榷。更何况，人走过，必留下痕迹。过去的史实历历在目，又岂是一人一党恰好一时掌权就可以一手遮天？

十年后的今天，要明白"一个中国、各自表述"共识，还必须了解当时的环境背景。1990年代初期的两岸，历经40年的尖锐斗争，"汉贼不两立"的心态可说深入各自的政策与民心，极难撼动。但是两岸各自的大小环境恰在同时发生了重大的质变。在台湾方面，蓄积几十年能量的台湾民众渴望走出台湾，迎向中国大陆，走进全世界；李登辉就任伊始，很想藉着开创性的作为来巩固权力；而美国又于1992年8月同意出售F-16高性能战斗机给台湾，增加了"中华民国"朝野的信心。同时，在1989年天安门事件后遭到国际制裁的大陆领导人，也希望借着把台湾拉上谈判桌，一则推动和平统一工程，一则吸引国外资金，一则改善国际形象。所以，简单地说，双方都有足够的诱因推动关系的解冻。

在这种情况下，两岸透过密使先进行了可进可退的试探。自1990年底至1992年8月，李派出密使苏志诚分别与中共前台办主任杨斯德与王兆国及海协会会长汪道涵等人多次秘密会面，商谈主题包括"国统纲领"与日后的新加坡会谈。这些秘密会面建立了彼此初步的基本互信，足以使双方愿意浮出台面，在公开的轨道上，由海基会与海协会展开谈判。但是由于当时国共两党斗争已逾70年，彼此敌意根深蒂固，而首先接触到的"一个中国"问题恰又是双方内部及彼此之间最核心、最困难的问题，所以历经1991年11月与1992年3月的两次北京会谈（我方主谈人分别为陈长文与许惠祐，大陆为唐树备与周宁），依然徒劳无功。10月底双方在香港第三次会谈，本又再度触礁，中共代表已经打道回府，还好经过我方努力，双方终于在11月透过函电往返，达成共识，顺利搁置争议，迈向辜汪会谈与事务性协议。

此处的关键有四。一是共识的形式是函电往返于各自的口头表述，而不是双方共同签署的单一文件。从国际法上看，它的位阶当然低于条约或协议，因为它不是单一文件，也没有共同签署。但不可否认地，函电往返仍是"换文"（exchange of notes or letters）的一种，国际间在近年经常使用，以表达彼此对某些问题的共同看法，当然也具有一定的政治约束力。所以论者可以批评它没有单一文件，但不能批评它没有文件，或没有共识。

第二个关键是"共识"一词。"共识"一词在中文应是外来语。它是英文consensus翻译过来，在1980年代台湾多元化与民主化的过程中逐渐流行，并与1990年代传入中国大陆。严格地说，它确实不是法律用语，但它却十分简单贴切地描述了前述"换文"所表达的共同看法。所以1992年以后，我方官员与媒体不约而同地使用"共识"来说明1992年的共同看法。中共官方至1995年4月28日辜汪会谈二周年时，也首度使用"共识"一词。显见两岸不仅有共识，并对"共识"一词的使用，也有共识。

第三个关键是"一个中国，各自表述"。诚如批评者所指出，这八个字确实不曾出现在 1992 年所代表的两岸函电往返文字中。但任何检阅过这些原件文字的人都可以看出，这八个字所代表的意涵正是 1992 年两岸共识的精髓所在。媒体报道显示，自 1992 至 1995 年间，台湾媒体大量使用类似文字来描述这项共识。至 1995 年 8 月时任海基会秘书长的焦仁和先生才首度使用"一个中国，各自表述"八个字。中共方面起先一直没有否认这八个字，直到李登辉先生之康乃尔访问与飞弹危机以后的 1996 年 11 月才首次否认"一个中国，各自表述"共识，并指责我方违反一中原则。而后四年间，"中华民国"各级官员均频繁使用这八个字。以显示我方并未违反一中或"一中各表"的共识。

关键四是共识的核心内涵。这又分两部分：一是程序，也就是各自以口头方式表述立场。一是实质，这部分最重要。我方当时已由"国统会"于 1992 年 8 月 1 日通过关于"一个中国的含义"决议，强调"海峡两岸均坚持'一个中国'之原则，但双方所赋予之涵义有所不同"。而北京则强调"坚持一个中国原则，不讨论'一个中国'的政治涵义"。这两者有异有同。异在我方认为"台湾与大陆都是中国的一部分"，而北京认为"台湾是中国的一部分"。换句话说，我方坚持"对等"，而北京要求"主从"。而同者则是两岸均坚采一个中国原则。因为有这个共同点，所以中共对"台湾不搞台独"有信心；而"国统纲领"的存在及秘密管道的持续运作更强化了中共的这项信心。因此，虽然双方立场有重大差异，敌意尤深，但双方一有共同点，二有基本互信，三有各自需要，所以各自决定求同存异，转由较单纯的事务性问题入手，展开谈判，于焉揭开辜汪会谈及往后协商的序幕。

（原文刊载于苏起、郑国安主编《"一个中国，各自表述"共识的史实》一书，台北"国政基金会"2002年10月初版。编者有删节。）

我试创"九二共识"名词

苏　起

五二〇前的两个月内，两岸关系笼罩于一片低气压之中，充满"山雨欲来风满楼"的诡谲气氛。中共与新掌权的民进党很显然互不信任，但暂时尽量克制自我。这种自我克制能持续多久，会不会擦枪走火，引爆冲突，令人十分忧心。

当时根据我的了解，问题症结还是在所谓的"一个中国"问题。这个问题，台湾包括我在内的大多数人都不大喜欢，因为它是由中共与美国的"上海公报"（一九七二年）衍生而来。多少年来，北京一直用它来定位两岸关系。

美国自一九七二年起也接受这个说法。虽然美国官员不常跟着中共使用"原则"一词，但自尼克森以降的几任政府都一贯使用"一个中国"一词，顶多加上"我们的"（our）在前，"政策"（Policy）在后，以示区隔。私下有极为友我（含国、民两党）的重要人士，劝台北不要去推翻它，"因为它就像'一个上帝'（one God）一样"。

如第一章所述，一九九二年两岸两会的谈判遭遇战才开始，就在"一个中国"问题上僵住。直到该年十一月达成"一个中国各自以口头表述"的共识才解开僵局，从而顺利推动一九九三年的辜汪新加坡会谈，及随后整整两年的事务性商谈，缔造两岸尖锐对峙五十年间难得的几年和缓光景。由一九九二至九五年的经验来看，"一个中国"问题不是完全无解，找到各自可以接受的妥协方案，还是可能的。

民进党上台后，两岸在这个核心问题上的立场差距必然更大，其中有没有两岸三党可以接受的妥协方案？如果说中共的一中立场是"Yes"国民党的一中各表就是"Yes, but"（Yes可以创造两岸和平共存基础，but 即为台湾自主空间）。至于民进党对"一个中国"的敌视，只能比喻为"No"。Yes 与 No 之间就似乎没有妥协，只有对立。因此，如果不找出妥协方案，两岸关系在民进党执政期间就有变成可能僵持对立，甚至倒退；如果一方刻意或误判，甚至可能回到早年流血冲突的状况。

在这种状况下，要怎么找到共同点打破僵局呢？Yes 与 No之间真的没有妥协方式吗？经过几天思考，我想到的方法是把Yes 与 No，甚至 Yes, but 都包在一起，让三种立场可以继续各自表述，但它们有个共同的包装。三方面只要认可这个共同包装，就有彼此妥协的基础。

于是，我在四月二十八日淡江大学举办的一场国际研讨会上用中文及英文，指出一个新的名词："一九九二年共识"，或"九二共识"，作为这个共同包装。这个包装有很大的模糊性，也就是包容性。将来只要说"回到九二共识"，然后中共就可以继续讲他那套，台湾可以讲我们这套，大家都过得去。这其中的要害，是不想提"一个中国"的人可以不去提它，应该可以满足民进党新"政府"的需要。如此，两岸最棘手、最烦人的问题就可以摆在一边。"九二共识"名词的另一个意义是，它指涉的是九二到九五年的两岸缓和经验。所以它的基调是温和的、善意的。

我提这个建议是基于超党派，甚至是跨两岸的考量，希望能给两岸关系找到一个新的妥协基础，避免双方因 Yes 与 No 的对立，走回对抗的老路。建议提出后，民进党"政府"反应冷淡。至同年七月，美国某前任重要官员访台时，向陈"总统"建议使用"九二精神"一词。陈"总统"立即采纳，并于三十一日公开使用。不过，后来这个名词在"国庆祝词"再现身一次后，也消音了。

这个插曲透露了陈水扁容易受到美方影响之外，也显示当时他们其实已经认知到，两岸关系的和解确实需要在中间搭建一座"桥梁"。如果不用过去的"一个中国，各自表述"或新的名词"九二共识"，也需要一个新的东西。从反面看，扁"政府"后来先决定冷处理"九二精神"：在二〇〇一年十一月"立委"选战炽热时，更进一步公开把"九二共识"等同为"卖台"执政三年余，顶多秀出零星的所谓"善意"（如允许新华社记者来台访问或开放"小三通"），而没有构思出化解两岸间最核心的定位问题之良方。这些"作为"与"不作为"的背后所显露出的思维其实是，陈"总统"后来并无意在两岸之间搭建一座新的和解桥梁；它的政策基调是对抗与排斥，以便最终建构"一边一国"的新格局。只是在内外环境尚未成熟的二〇〇〇年，"作为"尚不明显，只有"不作为"依稀透露着玄机。

（选自苏起著《危险边缘——从"两国论"到"一边一国"》，天下远见出版股份有限公司2003 年 12 月出版，编者有删节）

"九二共识"与"一中"框架

香港中文大学亚太研究所研究员　郑海麟

一、缘起

自从去年十月"两岸一甲子"学术研讨会在台北举行以来，有关"九二共识"、"一中各表"等议题又重新浮出水面。主要原因在于两岸学者对"一中各表"内涵存在认知上的差距，从而推及对"九二共识"问题的重新检讨。

撇开两岸学者对"九二共识"、"一中各表"在认知上的差异不说，就在台湾岛内，对"九二共识"、"一中各表"也有不同的解读，归纳起来大致有三种不同的观点。

二、台湾岛内关于"九二共识"、 "一中各表"的不同解读

（一）第一种观点认为，所谓"一中各表"的"一中"，台湾指的是"中华民国"，大陆指的是中华人民共和国，两岸有关"一中"的内涵不同，但双方都承认一个中国的原则，都强调主权涵盖整个中国。这是传统的国民党人所持的"一中各表"论述。其中以丘宏达教授的见解最具代表性，他说："'中华民国政府'于1991年3月发布'国家统一纲领'，及由'国家统一委员会'提出'一个中国'的涵义，其要点是'中华民国主权'及于全国，但治权只在台湾地区。在此'一个中国'的认同下，海基会辜振甫先生与中共海协会汪道涵先生，在1993年4月29日于新加坡达成四个协议，解决双方的一些问题。"（2000年9月29日丘宏达致郑海麟函件）

丘先生的见解不但简明扼要阐释了"一中各表"的内涵，而且也指出了"九二共识"的来由。

（二）第二种观点认为，两岸的主权和领土从1949年至今并未分裂，本来就是统一的，是"一个中国"。但治权却是分裂的，即分裂为中华人民共和国管治的大陆和"中华民国"管治的台湾，未来的两岸统一实质上是指治权的统一。这种观点以台湾统派学者王晓波教授的见解最具代表性。他认为：目前两岸的现状是主权没分裂、治权未统一；主权未分裂，指的是大陆和台湾同属"一个中国"；治权未统一，指的是两岸目前的现状就是"一国两制"或曰"一国两治"，但也有人认为是"一国两区"。这种"一国两制"或"一国两治"、"一国两区"

的局面，只要在目前治权分裂的现状下结束政治对立就复归统一了。其逻辑推论如下：主权没有分裂故不必统一，而统一后两岸实行"一国两制"，故治权不要统一；因此，落实"一国两制"只须结束政治对立，这也是"胡六点"根据现实真相作出的论述。至于未来具体的统一究竟如何落实则须两岸共同协议。（见《海峡评论》第 229 期社论：《论"九二共识"与"一中各表"》）

（三）第三种观点认为，马英九执政后强调的"不统、不独、不武"即所谓维持现状的"一中各表"，之所以遭大陆学者质疑为"和平分裂"或"独台"、"B 型台独"，原因是这种"一中各表"不是建立在两岸互信，而是建立在两岸自说自话之上，这样的论述有其实践上的局限性。为破解大陆的迷思，论者提出以"一中共表"来取代"一中各表"。这种观点以台湾大学教授张亚中等人为代表。他们认为，"一中各表"弊端有四：无力实践，不利台北，不容北京，没有互信。因此建议台北必须改变思维，依据"中华民国宪法"与北京对话，就"一中"的定义寻求两岸都可以接受的"共同表述"，也就是"一中同表"。何谓"一中同表"，简单来说，两岸均同意目前的宪法为"一中宪法"，双方均对不分裂整个中国做出承诺，双方也愿意接受彼此为平等的宪政秩序主体。"（张亚中、谢大行、黄光国《无法建立互信的"一中各表"》，载《旺报》2010 年 1 月 2 日 A16 版）

三、"九二共识""一中各表"的来龙去脉

为弄清"九二共识、一中各表"的来龙去脉，近年来笔者曾多次奔走两岸之间，与当事人作深入细致的访谈。现将访谈内容略述如下。

（一）马英九如是说

2001 年 4 月 29 日，时任台北市长的马英九接受笔者的访谈，内容如下：

郑："据 4 月 29 日报载，正值辜汪会谈八周年之际，海基会和海协会恢复隔海对话，辜振甫先生重申'九二共识'就是两岸各自以口头表述'一个中国'，也即是国民党执政时期强调的'一个中国，各自表述'。但大陆国务院的国台办表示否认，指出台湾当局将 1992 年两岸两会均坚持'一个中国原则'的共识，歪曲为'一个中国，各自表述'，并且强调'九二共识'就是'海峡两岸均坚持一个中国的原则'。而陈水扁当选'总统'后，则强调'九二共识就是没有共识的共识'，也即是间接否认有'九二共识'。此次我特意到'行政院陆委会'拜了该会主管负责人，我向他询及当年'九二共识'问题，据他提供的数据显示，当时海基、海协两会经多次信函来往，最后确曾就各自以口头方式表述'海峡两岸均坚持一个中国'达成共识；台北方面将它理解为'一个中国，各自表述'的共识；大陆方面则理解为'坚持一个中国原则'的共识。此次'陆委会'负责人还拿出两会来往信函复印件给我看，指出

'海峡两岸均坚持一个中国的原则'是大陆方面来函的用语，台湾方面复函的用语是'两岸各自以口头表述一个中国'，所谓'九二共识'如此而已。请问马市长，你当时担任'陆委会'副主委，也是当事人之一，你的看法如何？"

马："所谓'九二共识'，就是说在一个中国原则方面两岸并无不同意见，但涵义则有不同，因此用'一个中国，各自表述'来化解僵局。1992年11月，两岸两会通过信函达成共识，才有次年4月在新加坡举行的辜汪会谈。因此，'九二共识'就是'一中各表'，这一共识非常重要，是两岸关系的里程碑。民进党政府可以不赞成这项共识，甚至可以反对这一共识，但不能否认有此共识的存在，否则便是不尊重历史，也失信于人，两岸关系会倒退。目前'中央政府'最不智之处，就是不承认'九二共识'的存在，其实台湾承认'一中各表'并没有任何坏处，就算'一中各表'前半段有'一中'字样，也并不意味台湾向中共投降，因为我们的'宪法'本来就是'一中'架构，不论民进党对台湾前途的主张为何，但一旦成为'中华民国'的执政党，就必须遵守'中华民国宪法'的规定。因此，我认为民进党政府应当务实，两岸应重回'九二共识'。'中华民国'接受'九二共识'一点困难也没有。此一关键不突破，两岸关系难有进展。"

（二）孙亚夫的解说最为详尽

同年6月13日，笔者访问大陆国台办，就"九二共识"之来由请教时任海协会副会长的孙亚夫先生。

郑："据我所知，孙先生是1992年两岸两会谈判时海协会的谈判代表之一，对两岸问题有深入的研究，尤其对'九二共识'问题最为熟悉。可否对这一问题作进一步的说明?"

孙:"关于'九二共识',最重要的文件见诸1992年11月3日海基会发布的新闻稿、11月16日海协会致海基会函,以及12月3日海基会致海协会函。但是,在这三份文件形成之前,海协、海基于10月28—30日曾在香港就海峡两岸公证书使用问题进行工作性商谈。期间,海基会于10月30日下午提出这样的口头表述方案:'在海峡两岸共同努力谋求国家统一的过程中,双方虽均坚持一个中国的原则,但对于一个中国的涵义,认知各有不同。'

"海协会研究了海基会的口头表述方案后,认为这个方案表明了海基会谋求统一、坚持'一个中国原则'的态度。海协会希望海基会能够确认这是台湾方面的正式意见。基于这样的认知,海基会在11月3日发布的新闻稿中申明:'据中共海协会负责人本(三)日透过新华社表示,愿意'尊重并接受'本会日前所提两会各自以口头声明方式表达'一个中国原则'的建议,但该会亦表示'口头表述具体内容,则将另行协商'。本会认为,至于口头声明的具体内容,我方将根据'国家统一纲领'及'国家统一委员会'八月一日对于'一个中国'涵义所作决议,加以表达。'

"在新闻稿发布的当日,海基会亦有专函,正式通知海协会,'以口头声明方式表述'一个中国原则。我收到这封信后,立即打电话通知海基会秘书长陈荣杰,表示海协会充分尊重并接受海基会以口头声明方式表述一个中国原则的建议。

"由于海基会在11月3日发布的新闻稿中已确认,两岸两会各自以口头声明方式表述'一个中国原则'的建议,海协会遂于11月16日致函海基会,明确表示:'在这次工作性商谈中，贵会代表建议在相互谅解的前提下，采用贵我两会各自口头声明的方式表述一个中国原则，并提出了具体表述内容（见附件），其中明确了海峡两岸均坚持一个中国的原则，这项内容也已于日后见诸台湾报刊。……

"为使海峡两岸公证书使用问题商谈早日克尽全功，现将我会拟作口头表述的重点函告贵会：海峡两岸都坚持一个中国的原则，努力谋求国家的统一。但在海峡两岸事务性商谈中，不涉及'一个中国'的政治涵义。'

"紧接着，海基会于12月3日复函海协会表示：'我方始终认为，两岸事务性之商谈，应与政治性之议题无关，且两岸对'一个中国'之涵义，认知显有不同。我方为谋求问题之解决，建议以口头各自说明。至于口头说明之具体内容，我方已于11月3日发布之新闻稿中明白表示，将根据'国家统一纲领'涵义所作决议加以表达。'"

从以上孙亚夫先生的说明文字中，我们可以清楚地看出两岸两会在九二年各自以口头说明方式表达一个中国原则的来龙去脉，其内容大致可归结为：

台湾海基会的表述："在海峡两岸共同努力谋求国家统一的过程中，双方虽均坚持一个中国的原则，但对于一个中国的涵义，认知各有不同。"

大陆海协会的表述："海峡两岸都坚持一个中国的原则，努力谋求国家的统一。但在海峡两岸事务性商谈中，不涉及'一个中国'的政治涵义。"

以上两岸两会的表述即为"九二共识"，这个共识即是："海峡两岸均坚持一个中国的原则"，对于"一个中国"的涵义，可以有"不同的认知"或"不涉及"，但有一个前提，即双方共同"努力谋求国家的统一"。概括地说即为：一个中国，各自表述，共谋统一。

四、结束语

综上所述，我们可以看到，"九二共识"的最大公约数是海峡两岸均坚持一个中国的原则，这个原则就是领土主权没有分裂的一个中国，也即是海峡两岸的中国人均无异词的"台湾和大陆同属中国的一部分"。至于"各自表述"中涉及主权冲突或主权与治权呈现出非同一性部分，则用搁置主权争议的方式处理，但前提是两岸必须共谋国家统一。

概括地说，"九二共识"即是"一中各表"，"一中"即强调中国的领土主权没有分裂和不容分裂，"各表"则意味着两岸均存在主权与治权的非同一性问题。而"搁置主权争议，共谋国家统一"即是"九二共识"的真精神。在此一真精神指导下，落实"两岸三通"，签订"经贸协议"，继而解除两岸敌对状态，推进海峡两岸和平，最终复归统一。凡此种种举措，都必须在领土主权没有分裂和不容分裂的一个中国框架下进行，因此，"九二共识"也可称之为"一中"框架。目前的两岸关系正是在"九二共识"规范的"一中"框架下朝着国家统一的目标迈进。

（原文刊载于《海峡评论》231 期 2010 年 3月号，编者有删节）

夯实"九二共识"促进两岸关系稳中求进求变

——对国台办主任王毅先生 2012 年新年寄语的解读

台湾大学政治系名誉教授 张麟徵

两岸关系在新年伊始因为台湾"大选"受到严酷考验，还好马英九最终以近 80 万票胜出，让两岸关系得以在既有的轨道上继续前进，使得王毅主任的新春谈话用上了"乾坤气象和，龙腾两岸春"这么喜气的祝词。

"九二共识"的"公投"

台湾这次选举虽然议题众多，但是蓝绿两个阵营在内部议题上的立场多半大同小异，真正针锋相对的核心议题其实就是"九二共识"：蓝打政绩与安定牌，力挺"九二共识"，绿则全面否定"九二共识"。选举倒数计时阶段，台湾企业界、海外华侨、美国都跳出来为"九二共识"背书，就是因为认知到此一共识的能否存续，关乎台湾未来的经济繁荣、对外交往，也关乎美中台三角关系，台海及东亚地区情势发展。因此，若说这次选举基本上是"九二共识"的"公投"也不为过。

在"九二共识"的基础上，过去近4年的时间里，台海关系翻开了一页新的篇章，缔造了60年来两岸从未得见的和平互动。但这个基础并不稳固，因为民进党的刻意扭曲解读及否定，国民党欲语还休的语焉不详，台湾内部还有近半的选民并不了解"九二共识"的真正意涵。如果作为两岸关系和平发展基石的"九二共识"不能为绝大多数的台湾民众了解与接受，两岸关系和平发展的前景就还是存有阴霾。因为政党轮替在台湾是家常便饭，如果换了政党就推翻"九二共识"，两岸关系变量就太大了。所以两岸当局未来的重要工作就是要争取绝大多数的台湾民众正确了解并支持"九二共识"。

"九二共识"为两岸和平发展基础

20世纪90年代中期，李登辉"台独"的狐狸尾巴露出，不再认同一个中国原则，接着"台独"的陈水扁上台，当然更不接受一中原则，所以在李扁执政时代，两岸关系不是剑拔弩张，就是断绝往来。直到马英九上台，接受"九二共识"，两岸关系才能"行到水穷处，坐看云起时"。这次台湾"大选"，由于选情紧绷，选前大陆高层，从胡锦涛主席以降，贾庆林、王毅、陈云林等都公开声称表示，如果未来的台湾当局不接受"九二共识"，两岸关系将回到原点。换言之，所有在这个基础上给予台湾的好处都将不再。还好台湾民众做了睿智的选择。

选后王毅主任在 2012 年 1 月 30 日新春谈话中强调：因为两岸双方在反对"台独"、坚持"九二共识"的共同政治基础上保持互信，良性互动，2011 年两岸协商才能稳中有进，成果丰硕。

王毅主任还进一步解释："九二共识"的精髓是求同存异，即坚持一个中国之同，存双方政治分歧之异。两岸双方应在此基础上进一步聚同化异，增进互信，从而为两岸关系的长久稳定发展提供更为坚实的保障。由此可知，任何台湾当局，如果不接受"九二共识"，就大陆而言，两岸即将失去和平发展的基础与可能。

就台湾而言，因为"九二共识"的核心是一个中国，主张"台独"的民进党自然无法接受。马英九虽然支持"九二共识"，但因为怕被民进党抹红、批其"倾中卖台"，所以常故意回避"一中"，突出"各表"。败选之后，民进党面临了两岸路线调整的考验，党中的有识之士主张举办党内辩论，厘清并建构未来民进党的"中国政策"，但是目前看来，情势并不明朗。一则党主席一职究竟花落谁家尚未定案，在群龙无首的情况下，大辩论难以推动，也无人主导。二则有人，如谢长廷，主张"中国政策"回归"一中宪法"，或向国民党的政策靠拢，但议案尚未形成，党内批判之声已经四起。三则是根本不承认败选如许信良所说，是由于否定"九二共识"而造成，当然也就不想调整目前的"中国政策"。

因何败选？其实民进党人心知肚明，只是不能承认。民进党的两难是：如果"中国政策"向蓝营靠拢，如何面对自己的信仰？如何向基本教义派交待？如何保证下一次选举中绿营的选票也会含泪含恨的归队？如果坚持原有的"台独"路线，路会不会越走越窄？已经形成的两岸经贸、投资、文化、人员等交流趋势还有可能逆转吗？台湾民众会接受吗？重新执政的机会会不会更为渺茫？台美关系要如何修复？可以想见，民进党在这个政策路线上的转型虽然不是不可能，但即使要推动转型，前路也是漫长而痛苦。而以民进党意识形态的僵化来看，即使转型，也绝对是核心不变，只是包装更新。原因很简单，"台独"的核心思想既是积几十年的鼓吹而形成，要去除当然也不可能在短时间内奏效。

国民党的考验是要不要诚实面对"九二共识"的真正含意？马英九先生在"九二共识"这一政策上的表现常常前后矛盾。有时候立场坚定，譬如主张按照"中华民国宪法"，称对岸为大陆地区，训令各部门今后行文不能称大陆为"中国"。但有的时候又说"中华民国是我的国家，台湾是我的家园，台湾也是我的国家"，把台湾等同"中华民国"，这与蔡英文的"台湾就是中华民国"又有何不同？这纯粹只是选举语言？恐怕并不尽然。检验马英九先生这3年多来的谈话，可以看出若干端倪。如果不是因为这些年来马英九在一中立场上的摆荡，"各表"的出格，对统一的回避，不敢自称中国人，政策与用人上向绿营靠拢，宋楚瑜就找不到着力点出来搅局，这次选举也不会选得那么辛苦，丢掉了140多万选票。

马英九执政3年多，对于陈水扁时代所厘定"台独"倾向的中学课纲，在教科书上留下的"台独"、"两国论"等内容，并未更正，难怪现在的中小学生只知道自己是台湾人，不知道也是中国人。马英九在两岸关系议题上，常常反反复复，例子不胜枚举，从"终统"到"不统"，从要签"两岸和平协议"到"未来十年不能回避两岸和平协议"，到"任内不谈此一议题",再到"三项条件、十大保证"与"公投",一步步后退,令人仰天浩叹。

两岸关系如想和平发展,前路平顺,必须要夯实"九二共识",凸出其一个中国的精髓。我们注意到大陆方面对此一"共同的政治基础",只单纯的提"九二共识",对马英九天天将"一中各表"挂在嘴上大陆也未反驳,台湾将此解读为此一主张已为大陆默认。其实合乎情理的推测,可能只是大陆善意的考虑到马英九的处境,不想为难他,才模糊以对。大陆既不可能接受"台湾是我的国家"的说法,也不会放弃终极统一的政策。

两岸关系接下来要如何走

马英九连任后,两岸关系将如何走?王毅先生在2012年新春谈话中主张:在反对"台独"、坚持"九二共识"的基础上,"聚同化异,增进互信","继续秉持先易后难、先经后政的基本思路,务实推动两岸关系循序渐进向前发展"。又强调持续深化两岸在经贸、文化、人员来往等层面的交流;推动两岸在产业、投资、金融、市场等新领域的合作。这基本上是延续过往做法,深耕扩大而已。这一番表态显然是考虑到两岸现况,并没有好高骛远,只是脚踏实地,期待一步一步建构出一个各种关系绵密交织的两岸有机体。

在继续推动两岸经济在产业、投资、金融、市场等新领域的合作方面,由于台湾当局与民间对此也有高度期待,双方合作不是问题,只是由于两岸利益与立场不尽相同,进入"深水区"之后的谈判磨合，需要时间，不会像前几年大陆片面放利这么立竿见影。但是两岸虽有利多利少的拉锯，总的来说合作还是互利双赢的，难度并非不可克服，只是速度与幅度上不能寄望太高。在便捷两岸人员来往，促进两岸文化文教交流方面，两岸也都有意愿，这方面关系的开拓可以增进两岸民众相互认同，建立"两岸一家人"的共识，引领两岸关系走向更平顺的道路。至于政治层面，从王毅先生的谈话看来，调门颇低，只希望"为破解两岸政治、军事等方面的难题积累共识，创造条件"。

就台湾而言，马英九的大陆政策受到大陆、台湾内部在野势力、美国等因素影响。但是这三个因素何者为重，何者为轻，还是由马英九个人的认知、偏好与顾忌来决定。马英九在改善两岸经济这一块任事积极，因为这可以帮助他拉抬自己的支持度。对于文化文教交流则没有那么主动，认为可以由民间来推动。至于政治这一块则举步犹豫，对和平协议的主张一修再修就是明证。马英九在两岸政治议题上的消极态度既是受到民进党批评的牵制，也是受到美国"关怀"的影响所导致，此一态度在短期内不会改变。短期内大陆在此议题上似乎也不会给予压力。但是如果马英九想要在第二任内"脱胎换骨"，争取"历史评价"，他自己应该给自己一些压力。

平心而论，现阶段确实未到立即启动两岸和平协议的时候，主要是各方面条件尚未成熟，目前两岸都要为创造条件努力。

在创造条件上，大陆方面显然是想透过促进全方位交流合作的过程，消除存在于两岸间的隔阂、差异、猜疑、敌意，加强两岸当局及人民的互动、互尊、互谅、互信，进而水到渠成地推出政治协商或对话。这项工程自马英九在 2008 年胜选后已经上路，目前更要加鞭着力，持续推进。

　　至于在台湾方面，马英九对于创造条件并不积极。马其实不仅想延续"先经后政"的路线，更想政经分离，只谈经不谈政。如前所述，马英九第一任内连中小学教科书中阴影重重的"两国论"、分裂论述都不思更正，如何能有更进一步的作为？如想历史留名，只强调台湾优先、以台湾为主，在经济上为台湾谋好处是不够的。当务之急他应该从自身做起：第一，再不能将"九二共识""表"成"台湾也是我的国家"来迎合绿营的主张。强调"中华民国是主权国家"时，绝不能将其"主权"涵盖之疆域局限于台澎金马。要避免"各表"成"一中一台"或"两个中国"。第二，要标榜自己是中国人，台湾人与中国人并不相斥。英国历史学家阿尔诺德·约瑟夫·汤恩比说：21 世纪是中国人的世纪，解决世界问题唯有孔子思想与大乘佛法。我们应以身为中国人为傲。第三，要推动两岸民间人士在政治、军事、外交各领域的对话，为化解两岸歧见提出对策，为两岸未来启动政治协商热身。第四，扎根需从教育做起，特别是在认同形成的中小学阶段，一定要给孩子正确的国家、民族观念，需将目前中小学课文中不当的文字删除重写。

结　语

　　马英九的当选连任确实为严峻的两岸关系争取到时间与转机，但俗语说"人无远虑必有近忧"，我们必须为未来的两岸关系未雨绸缪，必须努力使奠基于反对"台独"、坚持"九二共识"政治基础上的两岸关系成为一个无可逆转的趋势。这次选举中我们看到在经济上这番努力已经奏效，为了台湾的经济繁荣，有那么多的人出来挺"九二共识"，解除了反对"九二共识"的民进党的威胁。希望未来四年在此基础上，两岸努力透过民间力量，如学术界的沟通对话，炒热议题，使确保台海安全、区域和平也成为一个台湾人共同追求的愿景，一个无可逆转的趋势。那么未来台湾无论谁当政，对"九二共识"都只能萧规曹随，在一中原则的指导下，两岸终有一天会迈向终极统一。

（原文刊载于《两岸关系》2012 年第 2 期）

蔡英文败选检讨与如何转化"九二共识"

台湾战略学会理事长　王昆义

民进党在 2012 年"总统大选"中再度败北之后，蔡英文透过发言人说："为了有别于传统的检讨可能流于主观的解读，党主席蔡英文特别要求这次的选后检讨报告必须更科学、更专业，即透过精确的数据做出客观的分析，以供未来选战参考。"

在蔡英文的检讨报告还没拿出来之前，谢长廷 2 月 7 日在他主持的电台节目中就主张说，民进党两岸政策应往中间靠，不要和国民党差太多，去挤压国民党的票，不让两岸政策成为选举议题，由台湾团结联盟顾守本土派。

谢长廷的说法，其实以前我们就讨论过许多，民进党既要不跟国民党差太多，唯有向中间靠，但"中间"又是什么？谢长廷并没有解释清楚。

除了个人提出的检讨声音之外，在 2 月 15 日民进党内也初步提出检讨报告，但是民进党的报告内容没有提到"九二共识"，也没有讨论路线的问题。在民进党检讨的"选战检讨与建议"的部分，这个部分的检讨报告分析民进党的优势、劣势与国民党的优势、劣势，而民进党是在一个比较小的盘面，往中间移动；同时，双方都尽量把自己的优势扩大，把劣势缩小，但国民党做得比较好。

民进党最后在中间选民的部分还是功亏一篑，主要还是在包括形象上的危机处理不够，而选前最后两三周，民调已出现变化，地方所回报的热度不同于民调，因此未能实时补救。

追究流失中间选民的部分，检讨报告指出，马英九的中间选民在后期稳定成长，宋楚瑜随之下降，支持蔡英文的中间选民表态上也转趋保守，原因包括国民党投入大量的资源洗刷执政无能的印象，并加强民进党过去执政的印象，因此马英九的不满意度下降。

同样的，民进党的检讨报告中不提"九二共识"，显然民进党并不认为蔡英文是败在"九二共识"，但外界都看得很清楚，没有"九二共识"最后发出的威力，蔡英文不可能输到80万票。

从这些初步的检讨内容，可以归纳大致还是以两岸议题为主，也就是蔡英文会输，主要还是输在两岸关系的处理方面。在"大选"期间，蔡英文虽然提出"台湾共识"，但是她还是一直模糊化处理"台湾共识"的内涵，使得台湾人民，还有一些大企业家为了维持两岸的和谐，他们不得不出来力挺马英九。而力挺蔡英文的人士，主要是学界的力量，但是在投票当时，欧债问题一直爆发，劳工担心如果没有中国大陆这块市场，可能大家只好天天放"无薪假"，所以学者的声音，当然抵不过企业家的声音，这是这一次选举最吊诡之处。

现在回到最根本的"九二共识"来思考，民进党人士一直把"九二共识"当成是政治性的议题，他们并没有想到在经过两岸签订 13 项经贸协议和 ECFA 之后，"九二共识" 其实已经逐步转化成一个 "经济性的议题"，在国民党和台湾的资本家的思维里，"九二共识" 的转型，才是保障台湾在大陆投资与占有大陆市场的最重要根源，所以民进党人士如果还是把 "九二共识" 当成是一种政治议题，是攸关台湾 "主权" 是否保障的议题，那么民进党的检讨，必然无法跳脱过去排斥 "九二共识" 的想法，那么再多的检讨，最后还是会流于各说各话的窘境。

所以，民进党要检讨失败的根源，首先就要重新界定 "九二共识" 到底是存在陈水扁执政时代的 "政治性议题"，还是经过马英九执政以后的 "经济性议题"。如果这个属性没有界定清楚，最后还是会流于意识型态领域的僵持，这当然会影响 2016 民进党的成败。

第二是，"九二共识" 存在到底对台湾的利弊得失如何？如果因为 "九二共识" 的存在，两岸就呈现善意，那么民进党就不必妖魔化 "九二共识"，或者一再强调那是 "没有共识的共识"，这种口水之战，只会消弭人民对民进党重新执政的信任感，民进党想在 2016 赢得 "大选"，那就更为困难。

第三是，民进党的 "台独党纲"、"台湾前途决议文"，一直让大陆不放心，也是就是让大陆一直认为民进党还是一个 "台独党"。如果民进党不想继续沉溺在被贴标签的情况，那么把接受 "九二共识" 当成是接受大陆对台经济 "让利" 的善意，亦即把 "九二共识" 经济化，那么 "九二共识" 就可以取代民进党的 "台独党纲" 和 "台湾前途决议文"，这样民进党跟大陆也就有对话的基础。

第四是，不管民进党要走 "向中间靠"，或是许信良 "转型论"的路线，"九二共识"还是中国大陆的最后底线。马英九可以把"九二共识"说成"一中各表的九二共识"，是"不统、不独、不武"与"以台湾为主、对人民有利"之下所建立的两岸关系，民进党当然也可以在"九二共识"之前加上他们想要的形容词，这样起码跟大陆也有一定的信任基础。完全排斥"九二共识"，只想拿四成五的选票，民进党想重新执政，那是不可能的任务。

所以，民进党提出再多的检讨，最终还是脱离不了"九二共识"，只要把"九二共识"转化成经济性议题，其实要接受"九二共识"又有什么难处呢？

（全文刊载于《中国评论》月刊 2012 年 3 月号，总第 171 期，编者有删节）

必也正名乎

——从"九二共识"二十周年谈起

台湾政治大学"国家发展研究所"教授　赵建民

"九二共识"的贡献

"九二共识"的最大作用,在于为两岸的政治对抗,找到了化解的方法,提供两岸互动的基本名分,也使得最大的不信任源获得舒缓,为建立互信提供基础,并逐渐扩大深化。台湾前述的无力感与孤立感,逐渐消褪平息,不仅在两岸之间找到了开创性与建设性的机会之窗,以经济的红利取代军事对抗的风险,即便在全球化经济整合过程中,也逐渐找着了门路。

大陆看"九二共识"

在此一典范建立的过程中,大陆虽然充分肯定"九二共识"的历史地位,但是对"各表一中"略有意见,因此,尝试新的提法,如"两岸一中"、"共表一中"、"两岸一国"等。

大陆方面认为,过去四年来的两岸关系成效十分巨大,两岸和平发展的政治基础得到巩固,"九二共识"去污名化、经济化、普及化,但和平发展依然是一个遥远的路程,因此,未来四年的工作,是在既有的基础上循序渐进,并继续深化。国台办主任王毅在2011年12月海协会成立二十周年纪念会上的演讲,说得非常清楚:"先易后难、循序渐进、从双方有共同意愿、有合作条件的议题入手,既有利于协商的推动,有利于两岸民众的信心,也有利于为将来解决政治难题累积共识"。这段话说明了未来四年的大陆对台政策,一方面将延续现在政策,方向上不会做出重大调整,另一方面,工作也必须有所进展,不能是原地踏步。

温家宝总理在3月5日全国人大会议上所提的政府工作报告,提出"拓展两岸关系的和平发展新局面",政协主席贾庆林在同一时间举行的对台工作会议上,称"继续建构两岸关系的和平发展框架,要不断巩固和深化两岸关系的和平发展,构建确保两岸关系可持续和平发展的框架",可见"巩固和深化"两岸关系的和平发展框架,应为下一阶段中共的重点。

贾庆林在2011年12月海协会成立二十周年纪念会上,称"'九二共识'奠定了两岸协商的政治基础,未来只要巩固和增强这个政治互信基础，两岸协商就能取得更大成就，造福两岸同胞"。中共总书记胡锦涛在 2012 年 3 月 23 日吴、胡会中，也有相似的提法："两岸双方继续巩固和增进政治互信，仍是今后两岸关系保持良好的首要关键和前进动力……增进政治互信，重在坚持九二共识，坚持反对'台独'。"

国台办主任王毅在 2012 年 4 月在美国休斯顿面对侨社时，进一步表示，"巩固政治基础"指的是"拒绝以各种形式的'台独'主张，维持'九二共识'"；"不断增进政治互信"则指的是"认同两岸同属一中，维护一中框架，形成更为清晰的共同认同和一致立场"。王毅在去休斯顿前的博鳌论坛中，有相似的提法，称经济领域的合作仍是今年优先重点，但许多方面已开始由易入难，对推进经济合作，"要进一步维护、巩固并不断深化双方间的政治互信"。在 3 月 15 日的第十届两岸关系研讨会上，王毅的立场也很清楚："在事关维护一个中国框架这一原则问题上形成更为清晰的共同认知和一致立场，更为明确的树立两岸同胞一家人的观念。"贾庆林在今年七月于两岸经贸论坛中，提出"一个中国框架的核心，是两岸同属一个国家"后，"两岸一国"的概念，已经成为大陆方面对台政策的主旋律。

台湾看"九二共识"

最近笔者参加在北京举行的一个学术研讨会，大陆方面自出席的学者至官员，无不言者谆谆，力陈"两岸一国"非但不否定"各表"，还有利于互信的增进。大陆学者认为，两岸在一中的内涵上，不论自政治、法律或对外，都存在重大分歧，因此，自"九二共识"转向"两岸一国"，符合大陆的核心利益。针对大陆出席代表的慷慨陈辞，笔者表示，在两岸的脉络里，"九二共识"这四个字，是六十年来两岸政治纷扰中仅有的交集，得之不易。双方援用四年以来，已经创造了无与伦比的效益，包括：

●交流去政治化●协商准政府化●政治议题去敏感化●主权问题不再是双方针锋相对的零和游戏

对台湾而言，四年来赖以改善两岸关系的"九二共识"，其实存在两个状况：一、"一中"必须与"各表"相连，才有可能被民众所接受；二、老百姓对"九二共识"的支持度并不高，大约只勉强过半。

目前台湾的民意是，对主权意涵低的两岸谈判（如三通与交流），民众高度支持，对政治意涵较高的协议（譬如两岸投保协议和 ECFA），民众的支持度中间偏上，但对高度主权内涵的协商诸如和平协议，民意的支持度低。

"九二共识"的微妙，在于将高度争议的政治内涵，改用中性的语言包装，已逐渐掳获民心。虽然台湾的民意归向逐渐靠拢，但是仍然有不少人公开反对"九二共识"。因此，当务之急，应是两岸如何共同巩固、深化"九二共识"，使海峡两岸真正能够对此一得之殊为不易的"九二共识"，产生真正的共同认识，此时岂是改变典范的契机？

退一步说，新的提法真的有利互信的增加吗？目前的情况是，两岸互信固然已有增长，与四年前诚不可同日而语，但有些问题涉及政治原则与政治现实，并不一定与互信有关。

巩固"九二共识"深化两岸互信

两岸之间的政治争议，其实是建立在迄今仍然无法处理的四个政治现实之上："中华民国"、中华人民共和国、一般人对"中国"有定型化的理解、因而也导致台湾内部对"中国"的解释及接受度出现纷歧。两岸必须就这些问题找到相互容忍的方案，才是化解纷争的根本之图，两岸之间才有可能真正出现互信。就此而言，最近连、胡在亚太经合会上碰面时，大陆方面提议，两岸共同创造有利于台湾加入国际民航组织（ICAO）的环境，无疑是促进互信的一帖良剂。

个人认为，现阶段大陆方面以两岸关系的和平发展框架以及强化两岸互信，作为未来努力的目标，在方向上，确实值得肯定，但是在作法上，则应行稳致远，以强化和巩固已逐渐为多数人肯定的"九二共识"为先，因为这四个简单的字，已经为两岸带来巨大效益，使双方化干戈为玉帛，以协商代替对抗。成果得之不易，必须善加珍惜，切勿躁进。大陆方面亦应认真找出台湾方面对中国认同日渐弱化的真实原因，顺势扩大"九二共识"的基础与效用，使得双方在政治层面的争议，能够获得充分的处理。

解决问题的共同基础

"九二共识"虽为两岸关系提供了名分的基础，但是问题并未解决。展望未来，两岸应该在"九二共识"的既得效益上，巩固并强化互信，以期为两岸关系奠定另一个二十年的康庄大道。对此，"九二共识"应该有很大的发展空间：

●从解决低度政治的基础，成为解决所有问题的共同基础；●从两岸协商的基础，成为各类互动的共识基础；●从处理两岸问题的原则，到为两岸国际合作开创条件。

若然，则两岸关系安矣。

（原文载台湾《交流》杂志 2012 年 10 月号第 125 期，编者有删节。）

由两岸互信建构看"九二共识"

海基会副秘书长　马绍章

二十年的时间，是短是长？或许短到不足以消弭历史的恩怨，化解意识型态的障碍，却也长到让我们可以比较两岸关系的起伏转折，看到两岸未来应然的走向。

二十年前，两岸形成"九二共识"，二十年后，它依然是注目的焦点，讨论两岸关系，几乎离不开"九二共识"。然而，大多数人是各取所需，有人只看一段时期，有人只聚焦共识内容，毕竟难以窥其全貌。个人认为，要认识"九二共识"，必须把它放在两岸建构信任的过程中来理解，因为在不同的时期，它有不同的意义。

就"九二共识"而言，国民党始终认为其内涵为"一中各表"。诚如"国安会"前秘书长苏起所说："共产党的立场是'一中'，不谈'各表'；国民党是'一中各表'；而民进党是'各表'，不谈'一中'。"对国民党来说，"九二共识"象征的是两岸之争议并非统独之争，而是价值与制度的议题，就像"国统纲领"所说以追求"民主、自由、均富的中国"为目

标，这也是"九二共识"从开始至今始终不变的重要意涵。在
这一层意义上，"九二共识"代表了两岸层次与政党层次战略
交集的相应性。

无可讳言，"九二共识"为两岸之间的一个中国内涵争议，
提供了一个解套方法。事实上，两岸目前也无意深究一个中国
的内涵，因为重要的不是它的内涵，而是前述始终不变的意
涵，这也是大陆一直宣称只要民进党接受"九二共识"，即可
展开对话协商的主要逻辑。从这个角度来看，"九二共识"是
一个搁置争议的良策，只可惜，民进党一直否认"九二共识"
的存在，使两岸层次与政党层次的战略利益无法相应，成了和
大陆展开互信建构的障碍。

足够的战略利益交集只是建构信任的必要条件而已，不能
忽略其它的条件：一致性、确定性与突破性。就一致性而言，
包括了时间前后的一致性、言行的一致性；这种一致性，亦为
一种可预测性，即可降低对方心理上的不确定感，有助于信任
的建构。

"九二共识"形成前后的历史也可以说明一致性的重要性。
自两岸开放交流之后，彼此有接触之需要，但双方都有疑虑。
由于李登辉"总统"是新领导人，大陆不能十分确定他的意向
与态度；而台湾方面也对大陆一国两制的统一主张心存疑虑，
因此双方都相当谨慎。由目前的信息来看，李"总统"与大陆
之间的密使往来，是建立互信的第一步，但更重要的是 1990
年成立"国统会"，1991 年 2 月 23 日通过"国统纲领"，1992
年 8 月 1 日通过"一个中国涵义的决议"，可以说，当时政府
言行一致，前后一致，因此虽然双方对于是否要将一个中国原
则落诸于协议有不同意见，最终大陆也同意各自用口头方式来

表达。因此，"九二共识"既是双方之前建立互信的一个总结，但也是双方之后检视互信的一个根据。

确定性，可以说是两岸在政体不同的情况下，非常重要的一个条件。所谓确定性，是指一种正式的、组织的决策，而不只是领导人的谈话而已，它同时也必须是无法挽回（irrevocable）的表示。

在"九二共识"形成之前，不论是"国统会"的成立、"国统纲领"以及"一个中国涵义决议"的通过，都是一种确定性的表达，因此有助于"九二共识"的形成。

2005年连战主席与胡锦涛总书记共同发表了新闻公报，其中包括了两党共同的体认（战略交集），也揭橥了两党要促进的五项工作，亦即五项和平共同愿景。这一份新闻公报，不仅是双方共同发布，而且后来并成为两党的正式文件，马英九在2006年继任党主席之后，亦将其列为政纲，这都是一种确定性的表示。此一新闻公报，不仅提到了"九二共识"，也提到了五项共同愿景，包括在"九二共识"的基础上恢复两会协商。由此可知，此时的"九二共识"已不是单独存在，而是与五项共同愿景并存，可以称之"五加一共识"，这也是2008年后两岸关系往前推进的重要基础。

1990年代初期，两岸的战略利益交集较广，李登辉"总统"与对岸开始建立密使往来，这就是一种建立互信的过程。我们从后来的发展可以看出，这个互信促成了海基会与海协会的成立、"九二共识"的形成，以及一九九三年的辜汪会谈与四项协议的签署。

但很可惜，在李登辉"总统"坚持访美之后，由于一致性受到怀疑，这个脆弱的互信被破坏。此后双方皆有想要重新建构信任，因此才有 1998 年的辜汪会晤。然而一九九九年李登辉"总统"发表了"特殊的国与国关系"谈话，使两岸的战略利益交集大幅缩减，信任完全消失。

这种情况到了 2000 年民进党执政后，依旧没有改变。总而言之，民进党执政八年期间与大陆虽然是多次赛局，但双方的战略利益，除了和平之外，几乎是南辕北辙，建构信任可以说是十分困难。民进党虽然以"台湾前途决议文"取代了"台独党纲"，但突破性不足。至于中共，统一的大目标从来没有改变，改变的只是手段而已。由于缺少了这个互信的基础，双方都无法突破囚犯困境。民进党采取"烽火外交"，大陆也同样用攻势响应；民进党推动"公投法"，大陆就制定"反分裂法"，就是最明显的两个例子。

从突破性的角度来看，"九二共识"已成了民进党与大陆开展互信的试金石。2012 年"大选"之时，"九二共识"再度成了各界关注的焦点，许多企业界人士纷纷表态支持"九二共识"。民进党"总统"候选人在"大选"时否认"九二共识"的存在，这个长期的态度已经使"九二共识"成了民进党难以跨越的门坎。换言之，"九二共识"在民进党与大陆之间，既是试金石，亦是门坎。

2005 年连战主席的和平之旅，也堪称是突破之举，因为当初民进党"政府"可以说是全力反对与打压，企图将其与投降与卖台划上等号，尤其大陆刚刚在三月通过"反分裂国家法"。其次，自 1949 年后，从未有"中华民国"的政治领导人踏上大陆领土，连战主席是第一人，不能说不是突破之举。最后，和平之旅也代表了国民党对大陆自改革开放以来的重新认识，也反映了两党彻底切断了 1987 年以前那种零和的斗争思维。

结　语

回首两岸二十年岁月，反而让人对未来有拨云见日之感，尤其是"九二共识"的意涵，放在这二十年建构信任的过程中来看，更显示其价值。

对民进党来说，"九二共识"成了与大陆展开互信的试金石与门坎。

对国民党来说，"九二共识"提供了两岸层次与政党层次战略交集的相应空间，但"九二共识"仍需要其它信任条件的支持，才能发挥其效用。2008 年以来，两岸之间的信任与合作，其效益已然显现，但由于两岸规模与实力差异，仍宜稳步前进。我们也可以预期，未来的两岸关系，更重要的是在信任属性的深化，以及信任条件的突破，尤其是在"正视现实"这一点上，才能为两岸和平繁荣创造可长可久的坚实基础。

"九二共识"至今已二十周年，但两岸合作才四年余，二十年后又会是什么景象？现在或许无法清晰描绘，但我们期待，除了"九二共识"之外，两岸会有更多的共识，更广、更深的互信，当然，它也会为两岸带来更多、更大有形与无形的利益。

（原文载台湾《交流》杂志 2012 年 10 月号第 125 期，编者有删节）

"九二共识"与两岸和解

（台湾）"国政基金会国家安全组"政策委员　郑安国

"九二共识"匆匆二十了！它是源自1992年3月，两岸海基、海协两会协商文书验证协议时，海协会提出要在协议文本中载明"一个中国原则"或"中国内部事务"等文字，然我方认为文书验证是事务性的协议，无须加入政治性文字，双方因此僵持，却也思考解套的方法。

同年8月1日，"国家统一委员会"通过"关于一个中国的涵义"的决议，彰明"海峡两岸均坚持'一个中国'之原则，但双方赋予之涵意有所不同。中共当局认为'一个中国'即为'中华人民共和国'……台湾则认为'一个中国应指一九一二年成立迄今之中华民国'"。此决议表明我方所认知的"一个中国"与中共所指的"一个中国"是不同的。

这个决议的通过，立刻打开两岸协商的僵局。中共于8月27日透过新华社以海协会负责人名义表示：在（两岸）事务性商谈中，只要表明坚持一个中国原则的基本态度，可以不讨论"一个中国"的涵义。在"海峡两岸都坚持'一个中国'

之原则"这一共识基础上，应迅速恢复并推进事务性商谈。

海协会接受各自口头表述之建议

随后两会即于 10 月底进行香港会谈及会后两会函件往来，11 月 16 日海协会并致函海基会表示：接受海基会由"两会各自口头声明的方式表述一个中国原则"的建议。函中除陈明海协会口头表述的要点，并将海基会 10 月 30 日下午的口头表述方案附注于函后。也就是说，"一个中国，各自表述"的建议，是由海基会提出，海协会书面同意，且双方的表述内容均载于书面的，非仅口头表述而已。

这就是 1992 年"一个中国，各自表述"的共识。接着两会就开始就辜汪会谈进行沟通与安排，并在辜汪会谈中签署了历史性的四项协议，开启了两岸关系新纪元。

笔者当时担任"行政院大陆委员会"企划处处长，亲身参与"九二共识"自酝酿至形成的整个过程。其后持续参与及关注两岸事务，迄今二十年，看到两岸关系跌宕起伏，特别感到当时两岸主事者的智慧。由于"九二共识"对两岸关系的未来仍具深远意义，若能了解 1992 年"一个中国，各自表述"的共识精神与实质内涵，才更能发挥"九二共识"在两岸关系的正面作用。

"九二共识"的精神与实质内涵

一、"九二共识"是两岸当局面对两岸关系中最关键的政治问题——"一个中国"问题，用各自表述方式处理。其精神在于正视现实、求同存异，相互尊重对方的基本立场，也就是在两岸间寻求一个最大公约数。面对这么敏感的政治问题，采取国际上前所未见的做法，各让一步，解开症结，确实不易。

二、"一个中国，各自表述"的共识是以当时双方的表述内容为基础的，依据当时我方的表述内容，其要旨就是认同"一个中国原则"，但是对"一个中国"的认知有不同。海协会接受这种说法。这种说法基本上是以不走向"台湾独立"为基础的。

这两点是"九二共识"的精神面与实质面，缺一不可。过去二十年间，两岸关系的的颠踬与波折，其实多与两岸当局是否依循这两点有关。大陆初时坚持"九二共识"就是两岸均坚持"一个中国原则"的共识，排斥"各自表述"，因此台湾难以接受。民进党时期又排斥"一个中国"，提出所谓的"九二精神"，实质走"台独"路线。这些都不是"九二共识"的原貌，以致两岸关系良性互动失去了基础。

直到2008年马英九当选"总统"，国民党重新执政，重回"一个中国，各自表述"的"九二共识"。胡锦涛在3月26日与美国总统布什的电话中也表示：两岸应在双方承认只有一个中国，但对其涵义有不同认知的"九二共识"的基础上，恢复协商，两岸关系才回到正轨。

"九二共识"应发挥更重要作用

其实"九二共识"只是一个两岸关系阶段性的基础，而非两岸终局解决方案。但由于这是历经二十年考验的两岸最大公约数，得来不易，必须珍惜。不仅应以之作为两岸事务性协商的基础，也应以之作为两岸关系持续和平发展的重要基础，在两岸关系中发挥更重要的作用。

一、增进两岸关系，促进人民情谊

过去四年多，两岸经贸关系、社会及文化交流在"九二共识"的基础上取得极大的进展，解决了两岸人民在交流中的许多问题。两岸人民交流便利而频繁，双方了解更深，也使人民对两岸协商更重视，更期待。日本驻台湾的交流协会最近做了一项民调，显示：台湾民众最喜欢的国家或地区，日本是第一位，中国大陆第二位，美国第三位。但是民众认为今后台湾最应该亲近的国家或地区，中国大陆则是第一位（37%），日本（29%）、美国（15%）分居第二、三位。未来允宜在这个基础上，发展更多元与广泛的两岸关系。

二、建立和平稳定架构推动两岸关系正常化

"九二共识"虽然只是一个两岸关系阶段性的基础，而非两岸终局解决方案，但是两岸关系错综复杂，非短期能获致终局解决，若能以"九二共识"作为两岸关系阶段性的基础，建立更稳定的关系架构与更正常的两岸关系，诸如更完备的协议

项目、互设常驻办事处、正常的往来等，当更有助于两岸关系长远发展。

三、以"九二共识"为基础处理当前政治性质议题

两岸关系固然应以经贸、文化为优先，但是若干政治问题往往是干扰两岸关系和平发展的因素，甚至会伤害两岸人民感情。因此在未能处理两岸终局关系前，仍有必要面对这些政治性议题，并以"九二共识"作为处理这些议题的政治基础。

两岸关系　首要拉近双方距离

"九二共识"固然重要，也历经二十年的考验，吾人当然希望它在未来仍能在两岸关系中发挥积极及正面的作用。但是两岸情势却是不断的变化，而且台湾是一个多元化的民主社会，选票决定政权，政权主导政策。要建构一个以"九二共识"为基础的两岸关系架构，就必须建立支持两岸关系和平发展的民意基础。

解决两岸问题的关键在于拉近双方的距离。这包括心理的距离，以及经济的、社会的、制度的、文化的、感情的距离。过去二三十年，由于两岸的共同努力，以及大陆的改革开放与经济发展，两岸之间的距离已经大幅拉近。大陆人民对台湾更加了解，台湾人民对大陆的观感也大幅改变。这也是两岸关系得以增进的重要原因。但是我们认为在拉近双方距离上，仍有进步空间，有待双方共同努力。

另外，双方也应该用更高的格局来审视目前仍存在两岸交

流之间的问题。其中有些是过去或目前看似重要，其实意义不大的歧见、不公平与坚持。台湾有些心态与法规，有待调整。大陆同样也有相近的情形。近几年来，两岸关系大幅改善，大陆方面也做了很多的努力。但在台湾的民意调查中，认为大陆对台湾不友善的比率，降低得不多，值得双方研究、省思。而这些，都不是仅靠"九二共识"就能改善、解决的。

推动两岸交流　共同向上提升

两岸关系在过去四年已走上一个正确的方向，做法上也与时俱进，为两岸关系奠定了良好的基础。展望未来，总体来说应该是乐观的。希望两岸交流与两岸关系的推动，能够在经济、文化、制度、生活方式上，成为两岸共同向上提升的力量，一起创造中华民族的辉煌世纪。

（原文载台湾《交流》杂志 2012 年 10 月号第 125 期）

"一中"原则、"九二共识"到"一中"框架

铭传大学公共事务学系教授、两岸研究中心主任　杨开煌

一、前言

今（2012）年的 11 月的第二周必然是历史上相当重要的一周，因为这是每 20 年一遇的大陆与美国共同更新领导人。上一次是在 1992 年，这一次更在同一周，美国举行总统大选，而中国共产党也要举行十八大，中、美两国是影响未来世界至深至远的两个大国，而她们的领导阶层同时出现更迭，必将决定世界今后至少十年的格局变化，因此有人称之为"超级周"。然而就在廿年前的 11 月中，两岸两会达成各自"以口头声明方式各自表达（一个中国原则）"的谅解，[①] 从而开启了两岸

[①]　其后，在公元 2000 年，由苏起先生将之简称为"九二共识"，此一说法逐渐成为对当年两岸达成之谅解的代名词。

之间的沟通与谈判，这虽然不是两岸之间敌对的结束，但至少是两岸仇恨近半世纪之后，沟通，对话的开始。对两岸关系、对亚太格局、对冷战的结束，均带有划时代的意义，然而毕竟仇恨太久，其后的发展未能如人所愿，特别是李登辉的"两岸政策"，逐步背离了当年中国国民党的"大陆政策"之后，更异化了1992年两岸之间的谅解；因此，从1993年辜汪会谈之后，两岸多次协商却一事无成，两岸关系也没有进展。大大降低了1992年两岸两会达成"以口头声明方式各自表达（一个中国原则）"谅解的重大意义。所幸2008年中国国民党重新执政，台湾重新回归"九二共识"，两岸之间才将原本在1992年之后就该做的事，重新拾起，努力补课。如今，马英九连任成功，北京、华盛顿权力也历经重组，两岸关系能否在"九二共识"缔造的两岸制度化交流的基础上，再进一步进行两岸的政治接触、政治对话以致政治谈判，除了利益博弈、人民意愿之外，纯就两岸关系而论，关键还在于两岸如何面对"九二共识"的唯一基础"一中"原则。值此"九二共识"确立廿周年之际，重作检讨，澄清问题，策励未来，实属必要。

二、"一中"原则内涵再探

两岸之间争执不休的"一中"原则，就其内容而言，包含了三个元素：一、中与原则等，分别释义如下。

"一"在此意即"唯一"、"单一"、"统一"。因而"一"带有排他，独占的意义，事实上；在两岸之间；以往在"一中"原则上争执的焦点，也就在"一"的问题上作斗争，这是在中国文化中十分典型，十分传统的大一统和正统性的思考模式，所以国共之间才有斗争，也因此北京始终坚持"一中"原则。

"中"当然是指"中国"，而且是唯一政治意义的中国，所谓"政治意义的中国"中所指"中国"是政治学中所说的"国家"，国家在政治学中的定义，虽然是多种多样，但是在早期传统政治学中，政治学者的意见比较一致地，认为所谓"国家"的基本元素，包括了人民、土地、主权、政府等四项。从两岸的政治现实状况来看，两岸各自拥有的政治元素，都可以称之为传统政治学意义的"国家"，她们都各自拥有一定数量的人民，固定的领土，和管理的机构和权力。然而，特别之处是由于历史的原因，造成两岸当局对国家的基本元素中，"人民"、"土地"、"主权"具有完全地重迭性，唯一的争执是"政府"。易言之，是政府的代表性之争，然而自从台湾政体调整为民选政体之后，台湾当局就努力将两岸之争，从"政府"之争转移成"国家"之争。"政府"之争在本质上是高行政之争，而"国家"之争则是高政治之争，所以在90年代之前后两岸关系斗争的性质存在根本性差异，高行政之争具有高不确定性，但是易于解决；特别在双方均属于威权制度下，问题的解决关键在"互信"，有"互信"双方可以在一念之间出现转机，无"互信"双方也可能在一念之间出现危机；到了高政治斗争时，就是一种复杂的斗争，有时也可能发展成为民粹之争，而且其斗争的结果，也大于行政之争的影响。

"原则"是指若干基本价值或最基本法则，"原则"常常是一切行动，一切规范，一切论述的基础，所以"原则"是不会改变，也不能改变，是一种硬性的规定。一旦原则修改了，调整了，则一切准绳，一切标准都必须调整，必须改变，换言之，"原则"是用以遵守，用以依循的，它具有不可协议性，不可让渡性。原则虽具有不变性，不过遵守原则的方法，是可以弹性的。以两岸关系的基本立场——一个中国原则而论，它一直是两岸关系最根本原则，不过在表现上，可能与时俱进。在九十年代以前，两岸表现恪守一个中国原则时，最熟悉，最直接的表现方式，就是在两岸之间"视若寇雠，相互消灭"，在国际之间则是"汉贼不两立"；但是九十年代之后，两岸之间依然信守一个中国为原则，不过两岸之间，不但不是"相互消灭"，反而在"九二共识"之下，两岸两会可以经由各自的公权力委托，进行协商谈判。在国际也从互不两立，转而在国际经济领域，可以寻找出不违背"一中"原则下，不同模式的并存之道。然而在国际法原则下，"国家"的元素，除了政治学的四个元素之外，在 1933 年签订的蒙特维多公约（Montevideo Convention）经常被引述，这份公约的第一项条文声明，在国际法上的国家实体应该必须拥有以下条件：则是固定的人口，既定的国界，政府，与其它国家发展关系的能力等四者。其中的"与其它国家发展关系的能力"是与政治学所强调的"主权"不同，但显然比"主权"更加重要，因为主权是静态的元素，对内而言，政府与主权通常可以互为表理，政府为表，主权为理，政府不合法则无权，自然构不成政府；主权不经由政府亦无由行使，所以，从国家的角度看，政府和主权虽不重迭，但是无法完全分化，而且欠缺了政府对外行为的讨论，可以说是最大的缺憾。反之，国际法中强调"国家"的"与其他国家发展关系的能力"，则是比较周延的描述。"与其他国家发展关系的能力"中包含了主权，因为此一主权有其行动"能力",而且是被其它主权国家所承认,所以此一能力自然包含了对内的最高权力,之后才有对外"其它国家发展关系的能力",以通俗易懂的说法来形容,就是此一主权必需表现为与其它主权国家相互承认,彼此建立邦交,以便在国际社会被认定为"主权独立"的国家。此一主权的能力,对内是至高无上的,对外则是唯一排他。

从以上的分析,可以理解两岸关系中的"一中"原则,其实包括了三个层次:即中国传统政治的,政治学的以及国际法的。而大陆"一中"原则的最初解释,即是依据这三个层次分别进行的解释:世界上只有一个中国,这是偏重中国政治正统文化观的表述;台湾是中国的一部分,这是主要以政治学的角度认定;中华人民共和国政府是代表中国的唯一合法的政府,这是依国际法要旨的强调方式。换言之,这是最传统,但也是最符合国际社会理解,最通用的解释方式。大陆在国际上一直采取的"一中"原则的定义,迄今从未改变,也无法改变,否则在传统的政治学和国际法之下,必然出现二个国家。

20世纪末1998年元月,当时大陆国务院副总理钱其琛在纪念"江八点"发表三周年座谈会上的讲话中指出:"在统一之前,在处理两岸关系事务中,特别是在两岸谈判中,坚持一个中国的原则,就是坚持世界上只有一个中国,台湾是中国的一部分,中国的主权和领土完整不能分割。"[①] 此一说法,与传统解释主要差异在于第三句话,代表北京认识到既然两岸关系是两岸之间的事务,而不是国际关系,所以在对台湾的一个中

———————

① http://www.nacpu.org/1chmeaning.html,关于一个中国的涵义,查阅20121124。

国的原则，可以不涉及国际法部分的描述，所以钱的讲话中特别加上"在统一之前"及"在处理两岸关系事务中"两个前提。所谓"在统一之前"是呼应传统中国的"大一统"思考，排除两岸关系终极目标的其它可能，而"在处理两岸关系事务中"是一种限定适用范围的意义，最后强调是"特别是在两岸谈判中"，不以要求对方承认己方为中央政府，作为谈判前提。至于在此一解释中，所谓"处理两岸关系事务"，是否也可以包括处理两岸关系中涉及两岸的外事事务，似乎没有清楚界定。然北京的逻辑，所谓"两岸的外事事务"，自然也是两岸之间谈判事务，另按"江八点"所论"在一个中国的前提下，什么问题都可以谈，当然也包括台湾当局关心的各种问题"的说法，也是指两岸谈判，所以 1998 年的新内容不是面对国际的"一中"原则定义，至于谈判之后，则按谈判协议处理，就不在此一解释的范畴。大陆官方在官网上解释说："1998年 1 月，为了照顾台湾当局的客观处境，寻求和扩大两岸在一个中国问题上的合作基础，推动两岸关系发展。"①

2000 年 5 月台湾政局出现重大变化，由主张"台独"的民进党掌权。6 月民进党"政府"宣布不承认一个中国原则，打破了两岸关系的根本性基础，2000 年 8 月，钱其琛副总理会见台湾联合报系访问团时表示："世界上只有一个中国，大陆和台湾同属一个中国，中国的主权和领土完整不容分割。"据云这是江泽民亲自确定的关于坚持一个中国原则立场的新的阐述。从北京看，此一说法，是在坚持一个中国原则的一贯立场

---

① 一个中国原则的基本涵义，20121124 查阅。http：//big5. xinhuanet. com/gate/big5/news. xinhuanet. com/ziliao/2003-01/23/content _704680. htm。

上,展现了争取和平统一的更大弹性和坚持追求和平统一的诚意,以及对台湾的尊重。① 2002 年 11 月,大陆正式将此一新解置入"十六大政治报告"中,② 以示对台政策的新内含。其后更正式载入《反分裂国家法》第二条中。此一新解的要素在第二子题,较原本的"台湾是中国的一部分"改为"大陆和台湾同属一个中国",北京的解释是"争取和平统一的诚意和对台湾同胞的尊重"。对台北而言,从现实意义来看,北京的新解释,确实是以包容性展现和平的诚意,以平等性展现对台湾的尊重,如果从政治学的角度分析,并没有太多的新意,然而,为日后北京提出的"一中"框架预留了从一个中国原则到一个中国框架在政治逻辑上的一致性,足见在北京方面,面对两岸关系的基本的一个中国原则,虽然从表现方式到内容界定,均有变化,但是其作为原则,则是始终坚持。十八大的政治报告说"我们要始终坚持一个中国原则。大陆和台湾虽然尚未统一,但两岸同属一个中国的事实从未改变,国家领土和主权从未分割、也不容分割。"③ 在台湾对一个中国原则的立场,则是从原本的对抗式坚持,到李登辉的背离,到民进党的否定,再到马英九的利用,因此,两岸之间,可以说一直存在着一个中国原则之争,九十年代之前是一个中国原则的主导权之争,九

① 2005/01/28,"江八点"后大陆如何进一步阐述坚持一中原则?,http://big5. xinhuanet. com/gate/big5/news. xinhuanet. com/taiwan/2005 - 01/28/content _2518019. htm。

② 江泽民,第十六次全国代表大会上的报告,http://www. southcn. com/news/ztbd/llb/bg/200211160429. htm,2002 年 11 月 8 日。

③ 胡锦涛,2011 年 11 月 8 日,坚定不移沿着中国特色社会主义道路前进为全面建成小康社会而奋斗——在中国共产党第十八次全国代表大会上的报告,http://news. xinhuanet. com/18cpcnc/2012-11/17/c _113711665. htm。

十年代之后逐渐转为原则存否之争，2008 年之后又转为内容之争。从两岸关系角度来看，在本质上，这些斗争、争执就是不同程度的原则之争，所谓"原则之争"代表可以让渡的空间是极为有限的，因此双方的争执也就成为成长期性，甚至是无解的难题。

所幸 2008 年之后台湾的转折，使得两岸双方一直都有"和平"的需求出现相似的基础，即"九二共识"，才使两岸关系真正有机会驶上探索"和平"的轨道。

三、"九二共识"之再分析

（一）双方互不信任

1992 年两岸双方透过授权的中介团体进行接触，进行具体事务的商谈，当时协商的内容包括两岸公证文书使用与开办挂号函件查询、赔偿问题，[①] 不过台湾方面称"文书验证"及"挂号信函查询补偿"，[②] 为什么同一件事，双方使用不同的术语，这里不存在两岸通俗用语的差异，而存在政治较量。大陆认为"一个国家里是不存在文书使用困难，也不存在挂号函件查询问题的"，[③] 所以其用词是"文书使用"，故而台湾采用

---

① 唐树备谈一个中国问题，人民日报【海外版】，1992 年 4 月 1 日。

② 高孔廉，http://udn.com/NEWS/BREAKINGNEWS/BREAKINGNEWS4/7474130.shtml，"九二共识"的史实及展望，中央社，2012/11/03。

③ 唐树备，http://udn.com/NEWS/BREAKINGNEWS/BREAKINGNEWS4/7474130.shtml，"九二共识"的史实及展望，中央社，2012/11/03。

"文书验证",这里已经突出了一方想法是一国之内,而另一方面则企图凸显两个平等"公法人"之间的谈判;换言之,一开始双方就互不信任对方,从而企图透过谈判,塑造有利于己的政治法理。

(二) 一中原则之争

北京认识到两岸在统一前,上述涉及人民权益之事亦有解决的急迫感,所以商谈有其必要性,不过先要确认双方商谈是要解决"一个国家内的事情",既然两岸均主张"一个中国",所以提在出未来协议中加入一个中国原则的要求,① 但台湾方面不接受大陆版本的一个中国原则。② 然而,从现今公布的文书来看,当时并没有大陆版本的一个中国原则。大陆的《台湾问题与中国的统一》白皮书是 1993 年 8 月才发表,而且按唐树备的说法,当时大陆也没有提出一个中国原则的版本,只有抽象的一个中国原则,可见台湾当时反对的就是传统把"台湾视为中国的一部分"的认知,或是如唐树备把两岸事务视为"属于一个国家内的事情"的论点。不过当时台湾的想法,仍是一个中国,台湾不属于北京,所以,才有从 1992 年 3 月到 11 月就一个中国原则的内容和表述方法之争。从此一意义来看,最后双方如果没有某种共识,那就意谓着北京可以放弃其原则,与台北谈判,这是完全违背常识的判断,因此,民进党否认"九二共识",充分代表对大陆的无知和不切实际的期待。

---

① 唐树备, http://udn.com/NEWS/BREAKINGNEWS/BREAKINGNEWS4/7474130.shtml,"九二共识"的史实及展望,中央社,2012/11/03。

② 高孔廉, http://udn.com/NEWS/BREAKINGNEWS/BREAKINGNEWS4/7474130.shtml,"九二共识"的史实及展望,中央社,2012/11/03。

(三) 内容与表述方法的共识

透过现有的文件，可以发现双方争执的八月中，主要的争执点有二：一是"一中"原则的内容，其次是双方表述"一中"原则的方法。就内容的争议，双方共有 13 种版本，以传真方式来来回回，最后大陆海协会分别在当年 11 月 3 日，及 11 月 16 日，以电告和传真方式告知海基会，一方面可以接受海基会来函之第三案："在海峡两岸共同努力谋求国家统一的过程中，双方虽均坚持一个中国的原则，但对于一个中国的涵义，认知各有不同。惟鉴于两岸民间交流日益频繁，为保障两岸人民权益，对于文书查证，应加以妥善解决。"[①] 这是当年海基会获"陆委会"同意的我与大陆的谈判立场，这是内容方面我方认定的共识。而另一方面大陆方面在传真中也强调了他们的立场是"现将我会拟作口头表述的要点函告贵会。海峡两岸都坚持一个中国的原则，努力谋求国家的统一，但在海峡两岸事务性商谈中，不涉及'一个中国'的政治涵义。本此精神，对公证书使用（或其它商谈事物）加以妥善解决。"[②]

(四) 有那些共识

综观以上的结果，我们可以看到在内容方面当年达成的共识包括了"坚持一中，保留差异，搁置争议"，就表述方法，双方的争议是大陆已提出此项协议需以一个中国原则为前提，

---

① 何谓"九二共识"，2001/09/6，"国家安全组"，http：//old. npf. org. tw/PUBLICATION/NS/090/NS-B-090-001. htm。

② 何谓"九二共识"，2001/09/6，"国家安全组"，http：//old. npf. org. tw/PUBLICATION/NS/090/NS-B-090-001. htm。

并要求在协议文中加载相关文字，我方不同意。

海基会于当年11月3日发布新闻稿表示："海协会在本次香港商谈中，对一个中国原则一再坚持应当有所表述，本会经征得主管机关同意，以口头声明方式各自表达，可以接受。"而后在11月16日海协会传真称："贵会来函正式通知我会表示已征得台湾方面的同意，以口头声明的方式，各自表达。我会充分尊重并接受贵会的建议"① 足证在表述的方式上，是没有差异的。

总之，回顾文献我们可以清楚地看到，在1992年双方于3月发生谈判性质的争议，因此，先行就两岸谈判的性质，进行讨论，讨论的内容不在于"一中"原则的本身，而在于"一中"原则的内容，和对原则表述的方式，最终，两岸可以同意的共识是：

第一，双方虽均坚持一个中国的原则，这是"同"的部分；但是"一中"原则的"中"是什么，结果内容部分没有共识，所以是"异"的部分。

第二，在表述方式上，是有明确共识的，是方法的共识。

第三、是大家可以本诸"求同存异，搁置争议"的精神，先行进行协商其它事务。所以，"辜汪会谈"才得以在次年于新加坡举行，开启两岸关系的谈判开始。

（五）"九二共识"的限度

不过"一中"原则之复杂和困难，在于它涉及两岸关系的

---

① 何谓"九二共识"，2001/09/6，"国家安全组"，http：//old.npf.org.tw/ PUBLICATION/NS/090/NS-B-090-001.htm。

两个层次：一是两岸层次涉及的议题；二是两岸在国际层次的议题。而两岸事务又可以区分为两岸的官方事务、两岸的民间事务与两岸涉及官方之民间事务三大类，事实上，纯粹民间的事务，在当代社会并不多见，而比较大量的事务是涉及官方的民间事务，例如两岸民间团体、单位、公司的互动，看似纯民间行为，但其中不可避免涉及两岸各自的规范，这就涉及到官方，而"九二共识"的核心在于"坚持一中，保留差异，搁置争议"，这是两岸官方处理两岸民间涉及官方的事务的默契，从理论上说当官方处理涉及两岸的民间事务时，官方是代理人，是公证人，是裁判者，身份上都是官对民，纵使两岸官方必须协商，也须以代表民间或民间代表的身份参与，从而在形式上避免官对官的情况，以便可以"搁置争议"，而这里所搁置的争议严格分析，是指两岸官方身份的形式与内容，因为官方是公法人，代表手上有一定的公权力，在现代国家中公权力的获得和行使是有一定的程序，由于两岸同属"一中"，而彼此互不承认，这在两岸之间就是不承认对方的官方，背后获得公权力的程序和结果。换言之，两岸的官方在对方领域不具官方的身份，当然彼此踫面、协商也都只能以非官方身份出现和称谓。但是两岸之间，绝非只有民间事务，事事绕经民间也不符合现代社会精简、效率原则；同时两岸两会的方式随着两岸交流的深化和复杂化，两岸两会在协商的功能上愈来愈边缘化，也代表了两岸的议题越来越需要公权力机关直接面对。

其次如今两岸的做法是"搁置争议"，这在两岸之间的内部事务，尚可维持运作，但在两岸的涉外事务上，就几乎完全无法解决，证诸以四年的两岸关系发展，亦是如此。台北倡议的"外交休兵"，在"邦交国"的部分是停止了恶性竞争，但在国际社会依然争议不断，时时损及两岸脆弱的互信。换言之，在两岸之间，由于台北存在着"安全"的困境，所以两岸交流愈密切台北的"安全困境"也愈大，于是愈需要外援来强化自己，然而，北京所有"一中"原则的弹性都在两岸之间，不在两岸的涉外事务。在传统的政治学的"国家"认知和1933 年国际法的认知下，北京认为一旦台具有"与其他国家发展关系的能力"，则两岸之间的"一中"原则必将因弹性而弹破，所以在没有谈判之前是不可能松动，而"九二共识"的核心是"搁置争议"，但涉外事务的解决之道是"面对争议"，"九二共识"的局限性也自然被凸显。

其三"搁置争议"本身是承认有争议，但在某些情况下，人们刻意去回避它，然而既有"争议"，回避必然有其时、空的限制，上面所述皆为"九二共识"在空间的局限性。从时间上说，由于"一中"的内容出现了变化，国际的结构与北京的自我认知都出现了巨大的改变，原本存在差异的如今已不存在，反而是原本没有差异的，如今则差异很大，从"一中"内容的变化基本上具备了解决两岸之间的政治争议的可能性，但是目前两岸的主要争议在国际法；对北京而言，台北的政局经历政党的交替，对当年的"九二共识"形成重大的冲击，突显出北京与台北的中国国民党"政府"可以保留差异，与民进党"政府"可以保留差异也不相同，所以十八大的政治报告说"两岸双方应恪守反对'台独'、坚持'九二共识'的共同立场，增进维护一个中国框架的共同认知，在此基础上求同存异。对台湾任何政党，只要不主张'台独'、认同一个中国，

我们都愿意同他们交往、对话、合作。”① 这里我们看到北京对
台湾的不同要求，这也说明了“九二共识”的局限性。

四、一个中国框架的思考

2012 年 7 月贾庆林在第八届两岸经贸文化论坛开幕式上的
致辞时，更将“巩固政治基础，保持和平发展势头”置于首
位。他说：“当前，增进政治互信就是要维护和巩固一个中国
的框架。两岸虽然尚未统一，但中国的领土和主权没有分裂。
一个中国框架的核心是大陆和台湾同属一个国家，两岸关系不
是国与国的关系。两岸从各自现行规定出发，确认这一客观事
实，形成共同认知，就确立、维护和巩固了一个中国框架。在
此基础上，双方可以求同存异，增强彼此的包容性。两岸双方
应当本着对历史、对人民负责的态度，充分发挥政治智慧，采
取更多实际行动，巩固和深化双方的‘同’，搁置并包容彼此
的‘异’，积极探讨国家尚未统一特殊情况下的两岸政治关系，
为逐步解决两岸关系中的深层次问题开辟道路。”② 在以上的说
法中，最为触目的是北京首次完整地阐述有关一个中国框架的
构想。一个中国框架的用词，其后也体现在十八大的政治报告
中，因此，一个中国框架可以被视为是北京在处理两岸关系上
的新探索。以现有的资料来看，所谓一个中国框架主要的是两
岸要“从各自现行规定出发，确认这一客观事实，形成共同认

---

① 同胡锦涛注。
② 贾庆林：《贾庆林在第八届两岸经贸文化论坛开幕式上的致辞》，人民日报，
2012 年 7 月 29 日。http://cpc.people.com.cn/n/2012/0729/c64094-18620645.html。

知",此一事实是"两岸同属一个国家",排除所谓的"特殊国与国关系",看来,一个中国框架是将刚性的"一中"原则和保留差异的"九二共识"冶于一炉。正因为"九二共识"无法为已经"三通",已经签订ECFA的两岸关系,提供更具可能性的发展动能,更无法为两岸的政治关系提供新的可能性,因此,有了一个中国框架的构想。"框架"虽然不是完全空无一物,但也是一个尚无固定定义,也欠缺一个约定俗成的看法,因此,两岸都有责任共同界定一个中国框架,运用一个中国框架来化解矛盾,解决问题。所以,一个中国框架是具有可能性,至于何种可能,关键在于我们如何从"各自现行规定",作了什么努力,对北京而言,是如何包容更多、更大的"异",特别对一个中国框架在两岸及国际社会的互动上,以展现北京的自信,作出若干新典范,彰显出大国必要的软实力。对台北而言,应该是积极探索两岸政治关系的合理中程安排,例如台北常常讲的"要正视中华民国的存在""要让中华民国有国际空间",这些都是正当权利,正当要求,但是与正当权利相对应的正当义务,与正当要求相适合的正当付出是什么。在台北政党轮替的情况下,我们如何保证那些"正当义务""正当付出",都能被忠实地执行,这些都是台北自己必须有答案的。大凡一个构想,越周延也就越有实践的可能,反之,只是喊喊口号,坐待对方提供自己满意的答案,最后,肯定是逐步自我消亡。

从此一角度来看,一个中国框架确定了某些限制,但也提供了某些可能,究竟一个中国框架会成为台北的"紧箍咒",或是为台北开启一扇通往国际社会的权宜之门,关键在台北的想法和做法。

五、结论

十八大的结束，和美国欧巴马的连任，世界进入一个新的时代。钱复认为，台湾在美中台三边关系中，不要让中美之间有正面的冲突。这件事，全球没有第二个国家能比"ROC"做得更好的！但这只能私下来进行，不能被人家发现的。"① 钱复的话有一定道理，但是不可以忘记，北京与华盛顿之间的渠道比台北与华盛顿多得多。但台北从文化优势上更理解北京，从制度熟悉上更理解华盛顿，是在两边都有互信的情况下，台北可以有角色。但是如果台北在两岸关系中，发展出新的可能，则台北将更有价值，处理好两岸关系关键在认清趋势，才能从容因应，为自己创造可能。而一个中国框架或许就是一种新可能。

（2012 年 11 月 25 日）

---

① 《钱复语重心长　台湾需要智慧技巧》，http：//www.chinareviewnews.com/doc/1023/0/8/8/102308831.html？coluid＝7&kindid＝0&docid＝102308831，2012 年 11 月 22 日。

ON？OFF？"九二共识"是两岸关系总开关

有评论者说：九二共识是两岸关系的总开关。这个比喻，是将两岸关系喻为一座华丽的大厅堂；此刻正是华灯初上之际，一盏盏灯具绽放出熠熠光华；这些灯具，如 ECFA、陆客来台、直航、外交休兵、124 国免签证、凤梨酥产值逾 250 亿、虱目鱼狂卖、台日投资协议、台港新航约、取得世界大学运动会主办权等等，将这一座厅堂映照得光灿夺目。

此一晶莹璀璨的场景，一切皆因"九二共识/一中各表"而生；亦即，"九二共识"是这所有灯具的总开关。有目共睹，自 2008 年 5 月"九二共识"这个总开关拨到了 ON 的位置以后，一盏接一盏的华灯相继点亮；但是，如今在这次"总统大选"中，最关键的一个争论却是：要不要把这个总开关拨至 OFF，以验证这些璀璨的灯具会不会全盘熄灭？

马英九主张，让"九二共识"这个总开关维持在 ON，以使所有灯具持续发光，且还可添置更多灯具；蔡英文则主张将"九二共识"这个总开关拨至 OFF，但她似又不想让那些灯具熄灭。

例如，蔡英文说，她否定"九二共识"，但她要 ECFA 的运作延续下去。这样的思考，就不啻是要 OFF 掉总开关，却仍要水晶灯继续熠熠发光。用膝盖想，也知这是不可能之事。

"九二共识"不只是一个"两岸政策"；它其实是一个"全方位"的"国家政经大战略"。因此，评价"九二共识"，不能只见到"ECFA"等经贸交流的利益，而更应看到"九二共识"所创造的两岸和平红利及友善环境，对"国家"内外整体政经情势所发生的综合效益（synergy）。

所以，"九二共识"不但是两岸关系的总开关；由于两岸关系的品质必会牵动"国家"内外整体政经情势的吉凶利害，所以"九二共识"其实也可谓是"国家"整体内外政经情势的变压器。

两岸关系搞不定，"国家"整体内外政经情势就无法稳定，更不易理顺；所以，OFF 了"九二共识"，必使"国家"整体内外政经情势皆受重大冲击，其影响岂止在两岸而已。

此次"总统大选"的本质，即是在"支持九二共识"及"否定九二共识"之间的抉择。每一张选票皆可触及"九二共识"这个总开关，选民可以让它仍然维持在 ON 的位置，也可揿下 OFF。

选情紧绷，明天开票，有些选民仍主张 ON，但也有些选民会按 OFF。但是，我们愿在这最后关头仍要郑重呼吁，明天无论是谁当选，都不可对"九二共识"这个总开关按下 OFF 之键。

（台湾《联合报》2012 年 1 月 13 日社论，编者有删节）

"九二共识" 通过严格检验

此次"大选"已经无异是针对"九二共识"的公民投票，今后如果民进党抨击"九二共识"未经民主程序，那将是自绝于台湾民众。

"九二共识"从来没有在台湾社会被如此毫无保留地加以检验。蔡英文、民进党、"独"派媒体把"九二共识"形容成"主权流失""投降""卖台"等，其攻击力道可谓空前，然而，多数选民仍然支持主张"九二共识"的马英九"总统"。

民进党与"独"派媒体是要冥顽坚持他们对"九二共识"的污蔑、歪曲呢？还是愿意改弦易辙？值得人们关注。如果他们仍不改其立场，难道是愿意承认多数选民同意"主权流失""投降""卖台"吗？民进党与"独"派媒体完全陷入了他们自己所挖的逻辑坟墓。

形成于 1992 年 10 月、11 月间的"九二共识"，是台湾受权管道海基会根据同年八月"总统府国统会决议"而向大陆受权管道海协会提出的，要义为在两岸追求国家统一的过程中，均坚持"一中"原则，但双方所赋予的涵义不同。经海协会回函表示"尊重并接受"，以及表示两岸在事务性商谈中，不涉及"一中"的涵义。于是"九二共识"就此形成。

在这个基础上，海基会董事长辜振甫与海协会会长汪道涵，于 1993 年 4 月在新加坡举行了 1949 年两岸分治以来，两岸当局所授权的首次会谈，对两岸关系是历史性的发展。至 1999 年 7 月，李登辉提出两岸是"国与国至少是特殊国与国的关系"，悖离了"九二共识"，两岸协商因而中断，并因民进党八年执政期间都拒"九二共识"，两岸协商始终都未能恢复。

至 2008 年"大选"期间，马英九与国民党主张两岸在"九二共识"的基础上复谈，继而在胜选后，经由国共两党平台的确认，恢复了两岸协商，于近四年里，签署了十六项协议，创造了大量的"和平红利"。

经过此次"大选"，"九二共识"已确确实实得到多数民意认同，马英九与国民党都可更加理直气壮，据此进一步改善和发展两岸关系。

（台湾《中央日报》网络版 2012 年 1 月 16 日社论）

使"九二共识"成为全民共识

选举胜负已定，胜者马英九誓言要寻求朝野共识，败者蔡英文说"民进党必须再对两岸政策作整体反省"，这是政治素质与风范的表现，值得珍惜和延续。但是绿营人士似乎并不完全同意，有人认为是选举操作失当，有人认为是国民党掌握行政资源，也有人则认为是没有发挥好民生议题，就算同意问题出在"两岸政策"，也不认为民进党否认"九二共识"有错。然而，我们只要回顾，选前许多企业家，不分省籍，不顾过去政治立场，甚至不计后果，出面力挺"九二共识"，我们也看到表面强调中立的美国，却不断表态支持两岸和平，应足以说明一切。

纵使如此，我们还是希望马"总统"不要忽略，仍然有600万台湾人民不同意"九二共识"。因此，我们认为，马"总统"就职后，要使"九二共识"成为大多数台湾人民的共识，更进一步成为两岸共识。

要扩大"九二共识"的支持基础，就必须先正面回答"九二共识"究竟有没有、如何有、有什么、有何用等一连串问题。厘清这些问题才能思考如何成为台湾共识的方法。首先回顾历史，1992年举行两岸两会领导人会面前置谈判，当时两岸当然没有"九二共识"，但北京愿意和台北接触谈判，是因为当时"中华民国宪法"和"国家统一纲领"的一个中国原则非常明确，但在前置谈判中，中共要求将一个中国原则文字化，台湾拒绝大陆提出的版本，因而双方针对"一个中国"内涵以传真文件方式进行讨论，最后双方对"内涵"无共识，但对"原则"并无怀疑，所以达成各自以口头方式表达的共识，这些都见诸于当年的两岸及外国媒体报导、官方发言与民进党人士的反对文章，海基会出版的《辜汪会谈纪要》也明载，证明当年有争吵，之后有妥协。

那么，"九二共识"是名存或实存？是文件存在或默契存在？是形容词或名词呢？由于1992年时，双方并没有签署"九二共识"的文件，也没有人以"九二共识"称此冲突与妥协的过程，直到2000年才有人提出这个词句，显然这是双方的默契，不过，确实有许多文件可以佐证共识的存在。既然"九二共识"是2000年才提出的词汇，当然应该视为形容词，用以形容当年发生的"事实"。形容词可以改，可以用其他形容词代替，但不能否定那件发生过的"事实"。

2008年以来，两岸所有经贸、文化、行政和民间事务的协商，都建立在这个模糊的默契基础上，双方承认有默契，北京有面子，台湾有里子。有人认为民进党掌权时期虽然否认"九二共识"，产业依然大举进军大陆投资，台湾对大陆贸易依存度由16%上升到40%，证明无"九二共识"两岸经贸也能发展，民进党并没有锁国。其实锁国是指民进党的两岸政策，贸易额上升是民间企业的活力。

当年大陆经济正在起飞，如果不是民进党锁国，台湾当时经济不会沦为亚洲四小龙之末，台湾至今仍在为当年的错误付出代价。台湾目前对大陆贸易依存度为42%，一旦台湾片面否定"九二共识"，北京自将减缓或迟滞后续经济合作计画，两岸经济关系将回复无序发展状态，结果就是两岸经贸失衡，台湾经济对大陆依存度再度攀升。

"政府"厘清"九二共识"的形成过程、法理逻辑、文献、操作空间、利弊得失后，应透过公民对话方式扩大公共支持基础，然后可以透过"国会"文件方式保留下来，形成具有法律基础的台湾共识，"政府"就可以据此与北京周旋，进而把"九二共识"对台湾的"经济红利"转换为"政治红利"；将"九二共识"创造的两岸"利益共同体"，转为两岸的国际"尊严共同体"；使"九二共识"对两岸"发展红利"上升为两岸政治"和平红利"，开启两岸和平契约的可能。

"九二共识"是两岸协商的智慧结晶，在未有新共识前，无疑是台湾在两岸关系发展中最无害也最有利的选择，民进党败选之余，必须看到台湾多数选民赞成"九二共识"，从而试着去理解多数人的选择；国民党在胜选之余，更必须尊重少数，耐心沟通，试着使之成为台湾共识、全民共识、两岸共识，使"九二共识"对台湾的利益极大化。

（台湾《旺报》2012年1月16日社评）

"九二共识"是两岸和平发展基石

海基会将于 11 月 9 日（本周五）举办"九二共识"20 周年学术研讨会，探讨"九二共识"与两岸互信的建构、"九二共识"与两岸关系未来发展，以及"两岸新时代，九二新意义"等三项议题，让国人能充分了解"九二共识"存在的事实，以及对两岸关系发展的重大意义。

由这 4 年多来的两岸关系进展可以得到证明，"九二共识"是两岸和平发展与双方对等协商的基石。然而，截至目前为止，台湾内部还有部分政治人物不承认"九二共识"存在的事实，对于两岸关系发展增添不稳定的政治因素，希望海基会举办的"九二共识"20 周年学术研讨会，能凝聚"国"内各界对"九二共识"存在的共识，并对"九二共识"的存在的意义，能有正确的认识。

首先，就"九二共识"与两岸互信的建构议题而言，众所皆知，1992 年海基、海协两会针对一个中国的原则，同意以口头声明方式各自表达，这个两岸"共识"确实存在，因为有这个"共识"存在，才有两会 1993 年在新加坡举办的"辜汪会谈", 签署 4 项协议。

2008 年国民党执政后, 海基会发函给大陆海协会, 表示愿意在"九二共识"的基础上恢复协商, 海协会也回函表示, 愿意在"九二共识"的基础上恢复协商。两岸海基、海协两会能迅速恢复协商, 就是以"九二共识"为根基, 所以"九二共识"是两岸互信建构的基础是无庸置疑的。

事实摆在眼前, 民进党在 2000 年 5 月至 2008 年 5 月执政时期, 由于不承认"九二共识", 两岸没有互信基础, 不但导致两岸关系陷于危险边缘, 同时双方协商也未能恢复, 导致许多攸关两岸人民福祉之事无法透过协商来解决。

其次, 就"九二共识"与两岸关系未来发展而言, "九二共识"最重要的功能, 就是将两岸关系最敏感的政治争议搁置, 让双方能就进行协商, 解决两岸交流所衍生的相关问题, 对两岸关系和平发展的重要性不可言喻。

从 2008 年至今, 两岸海基、海协两会在"九二共识"基础上, 共举行过 8 次会谈, 签署 18 项协议与发表 2 项共识, 现在两岸海空运直航、大陆观光客来台、邮政、食品安全、共同打击犯罪及司法互助、金融、农产品检疫检验、渔船船员劳务、标准计量检验认证、ECFA、智慧财产权保护、医药卫生合作、投资保障与海关合作等协议都已经签署, 并陆续付诸实施, 节省往来两岸的时间, 方便两岸人民与企业的交流合作, 为两岸互动奠立稳固的基础, 所以说"九二共识"是两岸和平发展的根基。

在民进党执政时期, 台海局势非常不稳定, 台湾赖以生存的经济发展受到冲击, 2001 至 2007 年民进党执政时期平均经济成长率仅 4.2%, 居亚洲四小龙及亚洲开发中国家之末, 足

以证明唯有两岸和平发展，台湾经济才能繁荣，两岸若要和平
发展，就必须根基于"九二共识"的基础之上。

最后，就"两岸新时代，九二新意义"而言，在"九二共
识"的基础上，两岸已经开创60年来双方关系的最佳时刻，
希望未来两岸持续以"九二共识"为基础，加强两岸人民、经
贸、文化、教育等全方位的交流合作，使两岸关系更加巩固深
化，为两岸人民谋求更多的福祉。

"九二共识"是搁置两岸主权与政治争议的最有效方法，
也是两岸和平发展、互信协商的基石，希望透过海基会举办的
"九二共识"20周年学术研讨会，让台湾朝野各界能凝聚共
识，尽早承认"九二共识"存在的历史事实，以及为两岸关系
和平发展所做出的巨大贡献，让"九二共识"能在未来持续为
两岸搁置争议，务实协商，解决双方交流所衍生的各项问题，
开创两岸和平发展的新时代。

（台湾《中央日报》网络版 2012 年 11 月 7 日社评）

"九二共识"的真义在"一中各表"

在台湾，"九二共识"这个名词大家都听过，许多人都在引用，但是它的准确涵义却少有人说得清楚，甚至还有人想否定它的存在。对于这个攸关台湾前途的概念与主张，我们不厌其烦愿意详加阐述如下。

1993年辜汪会谈开启了两岸正式协商大门，踏出两岸紧密来往与互利互惠的关键第一步。但所有谈判都必有共同接受的前提。没前提，双方不可能坐上谈判桌。辜汪会谈的前提，就是后来被前"陆委会"主委苏起概括为"九二共识"的原则。只要谈判双方共同接受会谈的前提条件，共识就已存在。至于此一共识是否写入谈判结果的文件，或是否被称为"九二共识""九二精神"，或其他名称，都无碍于此一共识存在之事实。

"独"派人物总说"九二共识"不存在，甚至暗示这是苏起捏造的，其实都只抓住"当年两岸往还文件中没出现这四个字"而死缠烂打，并不能否定某种共识确已存在之事实。这里我们依循惯例，将此共识称为"九二共识"。

"九二共识"的内容，北京方面认定是一个中国原则而不追究其内涵，台北则称是"一个中国，各自表述"。仅就台北这方而论，台湾方面对"一个中国"的表述方式可见于"国统会"在1992年通过"关于'一个中国'的涵义"："海峡两岸均坚持'一个中国'之原则，但双方所赋予之涵义有所不同。中共当局认为'一个中国'即为'中华人民共和国'，将来统一以后，台湾将成为其辖下的一个'特别行政区'。我方则认为'一个中国'应指1912年成立迄今之'中华民国'，其主权及于整个中国，但目前之治权，则仅及于台澎金马。台湾固为中国之一部分，但大陆亦为中国之一部分。"

我们即使仅依"国统会"决议，也可看出两岸对"一个中国"的主权范围是没争议的，亦即都把"中国"视为包含大陆和台湾。双方存在歧异而不得不"各自表述"的部分（亦即没达成共识的部分），只是对这个"中国"的"主权"如何透过"治权"来实现，各自立场不同。所以，"九二共识"中的"一中"是指无争议的主权范围，"各表"则是双方各自对治权立场（如国号、政体）进行表述。准此而论，北京自然会说"九二共识"是"一中"，而"对未达成共识的部分（不得不）各自表述"，既是"各自表述"，当然不存共识。

由此可见，"九二共识"下的中国，是主权统一、治权分裂的国家。我方的"两岸人民关系条例"，就是基于"宪法增修条文"和此一共识而明定"一国两区"，将大陆地区和台湾地区都纳入我方主张的主权范围内。因此多年来，大陆从未抗议台湾吃他们豆腐，或是台湾把大陆矮化为一个区。

至于马"总统"所说两岸"互不承认主权、互不否认治权"，此话尤有深意。"主权"具有排他性，在同一领土内无法并存两个主权。若两岸互相承认主权，则中国立即分裂成两个主权国家，故"互不承认主权"本属应然。但在"一个中国"内，现有两个政权，彼此必须正视事实，双方才能和平交往，因此又需"互不否认治权"。前者是"一中"之法理共识，后者仍是"各表"之面对事实。

厘清、遵守"九二共识"之后，两岸间的纷纷扰扰都可化解。以大陆护照印有台湾风景为例，大陆的治权虽不及于台湾，但无碍其法理主权及于台湾，这正是大陆的"一中各表"。如今"陆委会"针对大陆新护照，要求大陆"搁置争议、正视现实"，那么"中华民国"是不是也不能把长江、黄河列入"我国"官文书呢？这似乎把主权、治权混为一谈。因为两岸对主权范围本无争议，如何搁置？北京并未要求台湾人民申请大陆护照，可见他们也没有漠视治权分裂之现实。

两岸局势如兄弟阋墙。早年不但互不往来，甚至援引外力与对方对抗。时过境迁后，两人放下仇恨，深觉互动往来、恢复家人关系才属明智。

"九二共识"看似复杂，其实也很简单，诚意而已矣。

（台湾《中国时报》2012 年 11 月 28 日社论）

国　外

美国学者对"九二共识"的评论

"九二共识"形成以来，不少美国学者对此有直接或间接的论述。其中史汀生中心中国问题专家、美国国务院前副发言人容安澜、美国雪城大学教授任雪丽、卡内基基金会副总裁、前美国在台协会台北办事处处长包道格、哈佛大学费正清中心教授戈迪温等人，分别在不同时期从不同角度论及。现将其摘译，供参考。

1. 容安澜（出处：2009 年 5 月 8 日发表在《胡佛中国领导层观察》网站上的文章《两岸关系：先前容易、现在难》http：//www. gees. org/documentos/Documen-03407. pdf

马英九认可了对"一个中国"所作的特殊的定义，即"一个中国，各自表述"。他认为这一立场是建立在"中华民国宪法"之上，他指的"一个中国"是"中华民国"。"各自表述"表明了自 1992 年以来两岸交往的现实，那就是大陆不能接受台湾（对"一个中国"）的表述，就像台湾不能接受中华人民共和国（对"一个中国"）的表述一样。但是，即使把和北京的这一不可调和的分歧放在一起，如果明确地接受了基于一个中国的协议，那么就像我们看到的那样，他在岛内会被痛批为接受中华人民共和国（对"一个中国"）的表述，或开始沿着这一表述的滑坡滚下去。

同样的，虽然大陆坚持发展两岸关系必须在它的一个中国原则之下进行，如果大陆坚持台湾接受它作为达成任何协议的基础，或者，如上所述，即使对这个"一中"的含义不做表述作为基础，台湾也不能够同意。

看来，解决办法就是继续目前的做法。一方面，大陆和台湾当局在其内部依循对"一个中国"的各自表述，对方则"视而不见"；另一方面，在两岸交往中依循双方都接受，但含义模糊的"九二共识"，双方对它继续给予各自的解读。在此情况下，两岸任何具体的协议都不能被描述为在"一个中国"的程序下达成的，即便有不同的表述。这种作法使两岸领导层都处于虚弱的地位，两边都会有人指责他们向对方"叩头"，不坚持原则。但是，这是当前促进两岸关系，使双方都获得他们认为符合其利益，又不失原则的唯一办法。

从长远看，如果谈判进入最终解决两岸关系的阶段，那需要采取双方都同意的另外一种对待问题的态度。但这个长远是非常长的。现在猜测这是什么样的方案毫无意义。

Ma has endorsed a very specific definition of "one China" that takes the form of "one China, respective interpretations." He notes that this position is grounded in the ROC constitution and that the "one China" he refers to is the Republic of China. The "respective interpretations" is simply a reflection of the reality that has underlain cross-Strait dealings since 1992, that is, that Beijing cannot accept his definition any more than Taiwan can accept the PRC's. But even setting aside this irreconcilable difference with Beijing, if Ma were to accept agreements explicitly based on acceptance of "one China," he would, as we have already seen, be pummeled domestically for allegedly either accepting the PRC's definition or at least starting down the slippery slope to doing so.

Similarly, although the PRC insists that cross-Strait relations must proceed under the signboard of its own "one China principle," if it insists that Taipei accept this as the basis for any agreement, or, as we have said, even that "one China" without further definition is the basis, then Taiwan will be unable to come to terms.

The "solution" appears to be to continue on as at present. That is, while in a domestic context, each leadership will apply its own definition and the other side will simply "live with" that, and in cross-Strait dealings both will adhere to the mutually acceptable but vague "1992 Consensus," which each continues to define in its own way. That said, specific agreements cannot be described as having been negotiated under the rubric of "one China," no matter by whose definition. To some extent this creates vulnerabilities for both leaderships from domestic elements who will accuse them of kowtowing to the other side and not standing up for principle. But it is really the only basis for advancing cross-Strait relations, and it provides a way for both sides to achieve results that they feel are in their own national interest without yielding on principle.

In the long run, should negotiations turn to the ultimate resolution of the crossStrait relationship, this will require adoption of some other approach that both sides can endorse. But that long run will be very long, indeed, and there is not much point in speculating on what such a formulation might look like.

Alan D. Romberg, "Cross-Strait Relations: First the Easy, Now the Hard", May 8, 2009, The China Leadership Monitor, Hoover Institution

2. 任雪莉（出处：2011 年 12 月 14 日在美国布鲁金斯学会召开的"台湾即将到来的总统大选及立法会选举"会议上的发言）

事实上，"九二共识"存在诸多争议，因为各地的有识之士认为，"九二共识"是用来解决不可能解决的问题的一种手段。这种处理问题的方法，将问题留给未来，不确定、也不解决过程中基本问题，根本不是解决办法。

所以我认为公正地说，"九二共识"不是问题的解决，它只是便于我们在寻找解决办法时，使事态能延续更长一段时间的一种权宜办法。但是，我认为，如果不是台湾，那么至少对中国和美国的政策制定者来说，在寻找使事态延续更长时间的解决办法时，要取"九二共识"而代之，都是可怕的。

The '92 Consensus is, in fact, so problematic because the '92 Consensus is regarded by what we might call sensible people everywhere as a useful way to finesse a problem that can´t really be resolved. And yes, indeed, doing things that way just defers problems into the future, leaves fundamental elements of the process undefined and unresolved, and is not really any kind of a solution at all.

So I think it´s fair to point out that the '92 Consensus is not a solution; it´s just a kind of convenience to keep things rolling a little bit longer while we look for a solution. But I think the alternative to keeping things rolling a little bit longer while we look for a solution is always going to be scary to policymakers in the U. S. and the PRC, if not in Taiwan.

Shelley Rigger, TAIWAN'S UPCOMING PRESIDENTIAL AND LEGISLATIVE ELECTIONS, December 14, 2011, The Brookings Institution.

http: //www. brookings. edu/ ~ /media/events/2011/12/14% 20taiwan% 20elections/ 20111214 _ taiwan

3. 包道格:(出处:中央社 2012 年 1 月 12 日报道 "九二共识"包道格:必要的妥协)

包道格接受中天电视台访问时表示,"九二共识"是一个已被台海双方接受的虚构名词 (fiction),也是很有创意的提法

（creative formulation），让双方对"一个中国"定义有不同看法，进而在这个基础上务实处理问题，开拓前所未有的局面。

他以独立学者身分说，美国学界和政坛认为"九二共识"是"必要的妥协方式"，有利两岸关系，也符合美方利益，如果遭破坏，将造成负面影响，引发区域紧张。

4. 包道格：（出处：2012 年 1 月 17 日，布鲁金斯学会与战略与国际研究中心（CSIS）联合主办的"台湾大选：对台湾、美国以及两岸关系的影响研讨会"，第二小组讨论：如何借鉴历史经验，思考新政府的政策议题。）

"九二共识"是想象的概念，但是它也是一个有用的想象概念，它推动局势向前发展。我想起一件事，在选后我和台北的一些朋友交流，他们中相当一部分人都认为蔡英文的团队存在一种自相矛盾的观念。一方面，他们不承认"九二共识"，想找出新的概念取代它，另一方面，他们又想继续享受两岸经济合作的红利，而当前两岸的经济合作正是在"九二共识"的前提下达成，她无法构建出一个特色鲜明的、在实践上能取代"九二共识"的"台湾共识"，这是她选举团队中最突出的弱点。

DR. PAAL: The 92 Consensus is a fiction, but it's been a useful fiction. It's permitted things to go forward, and I think one of-in talking people after the election in Taipei, several of my contacts said that there was a contradiction in Ms. Tsai's campaign. On the one hand she wanted to replace the 92 Consensus and criticized it, on the other hand, she wanted to maintain the benefits of ECFA, which could not have been achieved without the 92 Consensus, and this-and because she was unable to construct a characterization of the Taiwan Consensus that would practically replace the one of the 92 Consensus, she was left with a talking point too short in her campaign, in their view.

5. 戈迪温（出处：戈迪温：《先易，何时难？：大陆的期待和马英九第二任期————一项早期评估》，发表于 2012 年 7 月 13-14 日，卡内基基金会主办的"两岸发展：选举与权力交替"国际会议。）

通过双方都接受"九二共识"，两岸巧妙地处理了一个中国问题，尽管双方给予"一中"不同的定义。因为这一提法包装了双方在主权问题上的重要分歧，它能支撑两岸关系取得何种更大进展我们不得而知，特别是考虑到它在台湾这次选战中所引发的热议。

The issue of one China had, of course, been finessed by the mutual acceptance of 1992 consensus despite the very different definitions each side had of the term. Given, the significant differences on the issue of sovereignty that this formula sought to paper over, it was unclear how much further progress in cross-strait relations it could support; especially given the furor it had raised on Taiwan during the recent election campaign.

Steven M. Goldstein: "First the Easy…But When the Hard? Mainland Expectations and the Second Ma Administration, A Very Early Assessment"

http://carnegieendowment. org/files/Goldstein _ carnegiefin3. pdf

日本学者对"九二共识"的评论

1. 李登辉"政府"的"务实外交"与大陆政策

1988 年 1 月 13 日，随着蒋经国的辞世，本省籍的李登辉"副总统"继任"总统"。在李登辉主政时期，台湾在积极推进旨在融入国际社会的"务实外交"的同时，将蒋经国晚年已开始调整的、对大陆的"三不政策"（不接触、不谈判、不妥协）转变为"（与大陆）建立沟通渠道"的政策。

从蒋经国主政的晚期就已开始摸索两岸如何进行交流。1979 年，中国大陆频频发起"和平统一"的攻势，蒋经国于同年 4 月提出了针锋相对的"三不"政策。但他很快改变了政策，于 1987 年 11 月开放老兵赴大陆探亲。翌年 11 月，又同意大陆方面相关人员访问台湾，从而开启了两岸的民间交流。

台湾当局鉴于两岸的领导层无法"直接接触"，遂决定成立"海峡交流基金会"（简称"海基会"）作为台湾与大陆进行"直接谈判"的窗口。翌年 3 月，海基会以财团法人的身份正式成立，它是受"行政院大陆委员会"的委托进行活动的半官方半民间机构。

1992 年，作为海基会的对口单位，中国大陆也成立了"海峡两岸关系协会"（简称"海协会"）。1992 年 10 月至 11 月，两会在香港举行了事务性商谈，并达成共识，以口头声明的方式各自表述两岸均坚持一个中国的原则，即"九二共识（或称为'香港共识'）"。现阶段（指陈水扁主政时期），国民党主张在回归"香港共识"的基础上展开两岸对话。

参见天儿慧、浅野亮编著：《世界政治丛书第 8 卷·中国与台湾》，密涅瓦书房 2008 年版，第 170—172 页。（编者有删节）

1. 李登輝政権の現実外交と大陸政策

1988 年 1 月 13 日に蔣経国が逝くと、本省人の李登輝副総統が総統代行を務めることになった。李政権期、台湾は積極的に国際社会へ参加しようとする「現実外交」を展開するとともに、蔣経国が晩年変更に着手した「三不政策（中共とは妥協せず、接触せず、交渉せず）」から「連絡パイプの構築」へと向かった。

中台交流の模索は、蔣経国政権の晩期に始まっていた。1979 年に中国が「平和統一」攻勢を畳み掛けると、蔣政権は1979 年 4 月以降、三不政策でこれに対応した。しかし、蔣政権は政策を転換し、1987 年 11 月に大陸の親族訪問を許可した。翌年 11 月には大陸からの台湾訪問も許可され、両岸の民間交流が開始した。

そこで、台湾政府は、中台の指導部が「直接接触」しないで中国と「直接交渉」できる窓口として、「海峡交流基金会」を発足させることを決定し、翌年 3 月に財団法人として正式に成立させた。海峡交流基金会は、行政院大陸委員会の委託を受けて活動する半官半民の機関である。

そこで、1992 年、海峡交流基金会のカウンターパートとして、中国は「海峡両岸関係協会」を発足させた。1992 年10 月から 11 月の香港における両会の事務レベル協議で、「1つの中国」原則を中台双方がそれぞれの解釈で堅持するという合意、いわゆる「1992 年合意（もしくは「香港合意」）」が口頭で交わされたという。現在、香港合意に立ち戻り中台対話を進めるべきだと国民党は主張している。

天児慧、浅野亮『世界政治叢書第 8 巻・中国、台湾』、ミネルヴァ書房 2008 年、170—172 頁。

2. 马英九的"活路外交"与"一个中国"的认识

本来在 1991 年开始的两岸谈判中，双方都愿意以"一个中国"为前提改善两岸关系，但因李登辉"总统"于 1999 年提出台湾海峡两岸"是国与国，至少是特殊的国与国关系"的所谓"两国论"论调，陈水扁政权发言指出两岸各自是独立的国家的"一边一国"论，都导致两岸谈判未能延续下去。因此，马英九的外交中，为消除障碍，改善对大陆关系，又回到了一个中国的原则。

（平成国际大学教授・浅野和生：《台湾的历史与日台关系》，早稻田出版 2010 年版，第 216 页。）

2. 馬英九の活路外交と「一つの中国」認識

そもそも、一九九一年に開始された中台の話し合いで

は、「一つの中国」を前提に関係改善を図っていたのだが、
九九年に李登輝総統が、台湾海峡両岸は「国と国、少なくと
も特別な国と国の関係」とする、いわゆる「二国論」を提出
し、陳水扁政権が、両岸はそれぞれ一つの国であるとする
「一辺一国」発言をしたため、中台間の会談がその後行われ
なくなったのである。従って、馬英九の外交では、障害を取
り除いて対中関係を改善するため、「一つの中国」原則に立
ち戻ったのである。

平成国際大学教授・浅野和生『台湾の歴史と日台関係』、
早稲田出版 2010 年、216 頁。

3. 马英九"总统"连任后的台湾

"九二共识"是国民党与中国大陆之间的共同认知。这是
个非常奇怪的共识，因为台湾方面与大陆方面对其的定义有所
差异，严格来讲，不能算是共识。

可是正因为存在某种形式的共识，1993 年在新加坡举行的
汪辜会谈才能实现。台湾方面主张"一个中国"的定义由两岸
各自表述。也就是说，中国大陆可以说"一个中国"是中华人
民共和国，台湾则可认为是"中华民国"，双方无需从正面相
互否定对岸的主张，而主张的"九二共识"恰是这种"同意分
歧"（agree to disagree）。

另外，中国大陆方面对台湾方面的主张一直予以否定，主
张所谓"九二共识"意指"海峡两岸均坚持一个中国"。

（东京大学教授・松田康博："马英九'总统'连任后的
台湾"，《东亚》2012 年 6 月号，第 14 页。）

3. 馬英九総統再選後の台湾

　国民党は「九二年コンセンサス」を中国との間で認め合っています。これは非常に怪しげなコンセンサスで、台湾側と大陸側で定義が違うため、厳密にはコンセンサスではありません。しかし何らかの合意があったからこそ、一九九三年にシンガポールで汪道涵？辜振甫会談が行われたことも確かです。台湾側は、「一つの中国」の定義をそれぞれが別々に言い表すことだと主張しています。つまり、中国が中華人民共和国と言い、台湾が中華民国と言うことでよい、お互いそれを正面から否定し合わない、つまり「アグリー．トゥ．ディスアグリー」こそが「九二年コンセンサス」だと主張しているのです。

　他方中国は、台湾の主張をずっと否定し、「九二年コンセンサス」とは、「台湾海峡の両岸がともに一つの中国を追求することを堅持する」ことだと主張しています。

　東京大学教授・松田康博、『東亜』2012 年 6 月号、14 頁。

附

"九二共识"大事记

"九二共识"大事记（1990—2012）

1990 年

11 月 21 日　台湾成立财团法人海峡交流基金会（简称"海基会"），由国民党中常委、台"工商协进会"会长、"国统会"委员辜振甫担任董事长。

1991 年

2 月 22 日　李登辉主持"总统府国家统一委员会"会议，通过"国家统一纲领"（简称"国统纲领"）。

4 月 29 日　中央台办副主任唐树备会见海基会副董事长兼秘书长陈长文，就处理海峡两岸交往中的具体问题应遵循的原则发表看法，强调"在处理两岸交往事务中，应坚持一个中国原则"。

6月7日 中共中央台办负责人受权就海峡两岸关系与和平统一问题提出三点建议,建议"在坚持一个中国原则的前提下,讨论台湾当局关心的其他问题"。

12月16日 海峡两岸关系协会(简称"海协会")在北京成立,上海市前市长汪道涵任会长。

1992 年

3月26日 海协会与海基会在北京举行首次事务性商谈。双方就海峡两岸公证书使用和两岸挂号函件查询、补偿进行了工作商谈。大陆方面认为,两会虽然商谈的是事务性问题,但要顺利解决问题,必须明确两岸间的事务性问题是一个国家内的事情。

3月30日 海协常务副会长唐树备在两会北京会谈结束后的记者招待会上指出,"双方分歧的关键在'一个中国'的提法上"。"首先应明确我们商谈的或要解决的是一个国家内的事情"。"我们并不是要和海基会讨论政治问题,我们只是要确认一个事实,这就是'一个中国'。至于'一个中国'的含义,我们并没有准备,也不打算和海基会讨论。两岸没有统一,但我们是一个国家,这个原则我们是坚定不移的。至于用什么形式来表述这么一个原则,我们愿意讨论。"

5月14日 台"陆委会"副主委马英九在"两岸签署和平协定评估公听会"上提出三项原则,一是两岸不否定对方为政治实体;二是在一个中国原则下,以和平方式统一;三是在国际间不互相排斥对方生存。并称此三项原则，是在台湾的中国人所最关切、也绝不能放弃的最后底线。

7月29日 台"国统会"研究委员会议就"一个中国"内涵形成初步结论，称为了表达"中国目前暂时处于分裂状态，有两个政治实体分治海峡两岸"的理念，故强调所谓"一个中国两个政治实体"及"一国两区"的政治现实。

8月1日 台"国统会"第八次全体会议对"一个中国"的涵义作出解释，即"一个中国，两个地区，两个政治实体分治"。称"海峡两岸均坚持'一个中国'之原则，但双方所赋予之涵义有所不同"。

8月27日 海协负责人就"国统会"通过"关于'一个中国'的涵义"发表谈话指出，确认"海峡两岸均坚持一个中国之原则"，对海峡两岸事务性商谈具有十分重要的意义。它表明，在事务性商谈中应坚持一个中国原则已成为海峡两岸的共识。当然，我会不同意台湾有关方面对"一个中国"涵义的理解。

10月28—30日 海协会与海基会就"海峡两岸公证书使用"问题在香港举行工作性商谈，商谈的重要议题是如何排除双方在事务性协商中在一个中国问题上的分歧。

10月30日 海基会在香港商谈中就坚持一个中国原则提出表述方案，其中口头表述方案的第三案为："在海峡两岸共同努力谋求国家统一的过程中，双方虽均坚持一个中国的原则，但对于一个中国的涵义，认知各有不同。唯鉴于两岸民间交流日益频繁，为保障两岸人民权益，对于文书查证，应加以妥善解决。"

11月1日 海基会发表书面声明表示，有关事务性商谈中一个中国原则的表述，"建议在彼此可以接受的范围内，各自以口头方式说明立场"。海协认为海基会口头表述方案中的第三案可以考虑。

11 月 3 日　海基会来函正式通知海协会，表示已征得台湾有关方面的同意，"以口头声明方式表述一个中国原则"。同日，海协会副秘书长孙亚夫电话通知海基会秘书长陈荣杰，强调海协会充分尊重并接受海基会以口头声明方式表述一个中国原则的建议，并建议就口头声明的具体内容进行协商。同时表示，两会于 10 月 28 至 30 日在香港进行的工作性商谈已经结束，建议有关问题的进一步商谈，在北京或台湾、厦门或金门进行，并由两会负责人在上述四地之一签署协议。

海基会发表新闻稿确认称，海协会愿意"尊重并接受本会日前所提两会各自以口头声明方式表达一个中国原则的建议"，但海协会亦表示"口头表述的具体内容，则将另行协商。"新闻稿并进一步强调，"本会经征得主管机关同意，以口头声明方式各自表达，可以接受。至于口头声明的具体内容，我方将根据'国家统一纲领'及'国家统一委员会'本年 8 月 1 日对于'一个中国'涵义所作决议，加以表达。"

11 月 16 日　海协会电函海基会，确认海基会以口头声明方式表述一个中国原则的具体内容（即 10 月底香港会谈所提口头表述方案的第三案），并称"其中明确了海峡两岸均坚持一个中国的原则，这项内容也已于日后见诸台湾报刊。"电函同时将大陆方面拟作口头声明的表述要点函告海基会，即："海峡两岸都坚持一个中国的原则，努力谋求国家的统一。但在海峡两岸事务性商谈中，不涉及'一个中国'的政治涵义。"

12 月 2 日　国民党中常会通过对于"一个中国"定义的

解释，声称"'一个中国'即为'中华民国'，本党绝不容'台独'与'一中一台'之企图得逞。"

12月3日　海基会复函海协会，对其11月16日及30日来函做了答复，再次声明"两岸对'一个中国'之涵义认知显有不同，建议以口头各自说明"。

12月16日　海协会在成立一周年之际发布会务报告，对两岸事务性商谈中表述一个中国原则问题进行了详尽说明。

1993年

4月27—29日　海协会长汪道涵与海基会董事长辜振甫在新加坡海皇大厦举行会谈，并共同签署了4项协议，迈出了两岸关系发展史上重要的一步。

8月22日　国民党"十四全"通过《中国国民党政纲》，称坚持"一个中国"政策，反对任何分裂国土主张，积极发展两岸关系。

8月31日　国台办、国务院新闻办发表《台湾问题与中国的统一》白皮书，系统阐明了中国政府解决台湾问题的方针政策和国际事务中涉及台湾问题的原则立场。

12月17日　台"陆委会"发表"一个中国——中华民国政府的立场"文章，声称其"一个中国"政策，实为"承认分裂、推动交流、追求统一"。

1994 年

7月4日 台"陆委会"公布《台海两岸关系说明书》，称"'中华民国政府'坚决主张'一个中国'，反对'两个中国'与'一中一台'"。两岸关系为一个中国原则下"分裂分治之两区"，是属于'一国内部'或'中国内部'的性质。

7月12日 国台办发言人就《台海两岸关系说明书》发表谈话指出，说明书坚持统一目标，主张"一个中国"，反对"两个中国、一中一台"，值得肯定。

12月20日 新华社刊登海协常务副会长唐树备在接受《瞭望》周刊采访时的讲话，唐表示，两会商谈可分为两个阶段，第一阶段是从1992年3月开始的关于公证书使用问题的商谈，双方争论的焦点是，在两岸事务性商谈中要不要坚持一个中国原则，从1992年上半年到去年4、5月间，经过双方努力，这个问题终于找到了解决的办法，即要坚持一个中国原则，双方可以用口头方式表述一个中国原则问题。第二阶段是1993年4月汪辜会谈后，商谈的焦点转到两岸事务性商谈中要不要、能不能回避敏感的政治问题。我们认为，在双方已经同意各自以口头方式表述海峡两岸均坚持一个中国的原则的基础上，两岸事务性商谈应回避敏感的政治性问题。

1995 年

1 月 30 日　中共中央总书记、国家主席江泽民发表题为《为促进祖国统一大业的完成而继续奋斗》的重要讲话，就现阶段发展两岸关系、推动祖国和平统一进程提出了八项主张。八项主张的核心是坚持一个中国原则。

3 月 20 日　海协会第一届理事会第四次会议发表会务报告，称"在过去两年的商谈中，我会与海基会确立了在事务性商谈中各自以口头方式表述'海峡两岸均坚持一个中国之原则'、但先不讨论'一个中国'的政治涵义的共识，确定了两会商谈是民间性、经济性、事务性、功能性商谈的定位，成功举行了汪辜会谈，使两岸关系发展迈出了历史性的重要一步。"

3 月 27 日　台"陆委会"主委萧万长在"两岸关系与亚太政经形势研讨会"上表示，"'一个中国'之提法，正确但不完整。我们认为最恰当的是'一个中国，两个对等政治实体'。"

5 月 27 日　海协常务副会长唐树备在第二次汪辜会谈预备性磋商中表示，"第一次汪辜会谈前，双方确立了在事务性商谈中各自以口头方式表述'海峡两岸均坚持一个中国之原则'的共识；确定了汪辜会谈是民间性、经济性、事务性、功能性的会谈。上述共识应在第二次汪辜会谈中予以坚持。"

6 月 16 日　因李登辉访美等原因，海协会致函海基会，正式通告中止第二次汪辜会谈的预备性磋商。

海基会秘书长焦仁和表示，"海峡两会在商谈中'一个中国，各自表述'精神仍然适用。

9月19日 海协负责人接受中新社采访时表示，"我会与海基会曾于1992年就两会事务性商谈达成'海峡两岸均坚持一个中国之原则'的口头共识，从而确立了两会协商处理两岸交往中衍生的具体问题属于中国的内部事务这一基本原则。"

12月22日 海基会董事长辜振甫称，有关一个中国原则双方各自表述的方式，是在第一次汪辜会谈时就已达成的共识。

1996 年

2月1日 台"行政院长"连战称，"呼吁大陆尊重两岸两会于1992年所达成'一个中国，各自表述'的共识"。

4月28日 海协负责人就汪辜会谈三周年发表谈话称"值得指出的是，这次会谈前，两会就'海峡两岸均坚持一个中国之原则'达成了口头共识，为汪辜会谈的成功举行奠定了重要基础。"

台"陆委会"主委张京育称，"两岸两会在过去既已建立'一个中国原则各自表述'的共识，双方虽然都坚持'一个中国'，但双方对其内涵有不同的解释，而'中华民国政府'的基本立场，即希望在各自表述'一个中国'的情况下，继续推动两岸关系的发展。"

12月 "陆委会"发表《关于"一个中国"策略之初步分析》一文称，两会1992年11月达成'双方均坚持一个中国原则，其内涵各自表述的共识，也因此顺利揭开两岸协商的序幕。

1997 年

2 月 23 日　台当局发布"透视'一个中国'问题"说帖，称：关于"一个中国"的问题，我方海基会与大陆海协会代表曾在 1992 年就此问题谈判了 11 个月之久，最后决定先行搁置"一个中国"的争议，双方各自表述其内涵。

7 月 31 日　台《中央日报》报道，"副总统"连战表示，"我方亦承认'一个中国'、'台湾是中国的一部分'，但我方的'一个中国'是'中华民国'，台湾是'中华民国'的一部分。台湾与大陆均是中国的领土，双方均确认'一个中国'。

8 月 8 日　台"陆委会"副主委高孔廉表示，我方认为"台湾加上大陆才是中国"，两岸都是中国的一部分。如果中共说"台湾加上大陆等于中国"，我方即可接受，因为两岸都是中国的一部分，是对等的；中共应改变以兼并角度处理台湾问题。

1998 年

1 月 27 日　海协常务副会长唐树备在国台办新闻发布会上表示，台湾方面所谓"一个中国、各自表述"的说法是不合实际的。两会在 1992 年达成的共识是：两会在事务性商谈中只要承认海峡两岸都是一个中国就可以了，不去讨论一个中国的政治内涵。这样一个原则现在同样适用于两会就政治谈判进行的程序性商谈。在这一商谈中，不必马上讨论一个中国的政治内涵。

10 月 14 日　应海协会邀请，海基会董事长辜振甫和夫人抵达上海，开始为期 6 天的参访活动。海协会长汪道涵在会见辜振甫时对一个中国原则的涵义做出说明，称"世界上只有一个中国，台湾是中国的一部分，目前尚未统一，双方应共同努力，在一个中国的原则下，平等协商，共议统一。一个国家的主权和领土是不可分割的，台湾的政治地位应该在一个中国的前提下进行讨论"。

10 月 18 日　钱其琛副总理在会见辜振甫一行时表示，一个中国原则是两岸关系保持稳定和发展的基础，是世界各国公认的事实。我们不赞成一切实际上是"两个中国"、"一中一台"的言行，绝不容忍台湾被分割出去。

10 月 20 日　李登辉接见海基会赴大陆参访团时称，"一个中国"的定义、两岸分治及"外交空间"等两岸歧见问题在短期内不会消失，最务实的方法就是坦诚面对"一个分治的中国"，相互尊重，继续平等往来和对话。

1999 年

1 月 9 日　海协会长汪道涵在会见日本客人时表示，为进一步促进海峡两岸交流，他准备今年访问台湾，并强调任何一个国家的主权和领土都是不可分割的。

7 月 9 日　李登辉在接受"德国之声"专访时公然抛出

"两国论"，宣称台自 1991 年"修宪"以来"已将两岸关系定位在国家与国家，至少是特殊的国与国关系"。

7 月 11 日　国台办发言人就李登辉抛出"两国论"发表谈话指出，李登辉的分裂言论再次暴露其分裂祖国的政治本质，台一切分裂势力应立即悬崖勒马。

7 月 15 日　国台办主任陈云林在中国和平统一促进会第 6 届理事大会上指出，李登辉"两国论"倒行逆施，使海协、海基会在一个中国原则下接触、交流、对话的基础不复存在。

7 月 18 日　美国总统克林顿与国家主席江泽民通电话，江泽民重申我在台湾问题上的严正立场，克林顿表示美国政府坚持"一个中国"的政策。21 日，克林顿在记者会上重申了美对两岸政策的三个支柱：一个中国政策、两岸对话、和平解决歧见。

7 月 30 日　海基会董事长辜振甫召开记者会为李登辉的"两国论"辩护。海协会负责人就"辜振甫谈话稿"指出，"谈话稿"进一步鼓吹"两国论"，严重恶化两岸关系，使两会接触、交流、对话的基础不复存在，李登辉必须承担由此引发的一切责任和后果。海协鉴于海基会 30 日来函及所附谈话稿严重违背了两会 92 年达成的"海峡两岸均坚持一个中国原则"的共识，对海基会来函不予接收并正式退回。

2000 年

2 月 21 日　国务院台办与国务院新闻办发布《一个中国的原则与台湾问题》白皮书，全面阐述了中国政府有关一个中国原则的基本立场和政策。

4 月 28 日　台"陆委会"主委苏起在参加"二十一世纪的台湾发展与两岸关系"国际学术研讨会上表示,两岸应回到"1992 共识",将问题模糊化,才是解决问题最好的办法。"九二共识"这个说法他已思考一段时间了,这是他个人针对"一个中国"想出的解决之道,并非和"府会"商量的结果,至于新任"总统"陈水扁是否在就职演说中采用,他采取开放的态度,但他也认为"九二共识"应是中共与民进党就"一中"问题最好的下台阶。

5 月 20 日　台湾地区新任领导人陈水扁发表就职讲话,在是否接受一个中国原则这一关键问题上采取了回避、模糊的态度,声称要与大陆"共同来处理未来'一个中国'的问题。

国台办受权就两岸关系发表声明,强调"当前,只要台湾当局明确承诺不搞'两国论',明确承诺坚持海协与台湾海基会 1992 年达成的各自以口头方式表述'海峡两岸均坚持一个中国原则'的共识,我们愿意授权海协与台湾方面授权的团体或人士接触对话。"

6 月 20 日　陈水扁在上台后的首次记者招待会上,对一个中国原则继续采取回避、模糊态度,称"一个中国"的问题,有讨论但是没共识","如果说要有'共识',那是没有共识的'共识'"。

8 月 25 日　钱其琛副总理在会见台湾《联合报》系访问团时指出,就两岸关系而言,我们主张一个中国原则是:世界上只有一个中国,大陆和台湾同属于一个中国,中国的主权和领土完整不容分割。一个中国是两岸间能够接受的最大共同点。

9月25日　亲民党主席宋楚瑜在接受《民众日报》采访时表示，1992年两岸达成口头上"一个中国、各自表述"的共识，这个共识基本上兼顾两岸的现状与事实。

10月14日　前"陆委会"主委、国民党智库"国家安全组"召集人苏起指出，"一个中国，各自表述"的共识是政治问题，不是学术问题。正是因为先有"九二共识"，才会有1993年的辜汪会谈、1993至1995年的两岸谈判。

10月16日　台"中央研究院院长"兼跨党派小组召集人李远哲在"立法院"指出，两岸两会在1992年确有"一中各表"共识，但只是口头宣示，未形诸文字，这是一个历史事实。

10月22日　台北市长马英九表示，对两岸问题，国民党一直是很明确的，即92年有"一个中国、各自表述"的共识，不是文字游戏地强调"九二精神"；民进党执政不能否定历史。当年的"一个中国、各自表述"对台湾人不会有伤害，而这也是台湾人的共识，以一党之私对抗全民共识更是不智之举。

2001 年

1月14日　国民党主席连战在出席"新世纪两岸关系研讨会"时表示，国民党的新世纪两岸愿景是"内去统独，外造和解，两岸共荣，迎向世界"，强调"分裂的房子不能久立，两岸须自感性上'同情的理解'和理性上的'重回九二共识'入手。"

1月22日　钱其琛副总理在纪念江泽民《为促进祖国统一

大业的完成而继续奋斗》讲话发表 6 周年的会上指出，世界上只有一个中国，大陆和台湾同属一个中国，中国的主权和领土完整不容分割，这是海峡两岸坚持一个中国原则的共同基点。

2 月 8 日　台北市长马英九在美国智库"美国外交政策全国委员会"发表演说，认为台湾应解决内部的纷扰，回到"九二共识"，主动突破两岸僵局，才是真正挽救台湾之道。

3 月 1 日　海基会董事长辜振甫表示，两岸 1992 年达成的共识是"一个中国各自口头表述"，而非"坚持一个中国原则"。对于是否存在"九二共识"，辜称，"重要的事情，一诺千金"。

3 月 16 日　海协会秘书长李亚飞在国台办新闻发布会上表示，"承认不承认 1992 年两会共识，是两会能否复谈的关键。"当时双方承诺的是"海峡两岸均坚持一个中国原则"和"努力谋求国家统一"的态度，暂时搁置的是对一个中国政治涵义的争议。

4 月 27 日　海基会董事长辜振甫在"汪辜会谈"八周年记者会上称，1992 年两岸两会达成"一个中国，各自表述"的共识是双方恢复对话协商的基础，两岸"对共识与协议的诚实遵守，对于双方互信的累积与正常往来，乃是绝对必要的"。

4 月 28 日　台北市长马英九表示，他对于 1992 年两岸两会达成的"一个中国，各自表述"的共识相当坚持，当年双方绝对有此共识，包括辜振甫、邱进益、高孔廉等所有当年参与者也都认为有"九二共识"。民进党"政府"最大的错误就是"不去承认有九二共识的存在"，另外搞出一个所谓的"九二精神"，可以说是一大败笔，简直不伦不类。

8 月 27 日　美国在台协会台北办事处处长薄瑞光在台北美

国商会演讲时表示，"九二共识"其实不只是"共识"，且是当时两岸所做的"协议"。

11 月 5 日　国民党大陆事务部主任张荣恭为厘清"九二共识"的认知纷争，特别找出当年的剪报资料证明两岸有"九二共识"存在。强调 1992 年的情况是双方"互不承认，但互有共识"，而共识的部分是"排除台独"，分歧和不承认之处则是双方对"一中"各自表述的部分。如果陈水扁要无限演绎，将一个中国问题推到"宪法"层次，只会让两岸关系无法解决。

11 月 10 日　陈水扁接受"台视"专访称，两岸根本没有"九二共识"，海基会副董事长许惠祐告诉他，这是去年某位旧"政府"要员创造出来的名词，顶多只能说有"九二会谈"而已。

12 月 16 日　海协会长汪道涵发表书面谈话指出，承认不承认 1992 年两会共识，说到底是承不承认"大陆与台湾同属于一个中国"的问题。如果台湾当局拒不承认 1992 年两会共识，就谈不上改善两岸关系的诚意。

2002 年

1 月 24 日　钱其琛副总理在纪念江泽民《为促进祖国统一大业的完成而继续奋斗》重要讲话发表 7 周年座谈会上指出，台湾当局领导人不接受一个中国原则，不承认"九二共识"，是导致两岸关系陷入僵局的症结，也是造成台海局势难以稳定并可能引发危机的根源。我们多次说过，世界上只有一个中国，大陆和台湾同属一个中国，中国的主权和领土完整不容分割。这是海峡两岸坚持一个中国原则的共同基点。

中共中央台办主任陈云林也表示，"九二共识"的重要精神和意义在于，在双方表明坚持一个中国原则态度的前提下，以灵活的方式求同存异，务实地进行谈判。

3月5日　朱镕基总理在政府工作报告中指出，世界上只有一个中国，大陆与台湾同属一个中国，中国的主权和领土完整不容分割。一个中国的原则是发展两岸关系、促进祖国和平统一的基础和前提。我们坚持在一个中国原则的基础上恢复两岸对话与谈判。

5月3日　国民党主席连战在会见美国外交政策全国委员会代表团成员时指出，过去两会的接触和文件往返，都证明"九二共识"是存在的，国民党在两岸政策上，不论是执政还是在野，都会坚持国家统一立场。"九二共识"就是"一个中国，各自表述"，其中"一个中国"就是代表追求国家统一，至于"一中"，是我方坚持的"中华民国"，还是对岸认为的中华人民共和国，则各自保留双方的空间。

11月1日　前"陆委会"主委苏起及郑安国发表《"一个中国，各自表述"共识的史实》一书。苏起称，虽然两岸"函电往返"文字中没有出现过"一个中国，各自表述"这八个字，但检阅这些函电，大家都可以看出，这八个字代表的意涵正是1992年两岸共识的精髓所在。直至1995年8月，时任海基会秘书长的焦仁和才首度使用"一个中国，各自表述"这八个字。

11月8日　中国共产党第16次代表大会开幕，江泽民总书记在大会报告中指出，我们再次呼吁，在一个中国原则的基础上，暂时搁置某些政治争议，尽早恢复两岸对话和谈判。并首次提出，在一个中国原则前提下的"三个可以谈"，重申"一国两制"是两岸统一的最佳方式。

2003 年

3月11日　中共中央总书记胡锦涛在参加十届全国人大一次会议台湾代表团审议时指出，坚持一个中国原则，是发展两岸关系和实现和平统一的基础。我们提出世界上只有一个中国，大陆和台湾同属一个中国，中国的主权和领土完整不容分割，就是要表明，中国是两岸同胞的中国，是我们的共同家园。任何旨在制造"台湾独立""两个中国""一中一台"的言行，两岸同胞理应坚决反对。我们希望通过对话和谈判解决分歧。只要台湾当局明确接受一个中国原则，两岸对话和谈判就可以恢复。

3月30日　国民党主席连战在获得"总统"参选人提名后宣示，国民党执政后将在"九二共识"的基础上，全力推动两岸直航。

2004 年

1月19日　国务委员唐家璇在纪念江泽民《为促进祖国统一大业的完成而继续奋斗》重要讲话发表9周年座谈会上指出，我们愿意在一个中国原则的基础上，务实、平等地推进两岸对话与谈判。我们在坚持一个中国原则上具有最大的包容性。

5月17日 中共中央台办受权就当前两岸关系问题发表声明指出，未来四年，无论什么人在台湾当权，只要他们承认世界上只有一个中国，大陆和台湾同属一个中国，摒弃"台独"主张，停止"台独"活动，两岸关系即可展现和平稳定发展的光明前景。

10月10日 陈水扁在"双十讲话"中表示，两岸可"以九二香港会谈为基础"，寻求"虽不完美、但可接受"的方案，作为进一步推动协商谈判的准备。

11月14日 海协会就所谓"九二香港会谈基础问题"指出，"九二香港会谈"及此后包括汪辜会谈在内的一系列协商对话的基础，就是体现海峡两岸均坚持一个中国原则的"九二共识"。

11月20日 国家主席胡锦涛在智利举行的亚太经合组织领导人非正式会议期间会见美国总统布什指出，只要台湾当局承认体现坚持一个中国原则的"九二共识"，两岸对话与谈判可以立即恢复。

2005 年

1月28日 全国政协主席贾庆林在纪念江泽民《为促进祖国统一大业的完成而继续奋斗》重要讲话发表10周年大会上强调，我们将继续积极推动在一个中国原则基础上恢复两岸对话和谈判。尽管两岸迄今尚未统一，但大陆和台湾同属一个中国的事实从未改变，这就是两岸关系的现状。以一个中国原则为基础，体现的是大陆和台湾同属一个中国的两岸关系现状，追求的是和平统一目标。在一个中国原则的前提下，谈判的议题是开放的，空间是广阔的。

3月1日　陈水扁与欧洲议会议员及新闻媒体进行视讯会议时指出，希望能够以1992年"香港会谈"所获得的成果作为一个基础，来推动两岸的协商与对话。

3月4日　国家主席胡锦涛参加全国政协十届三次会议民革、台盟、台联联组会并就新形势下发展两岸关系提出了四点意见，强调坚持一个中国原则，是发展两岸关系和实现祖国和平统一的基石。1949年以来，尽管两岸尚未统一，但大陆和台湾同属一个中国的事实从未改变。这就是两岸关系的现状。这不仅是我们的立场，也见之于台湾现有的规定和文件。当前两岸关系发展困难的症结，在于台湾当局拒绝一个中国原则，不承认体现一个中国原则的"九二共识"。只要台湾当局承认"九二共识"，两岸对话和谈判即可恢复，而且什么问题都可以谈。

4月16日　陈水扁参加国际扶轮社3480地区第十八届地区年会时指出，所谓"九二共识"是在1992年香港会谈之后的第八年，也就是2000年4月28日，由当时"陆委会"主任委员苏起创造出来的新名词，其实根本就没有"九二共识"，只有"相互的了解"。

4月23日　全国政协主席贾庆林会见出席博鳌亚洲论坛的台湾两岸共同市场基金会董事长萧万长一行时指出，我们一直争取在一个中国原则基础上恢复两岸对话与谈判。同时，我们也积极推动与认同"九二共识"、反对"台独"、主张发展两岸关系的台湾各党派、团体和代表性人士的交流和对话。

4月29日　中共中央总书记胡锦涛和应邀来访的中国国民党主席连战举行正式会谈并就发展两岸关系提出4点主张，强调"九二共识"既确认了双方均坚持一个中国的共同立场，又搁置了双方的政治分歧，是发挥政治智慧、照顾各方利益的成果。当前，要化解两岸僵局、重建双方互信，关键是台湾当局必须停止"台独"分裂活动，承认"九二共识"。会谈后，胡锦涛与连战共同发布"两岸和平发展共同愿景"新闻公报，强调两党共同体认到"坚持'九二共识'，反对'台独'，谋求台海和平稳定，促进两岸关系发展，维护两岸同胞利益，是两党的共同主张"，将共同"促进两岸在'九二共识'的基础上尽速恢复平等协商"。

4月30日　吕秀莲出席"国际狮子会300A2区20周年年会"时表示，所谓"九二共识"实为"一个中国"。1992年，在几乎破局情况下，产生各自表述、各说各话情形，因此，实质上并无共识达成，仅有会谈存在。

5月8日　陈水扁接受三立电视台专访时表示，"九二共识"根本不存在。如果"九二共识"就是"一中各表"，但是中国十几年来认为所谓的"九二共识"，就是"一个中国原则"，那是有"一中"而无"各表"。

5月12日　中共中央总书记胡锦涛与应邀来访的亲民党主席宋楚瑜举行正式会谈，会谈公报指出，促进在"九二共识"基础上，尽速恢复两岸平等谈判。在前述两岸各自表明均坚持一个中国原则，即"九二共识"（"两岸一中"）的基础上，尽速恢复两岸平等协商谈判，相互尊重，求同存异，务实解决两岸共同关心的重大议题。

5月13日　陈水扁在"余纪忠先生纪念研讨会"书面致

词中称，"92 年香港会谈"双方完全没有达成任何的共识，顶多只是一个相互的谅解而已。中国从来都不承认、也不接受"一中"有各自表述的空间。

5 月 16 日 吕秀莲参加政治大学学术讲座时称，其实"九二共识"是没有共识，是各说各话，如果有共识的话是"两个中国"，不是一个中国。

5 月 19 日 国民党主席连战接受彭博通讯社专访时表示，"九二共识"是国民党执政时和中共方面共同建立的共识，"和平之旅"完全是以"九二共识"原则为基础，虽然纪录中确实没有"九二共识"一词，但重要的是九二年两岸所达成的共识的真正内涵是"一中各表"。

8 月 6 日 陈水扁出席"台湾团结联盟"四周年党庆活动，强调坚决反对以"一个中国、一国两制"为内涵的所谓"九二共识"。

9 月 15 日 全国政协主席贾庆林在第一届两岸民间菁英论坛开幕式上指出，无论是共产党与国民党达成的"两岸和平发展共同愿景"，还是共产党与亲民党达成的"两岸合则两利，分则两害，通则双赢"的共同体认，都体现了双方对"九二共识"的坚持和对谋求两岸共同发展、追求中华民族振兴的共同责任。对两岸政治分歧，完全可以通过在体现一个中国原则的"九二共识"基础上进行谈判，寻求解决办法。

9 月 25 日 陈水扁在多米尼加共和国与随行采访记者茶叙时表示，愿意在没任何前提条件、也不论时间地点，与中国国家领导人握手和理性对话。所谓的"九二共识"是中国所设的前提，所以没有前提条件就不应再提"九二共识"，所谓"九二共识"当然是从"一个中国"而来，当然也不应提"一个中国"。

10月25日　全国政协主席贾庆林在纪念台湾光复60周年大会上指出：我们真诚希望，两岸双方在体现一个中国原则的"九二共识"的基础上，建立起政治上的互信。尽管两岸尚未统一，但大陆和台湾同属一个中国的事实从未改变。认同两岸同属一个中国，是两岸建立政治互信的基础。我们再次呼吁，早日在"九二共识"的基础上恢复两岸对话和谈判，平等协商，扩大共识，解决问题。在"九二共识"的基础上，我们愿意与任何人或任何政党进行对话和谈判，什么问题都可以谈。

2006年

2月13日　国民党主席马英九在英国伦敦政经学院演讲时指出，希望解决族群、统"独"、省籍、经济的台湾内部问题以及国际问题，为两岸关系营造新典范。所谓新典范，非单纯回到务实的"九二共识"路线，而是希望导向新愿景，国民党希望超越旧思维，寻求新的典范。

2月22日　国民党主席马英九表示，"九二共识"的确存在，也因此才有接下来的辜汪会谈与四项协议，民进党可以不赞成"九二共识"的内容，但不能否认历史上有"九二共识"存在。

3月14日　国务院总理温家宝在十届全国人大四次会议记者招待会上表示，台湾当局领导人决定终止"国统会"和"国统纲领"，公然挑衅一个中国原则，严重破坏两岸的和平稳定，具有极大的冒险性、危险性和欺骗性。不管什么政党，什么人，他过去说过什么，做过什么，只要坚持一个中国的原则，我们就愿意同他进行对话与谈判。包括民进党，只要他放弃"台独"纲领，我们也愿意做出正面的回应，进行接触和协商。

4月3日　陈水扁与国民党主席马英九会面时表示，所谓"九二共识"这四个字根本自始就不存在。一个自始就不存在的东西，要以其做为基础，是有问题的。

4月14日　全国政协主席贾庆林在两岸经贸论坛开幕式上指出，在"九二共识"基础上恢复两岸对话和谈判后，双方可以协商构建长期稳定的两岸经济合作机制问题。

4月16日　中共中央总书记胡锦涛在会见中国国民党荣誉主席连战时强调，坚持"九二共识"，是实现两岸关系和平发展的重要基础。坚持"九二共识"，才能实现两岸和平发展、共同繁荣；坚决反对和遏制"台独"，才能消除危害两岸关系和平发展的最大威胁。

4月19日　国民党主席马英九表示，在台湾还在争论"九二共识"是否存在时，胡锦涛明确表示确实有"九二共识"，而且是以求同存异的态度，显然就是台湾所说的"一中各表"。"九二共识"的精神就是求同存异，因此绝不是只有一个中国，当年"国统会"通过"关于一个中国的涵义"清楚表明"一中就是中华民国"。

5月7日　国民党主席马英九在新加坡参访第一次辜汪会谈所在地时表示，李登辉现在虽否定有"九二共识"，但没有否认辜汪会谈。没有"九二共识"就没有辜汪会谈，辜汪会谈间接证实"九二共识"的存在，苏起只是把九二年的共识简化取个名字罢了。

6月20日　陈水扁在"向人民报告"谈话中表示，"我们没办法接受所谓一个中国原则，没办法接受'九二共识'，六年来我始终如一，未来的两年我还是不会改变，'九二共识'根本就不存在，一个中国就是要将台湾变成中华人民共和国的一部分，变成第二个香港，我们当然没办法接受。"

11月12日　国家主席胡锦涛在纪念孙中山诞辰140周年大会上指出，两岸中国人完全可以在一个中国原则的基础上，以中华民族的根本利益为重，以两岸同胞的福祉为重，真诚相待、坦诚相商，精诚团结、热诚合作，推动两岸关系和平发展，促进祖国和平统一。

2007 年

1月1日　陈水扁主持"元旦团拜"时表示，所谓的"九二共识"与"终极统一论"等，在本质上都预设了"统一"是未来唯一的选项，不但剥夺并限制了台湾人民自由选择的权利，更违反了"主权在民"的基本原则。

4月28日　全国政协主席贾庆林在第三届两岸经贸文化论坛开幕式上表示，两岸同胞要实现两岸关系和平发展的目标，就要坚决反对和遏制"台独"，消除导致台海局势紧张动荡的危险根源；就要坚持"九二共识"，奠定共同的政治基础。

6月4日　国民党"总统"参选人马英九在台商会长座谈会上承诺，执政后会在"九二共识"基础上恢复谈判，其中最重要的是安全问题、和平协议，包括军事互信机制，相信会很快结束两岸敌对状态。

10月15日　中共中央总书记胡锦涛在十七大政治报告中

指出，坚持一个中国原则，是两岸关系和平发展的政治基础。尽管两岸尚未统一，但大陆和台湾同属一个中国的事实从未改变。中国是两岸同胞的共同家园，两岸同胞理应携手维护好、建设好我们的共同家园。台湾任何政党，只要承认两岸同属一个中国，我们都愿意同他们交流对话、协商谈判，什么问题都可以谈。

11月1日　国民党荣誉主席连战针对传言国民党中央在"2008年中心任务"中删除"九二共识"文字发布新闻稿指出，"九二共识"的形成，有其历史渊源、政治深意。国民党历来都是以"国统纲领"作为最高指导依据，并以"九二共识"作为推动两岸交流协商的基础，这已明确载入党的政纲。马英九迅速做出澄清，强调"删除九二共识"是个乌龙事件，若党中央真决定废除"九二共识"，我会第一个跳出来反对。

12月13日　德国《时代周报》正式刊出对陈水扁的专访。陈表示，事实上根本就没有开罗宣言，只有新闻公报、没有开罗宣言，就像2000年中国国民党，在我当选之后，搞出一个不存在的"九二共识"，是完全如出一辙的。

12月20日　国民党"总统"参选人马英九接受News98广播电台节目专访时指出，国民党若执政，将在"九二共识、互不否认对方"的前提下与中国大陆谈判经贸、安全等议题。

2008年

3月4日　胡锦涛看望参加十一届全国政协一次会议民革台盟台联委员时指出，实现两岸关系和平发展，基础是坚持一个中国原则，目的是为两岸同胞谋福祉，途径是深化互利双赢的交流合作。台湾任何政党，只要承认两岸同属一个中国，我们都愿意同他们交流对话、协商谈判。

3月14日　台"陆委会"发表"'一法两公报'：台湾人民命运的锁链"新闻稿（"一法"指"反分裂国家法"，"两公报"则是"胡连"及"胡宋"会谈新闻公报），指出"一法两公报"提供"九二共识"给北京借壳上市，包装"一个中国原则"，以"九二共识"偷渡"一中"原则，明显清楚的"两公报"是替北京当局"一中"原则定义与对台政策背书，最后向中国出让台湾的主权地位。

3月26日　国家主席胡锦涛应约同美国总统布什通电话时表示，在"九二共识"的基础上恢复两岸协商谈判是我们的一贯立场。我们期待两岸共同努力、创造条件，在一个中国原则的基础上，协商正式结束两岸敌对状态，达成和平协议，构建两岸关系和平发展框架，开创两岸关系和平发展新局面。

4月29日　中共中央总书记胡锦涛会见国民党荣誉主席连战时指出，"两岸和平发展共同愿景"是国共两党向两岸同胞作出的庄严承诺。我们应该以此为遵循，大力加强两岸人员往来和经济文化等各领域交流合作，在"九二共识"的基础上尽早恢复两岸协商谈判，务实解决各种问题，切实为两岸同胞谋福祉、为台海地区谋和平。

5月20日　马英九在"就职演说"中表示，1992年，两岸曾经达成"一中各表"的共识，随后并完成多次协商，促成两岸关系顺利的发展。我们今后将继续在"九二共识"的基础上，尽早恢复协商。我们注意到胡锦涛先生最近三次有关两岸关系的谈话，分别是3月26日与美国布什总统谈到"九二共识"、4月12日在博鳌论坛提出"四个继续"、以及4月29日主张两岸要"建立互信、搁置争议、求同存异、共创双赢"，这些观点都与我方的理念相当的一致。

5月22日　马英九在与岛内媒体茶叙时表示，我们在1992年确实有"一中各表"的共识，这个我们有当年11月3日海基会的去函、11月16日海协会的回函，这个都有文字数据的证据。现在我们谈"九二共识"，就是要"恢复协商、以九二共识为基础"，跟对方的说法基本上是若合符节。

5月28日　中共中央总书记胡锦涛同国民党主席吴伯雄会谈时指出，国民党反对"台独"、坚持"九二共识"、积极发展两岸关系的立场和主张，得到了大多数台湾民众的肯定。反对"台独"、坚持"九二共识"，是双方建立互信的根本基础。只要在这个核心问题上立场一致，其他事情都好商量。我们应该在"九二共识"基础上尽快恢复海协会和海基会的交往协商，通过平等协商务实解决两岸间的有关问题。吴伯雄表示，国民党已经将2005年4月国共两党领导人共同发布的"两岸和平发展共同愿景"正式列入党的政纲，这不仅是对台湾民众而且是对两岸同胞作出的承诺，期盼两岸在"九二共识"基础上搁置争议、追求双赢。

6月13日　中共中央总书记胡锦涛会见海基会董事长江丙坤一行时指出，海协会和海基会在"九二共识"的共同政治基础上恢复商谈并取得实际成果，标志着新形势下两岸关系改善和发展有了一个良好开端，表明两岸双方有智慧、有能力通过协商谈判解决有关问题，造福两岸同胞。

7月10日　国家主席胡锦涛在日本北海道会见美国总统布什时强调，在新形势下，我们将牢牢把握两岸关系和平发展的主题，加强两岸人员往来和经济文化等各领域交流合作，努力开创两岸关系和平发展新局面。我们坚持一个中国原则、反对"台独"分裂活动的立场不会改变。

8月8日　中共中央总书记胡锦涛会见前来出席奥运会开幕式的中国国民党主席吴伯雄时表示，在双方共同努力下，近两个多月来，两岸协商在"九二共识"基础上得到恢复并取得积极成果。国共两党应该继续依循并切实落实《两岸和平发展共同愿景》，开创两岸关系和平发展新局面，不辜负两岸同胞的期待。

8月24日　马英九在"823战役50周年纪念大会"致词时指出，1992年，两岸在最困难的主权问题上达成共识，并据以次年在新加坡举行"辜汪会谈"，签订四项历史性协议，这就是现在所谓的"九二共识"。从今年5月20日新"政府"上任开始和平对话过程以来，两岸在"九二共识"的基础上，重启中断十年的协商，陆续完成了许多历史性的工作，这些都是和平思维所灌溉出来的果实。

9月3日　马英九接受墨西哥《太阳报》的专访正式刊出。马表示，主权层面的争议，目前无法解决，但是我们虽然不能够解决这个问题，却可以做一个暂时的处理，这就是我们在1992年与中国大陆所达成的一个共识，称为"九二共识"，双方对于一个中国的原则都可以接受，但对于"一个中国"的含义，大家有不同的看法。

9月23日　国务院总理温家宝在纽约出席欢迎午宴时指出，今天台湾新领导人回归"九二共识"，海峡两岸关系呈现出缓和改善的积极势头。我们愿本着"建立互信、搁置争议、求同存异、共创双赢"的原则，在"九二共识"的基础上务实解决各种问题，为两岸关系的进一步发展创造条件。

12 月 31 日　中共中央总书记、国家主席胡锦涛在纪念《告台湾同胞书》发表 30 周年座谈会上发表"携手推动两岸关系和平发展同心实现中华民族伟大复兴"的重要讲话，就推动两岸关系和平发展提出"六点意见"，其中第一点强调，"恪守一个中国，增进政治互信"。维护国家主权和领土完整是国家核心利益。世界上只有一个中国，中国主权和领土完整不容分割。1949 年以来，大陆和台湾尽管尚未统一，但不是中国领土和主权的分裂，而是上个世纪 40 年代中后期中国内战遗留并延续的政治对立，这没有改变大陆和台湾同属一个中国的事实。两岸复归统一，不是主权和领土再造，而是结束政治对立。两岸在事关维护一个中国框架这一原则问题上形成共同认知和一致立场，就有了构筑政治互信的基石，什么事情都好商量。

2009 年

1 月　海协会长陈云林在新春贺辞中指出，2008 年是两会对话协商史上里程碑式的一年。6 月，海协会与海基会在"九二共识"基础上恢复了中断近 10 年的制度化协商，迈出了新形势下两岸关系改善和发展的重要一步。

1 月 1 日　台"总统府"发言人王郁琦在响应胡锦涛"12·31"重要讲话时表示，自"5·20"之后，我们始终坚持捍卫"中华民国"主权，维护台湾尊严，在"中华民国宪法"的架构下，维持"不统、不独、不武"的现状，并在"以台湾为主，对人民有利"的原则以及"九二共识、互不否认"的基础上，与大陆开展协商与交流，共同追求两岸人民的和平繁荣与进步。这个政策已被证明受到台湾主流民意与国际社会的支持。

4月14日　马英九在接见"台湾关系法30周年回顾与前瞻"国际研讨会美国学者时表示，两岸的主权议题无法于短期内获得解决，但仍可寻求务实处理，而"九二共识"就是最好的基础与起点，双方可先寻求互不否认，透过海基、海协两会的会谈建立起良好的沟通桥梁，让具有急迫性的事项透过合作机制获得解决，进而使两岸都能互蒙其利。

4月22日　马英九在出席"'战略暨国际研究中心'（CSIS）台湾关系法30周年研讨会"视讯会议上表示，两岸和解的核心就是"九二共识"。也就是两岸认知到这世界上只有一个中国，但双方的定义有所不同。15年前两岸的协商就是植基于此，两岸自此而有了共识存在。

5月26日　中共中央总书记胡锦涛在会见国民党主席吴伯雄时表示，巩固和增进双方的政治互信尤为重要，坚持大陆和台湾同属一个中国是关键所在。吴也强调，双方政治互信的基础就是坚持"九二共识"、反对"台独"。

11月14日　中共中央总书记胡锦涛在新加坡会见国民党荣誉主席连战时强调，希望国共两党和两岸双方加强交流对话，增强良性互动，增进政治互信，坚定信心，多做实事，积极推动两岸关系取得新进展。连战表示，两岸之间的互信非常难得，值得珍惜，双方应在"九二共识"基础上持续累积与强化互信。

2010 年

1月1日 马英九在"元旦讲话"中表示，一向主张在"中华民国宪法"的架构下，维持"不统、不独、不武"的状态，并在"九二共识"的基础上，推动两岸交流与合作。这不是消极地维持现状，而是积极地争取一段足够长的时间，让台海持续和平发展，让两岸人民透过经贸、文化各方面的深度交流与合作，增进了解，淡化成见，并在中华文化的基础上，为两岸争议寻求一条务实可行的出路。

4月10日 国家副主席习近平在博鳌亚洲论坛会见台湾两岸共同市场基金会最高顾问钱复一行时强调，坚持大陆和台湾同属一个中国，是两岸关系和平发展的政治基础。

4月29日 中共中央总书记胡锦涛在会见出席上海世博会开幕式的国民党荣誉主席连战、吴伯雄和亲民党主席宋楚瑜等人时强调，保持两岸关系发展势头，乃至今后破解政治难题，需要在反对"台独"、坚持"九二共识"的基础上不断增强两岸政治互信。反对"台独"，意味双方都反对分裂国家；坚持"九二共识"，意味双方可以在一个中国的基础上求同存异。在不断增强两岸政治互信的过程中，两岸之间存在的各种问题都可以通过协商寻求妥善解决。两岸中国人之间，什么事情都好商量。

5月19日 马英九在就职两周年记者会上重申，我们是要在"中华民国宪法"的架构下，坚持"不统、不独、不武"的原则，并且以海峡两岸于1992年所达成的"九二共识"为基础，展开两岸的关系，我们先推动和解，再走向合作，最后建立和平，我们这种循序发展，其实具有重要的意义。

7月12日　中共中央总书记胡锦涛会见国民党荣誉主席吴伯雄一行时强调，两岸经济合作框架协议的签署再次表明，在反对"台独"、坚持"九二共识"的共同政治基础上，只要双方良性互动、平等协商，就能够推动两岸关系不断向前发展，也能够为逐步解决制约两岸关系发展的难题找到可行办法。

9月9日　全国政协主席贾庆林会见国民党荣誉主席连战一行时强调，互信的政治基础在于两岸双方都反对"台独"、坚持"九二共识"。反对"台独"，就应该在大陆和台湾同属一个中国这个根本问题上正本清源。

10月10日　马英九在"双十讲话"中表示，"中华民国是主权独立的国家"，我们是在"中华民国宪法"架构下，以"九二共识"为基础，开展与大陆的关系。现阶段两岸之间，在法理上不可能"相互承认"，但应以务实的精神，做到彼此在事实上"互不否认"。

10月20日　国台办主任王毅在纽约侨界招待会上指出，两岸关系稳定发展的保证首先是两岸双方应当继续遵循"建立互信、搁置争议、求同存异、共创双赢"的精神。其中，建立互信是关键，而反对"台独"、坚持"九二共识"则是双方建立互信的基础。坚持并巩固这个基础，我们就能够切实搁置争议，确保两岸关系的基本稳定。同时，不断增进和深化政治互信，特别是在两岸同属一个中国问题上形成更为清晰和明确的共识，我们就能够在搁置争议的基础上求同存异，进而聚同化异，为推动两岸关系提供持续不断的动力，引导两岸关系沿着正确方向向前发展。

11月13日　中共中央总书记胡锦涛在日本横滨会见国民党荣誉主席连战时指出，两岸关系得以实现历史性转折并取得一系列重要进展，关键在于两岸双方就反对"台独"、坚持"九二共识"达成了一致，建立了互信，形成了良性互动。两岸应当继续在此基础上求同存异，巩固和增进互信。

2011 年

1月17日　台"行政院长"吴敦义表示：将以"九二共识"为基础继续向前推进，唯有承认"九二共识"，双方才能搁置争议，才有可能开展不同领域的交流。

1月20日　国家主席胡锦涛同美国总统奥巴马在白宫举行会谈时指出，近年来，两岸交流合作得到很大发展，两岸双方都反对"台独"、坚持"九二共识"。我们将继续推进两岸各领域交流合作，共同开创两岸关系和平发展新局面。奥巴马重申，美国坚持一个中国政策，遵守美中三个联合公报。美方乐见两岸关系不断改善并为此深受鼓舞，希望两岸关系继续取得进展。

4月1日　台湾两岸共同市场基金会代表团名誉团长吴敦义在出席博鳌论坛时，向国务院副总理李克强表示，过去四年两岸关系走上了和平稳定发展的正确道路，两岸在"九二共识"基础上的协商迄今已达成16项协议，两岸关系和平发展的局面值得共同珍惜和巩固。

3月9日　马英九出席"海基会成立20周年庆祝大会"时表示，海基会在两岸关系发展过程中，进行多次重要协商，发挥相当大的功能。例如 1992 年两会在香港协商，获致两岸均接受一个中国的原则，而我们所表述的"一个中国"就是"中华民国"；第 2 年又在新加坡举行"辜汪会谈"签订 4 项协议。在推动两岸事务时，必须在"中华民国宪法"架构下，维持台湾海峡"不统、不独、不武"的现状，并且在"九二共识、一中各表"的基础上推动两岸交流，任何协商必须秉持"对等"、"尊严"及"互惠"的原则，以保障人民利益。

3 月 25 日　中共中央台办主任王毅在会见国民党青年工作总会"辛亥革命百年访问团"一行时表示，双方都坚持体现一个中国原则的"九二共识"，尽管双方对一个中国政治意涵的认识有所不同，但可以求同存异，求同存异正是"九二共识"的精髓所在。

5 月 4 日　马英九接受日本《朝日新闻》专访时指出，我们对大陆的政策非常清楚：在"中华民国宪法"的架构下，维持海峡两岸"不统、不独、不武"的现状，依据双方在 1992 年所达成的共识，称之为"九二共识"，来推动两岸的关系。对于"一个中国"，双方有不同解释，但双方都相互尊重，在这前提下才能做到这一步，不管是哪个政党执政，如果不支持"九二共识"，两岸关系难免会进入不确定状态。这是全民共识，为了"中华民国的主权"、台湾的安全、人民的尊严，现在的政策是很符合台湾的需要。

5 月 7 日　全国政协主席贾庆林在第七届两岸经贸文化论坛上指出，有了反对"台独"、坚持"九二共识"这一两岸关系和平发展的共同政治基础，两岸双方就能够搁置争议，求同存异，营造出有利于交流合作、协商谈判的良好环境。

5 月 10 日　中共中央总书记胡锦涛在会见国民党荣誉主席

吴伯雄时就推动两岸关系发展提出四点意见，其中强调，国共两党、两岸双方要坚持体现一个中国原则的"九二共识"，继续坚决反对"台独"分裂活动。巩固了这一共同政治基础，双方就可以继续营造两岸交流合作、协商谈判的必要环境，就可以携手开辟两岸关系发展新局面。吴伯雄也表示，坚持"九二共识"、反对"台独"是两岸关系和平发展的重要基础，需要双方共同巩固。

5月19日　马英九在"就职三周年记者会"上表示，过去三年来，我们在"中华民国宪法"架构下，以"九二共识"为基础，秉持"对等、尊严、互惠"的原则，积极改善两岸关系，使台湾海峡从过去的军事热点，逐步变成和平的大道。两岸交往则以"九二共识"为基础，双方都承认一个中国的原则，但彼此定义不一样，我们的"一个中国"只有"中华民国"，没有其它解释的可能，这与"中华民国宪法"的规范是一致的。

6月12日　全国政协主席贾庆林在第三届海峡论坛上强调，只有保持两岸关系的稳定，巩固反对"台独"、坚持"九二共识"的共同政治基础，排除对两岸关系的各种干扰因素，才能使两岸关系保持正确方向，才能让和平发展的成果不至得而复失。

7月29日　国台办主任王毅在芝加哥会见旅美台胞代表时表示，"九二共识"的精髓是求同存异，即两岸双方共求对于一个中国的认同，搁置对于一个中国政治涵义认知的分歧。这一共识的核心是尽管两岸间一直存在政治对立，但中国只有一个，国土没有也不能分裂。"九二共识"的达成，为之后的汪辜会谈打开了道路。确认这一共识，也成为2008年后两会恢复商谈的重要前提。在两岸关系呈现和平发展光明前景，但又面临种种挑战的情形下，推翻这一前提、否认这一共识，将难以想象两会如何继续通过平等协商解决两岸间的各种现实问题；难以想象两岸如何在政治分歧犹存的情况下继续建立互信、良性互动；难以想象两岸如何为彼此频繁交流、深化合作继续提供良好气氛和必要环境。

8月23日　马英九在出席"中华民国建国一百年和平祈福日活动"时强调，"九二共识"的内涵是"一个中国，各自表述"。对我们而言，"一个中国"就是"宪法"上的"中华民国"。我们支持"九二共识"，就是支持"中华民国"，支持"宪法"对主权、领土与两岸定位的规范。如果"不统、不独、不武"与"九二共识"的政策被推翻，两岸关系必然陷入不确定状态，对两岸都有很大冲击，对台湾影响尤其重大。

民进党"总统"参选人蔡英文公布"十年政纲"中的两岸篇时指出，"九二共识"是从哪出来，社会也有很多疑问。1992年没有"九二共识"这个名词，李登辉、辜振甫也说没有"九二共识"。"九二共识"是不存在的东西，没有所谓承认或不承认、接受或不接受的问题。

8月28日　马英九举行"九二共识"记者说明会声称，"九二共识"的内涵其实很清楚，就是"一个中国，各自表述"，这是两岸之间的共识，而对我们来说，所谓的"一个中国"当然就是"中华民国"。

10月9日　国家主席胡锦涛在纪念辛亥革命100周年大会上指出，我们要牢牢把握两岸关系和平发展主题，增强反对"台独"、坚持"九二共识"的共同政治基础，促进两岸同胞密切交流合作，共享两岸关系和平发展成果，提升两岸经济竞争力，弘扬中华文化优秀传统，增强休戚与共的民族认同，不断解决前进道路上的各种问题，终结两岸对立，抚平历史创伤，共同为实现中华民族伟大复兴而努力。

10月17日　马英九发布"黄金十年、国家愿景"政策说贴，其中"和平两岸"部分指出，以"九二共识、一中各表"为基础，秉持"搁置争议、共创双赢"、"以台湾为主、对人民有利"及"国家需要、民意支持、国会监督"的原则，凝聚"国内朝野"共识，持续推动制度化协商，为台湾创造更多优势条件，让"世界走进台湾、台湾走向世界"。

11月3日　马英九接见"中国大陆发展模式的内政与全球视野"国际学术研讨会与会来宾时表示，我们发展对中国大陆关系既非"香港模式"，更非"西藏模式"，而是独特的"两岸模式"，此一模式让两岸能长期维持和平环境并进行深度交流，相信此一交流对达成长期和平及两岸相互了解极具帮助。"两岸模式"的根本内涵即是在"中华民国宪法"的架构下，维持两岸"不统、不独、不武"的现状，同时在"九二共识、一中各表"的基础上持续推动两岸和平发展。

11月11日　中共中央总书记胡锦涛在美国檀香山会见中国国民党荣誉主席连战时强调，"九二共识"是1992年由两岸正式授权的民间团体达成的，是客观存在的事实。"九二共识"的精髓是求同存异，这体现了对待两岸间政治问题的务实态度。认同"九二共识"是两岸开展对话协商的必要前提，也是两岸关系和平发展的重要基础。连战也表示，坚持"九二共识"是两岸关系和平发展的重要基础，是两岸经贸互惠与繁荣的基石，也是两岸政治互信的凭借。

12月16日　全国政协主席贾庆林在海协会成立20周年纪

念大会上指出，"九二共识"是一个客观事实，而且是一个对两岸关系发展不断发挥重大积极作用的事实。否定"九二共识"，两岸协商就难以为继，已有的协商成果也将难以落实，两岸关系势将重现以往曾有过的动荡不安，最终伤害两岸同胞的利益。中台办主任王毅也强调，20年来两会协商和两岸关系走过的道路告诉我们，坚持"九二共识"，两岸双方的互信就能维持，基础就能稳固，商谈就能持续，两岸同胞的福祉就能不断增进。否定或者抛弃"九二共识"，不仅两会协商会陷入停顿，两岸关系也会发生倒退，两岸同胞尤其是台湾同胞的利益就会受到损害。

12月28日 台塑集团总裁王文渊表示，若要两岸经济协议（ECFA）继续推展且避免倒退，关键在"九二共识"的基础上扩大两岸良性的交流。

2012 年

1月3日 在台"大选"投票前夕，长荣集团总裁张荣发表示，只有承认"九二共识"，对台湾才会有利，如果有人当选之后说没有"九二共识"，台湾的经济会很凄惨。

1月13日 台湾宏达电董事长王雪红在2012"大选"前最后一天公开表示，"'九二共识'之前，我从来没有看过这么平和的两岸关系"，"很难想像没有'九二共识'的双边关系、也很难想像会有人对更和平的两岸关系说'不'；更无法理解的是，真的有人相信没有了'九二共识'，这一切还都会照旧而不会改变"。

2月10日　中台办主任王毅在与全国台企联举行新春联谊时表示，"九二共识"的重要性得到越来越多台湾民众的理解和认同。期待今后岛内有更多政治力量和有识之士共同抵制和反对"台独"，共同认同和坚持"九二共识"，共同参与和支持两岸关系和平发展。

3月15日　中台办主任王毅在第十届两岸关系研讨会开幕式上指出，实践证明，两岸双方在反对"台独"、坚持"九二共识"的共同基础上增进互信，良性互动，是推动两岸关系稳定发展的关键。"九二共识"的核心是双方各自以口头方式表述海峡两岸均坚持一个中国原则，精髓是求同存异，即求一个中国之同，存政治分歧之异。坚持一个中国，是指认同大陆和台湾同属一个中国，反对和抵制国家分裂。这不仅构成双方接触商谈的重要前提和基础，也符合两岸各自的有关规定。两岸在事关维护一个中国框架这一原则问题上形成更为清晰的共同认知和一致立场，更为明确地树立两岸同胞一家人的观念，就能为再创两岸关系新局提供更加坚实的基础，为解决两岸之间的各种难题开辟更加明朗的前景，为扩大两岸同胞尤其是台湾同胞的福祉创造更加有利的条件。

3月22日　中共中央总书记胡锦涛会见中国国民党荣誉主席吴伯雄时强调，增进政治互信，重在坚持"九二共识"，坚决反对"台独"。两岸虽然还没有统一，但中国领土和主权没有分裂，大陆和台湾同属一个中国的事实没有改变。确认这一事实，符合两岸现行规定，应该是双方都可以做到的。维护一个中国框架，对增进双方政治互信有利，对两岸关系稳定发展有利。吴伯雄强调，坚持"九二共识"是国共两党重要的政治互信。海峡两岸并非国与国的关系。根据双方现行体制和相关规定，两岸都坚持一个中国，在此基础上求同存异，同的是"两岸同属一中"，对于异的部分我们正视现实，搁置争议。

4月1日　国务院副总理李克强在海南博鳌亚洲论坛会见台湾两岸共同市场基金会代表团名誉团长吴敦义一行时表示，我们将巩固反对"台独"、认同"九二共识"的共同政治基础，继续贯彻推动两岸关系和平发展的各项方针政策，不断开创两岸关系和平发展的新局面。

4月13日　国台办主任王毅在休斯敦侨界招待会上讲话指出，之所以要坚持"九二共识"，是因为"九二共识"的核心是两岸双方均坚持一个中国原则，只要认同并坚持大陆和台湾同属一中，国土就没有分裂，主权就没有分割，两岸双方就有了最基本的互信，台海和平就有了最基本的保障，两岸关系的改善发展就有了最基本的动力。当然，我们也知道，两岸双方对一个中国政治涵义的认知尚未形成一致，但这是在一中框架下存在的政治分歧，与"一边一国"的"台独"分裂主张截然不同，可以本着求同存异的精神，通过平等对话，逐步寻求双方都能接受的解决之道，从而达到聚同化异的目标。巩固政治基础，就是要拒绝以各种形式出现的"台独"主张，同时维护"九二共识"的核心内涵。增进政治互信，就是要在认同两岸同属一中、维护一个中国框架这一原则问题上形成更为清晰的共同认知和一致立场。

5月6日　苏贞昌在民进党第14届党主席首场电视辩论上称："台湾共识，我首先提出来，连'总统'候选人（蔡英文）也使用台湾共识"，"要有信心，不必人云亦云、自乱阵脚"，未来主张以"台湾共识"取代"九二共识"。

5月20日　马英九发表"就职演说"时指出，"中华民国宪法"是"政府"处理两岸关系的最高指导原则；两岸政策必须在"中华民国宪法"架构下，维持台海"不统、不独、不武"的现状，在"九二共识、一中各表"的基础上，推动两岸和平发展；而我们所说的"一中"，当然就是"中华民国"。依据"宪法"，"中华民国"领土主权涵盖台湾与大陆，目前"政府的统治权"仅及于台、澎、金、马。换言之，20年来两岸的宪法定位就是"一个中华民国，两个地区"，历经3位"总统"，从未改变。这是最理性务实的定位，也是"中华民国"长远发展、保障台湾安全的凭借。两岸之间应该要正视这个现实，求同存异，建立"互不承认主权、互不否认治权"的共识，双方才能放心向前走。

5月24日　马英九出席2012年"国际比较法学会"大会开幕典礼时指出，政府以"九二共识、一中各表"为原则，在既有的基础上推动两岸关系。上述原则系奠基于"互不承认主权、互不否认治权"的概念，而这概念系受到德国经验的启发，东德与西德的关系主要系依据1972年的基础条约，双方以"统治高权"（hoheitsgewalt）一词取代了"主权"（souveranitaet），并区隔了主权（sovereignty）与治权（governing authority）等概念。

6月16日　全国政协主席贾庆林出席第四届海峡论坛时强调，当前两岸关系和平发展由开创期进入巩固深化的新阶段。巩固政治基础，不断深化两岸政治互信，是保持两岸关系正确方向和良好势头的关键所在。首先要恪守反对"台独"、坚持"九二共识"的共同立场，同时不断增进两岸同属一个中国的共同认知。

7月26日　马英九接见参加"第八届两岸经贸文化论坛"

台湾代表团时表示，"一个中国"的涵义即为"九二共识"的基础，20年前的8月1日，李登辉前"总统"在"总统府"举行"国家统一委员会"全体会议，通过关于"一个中国"的涵义，该涵义其实即蕴含"一中各表"之意——两岸都坚持一个中国原则，但是双方所赋予的意义不同，这也是之后两岸关系能有效推动的重要基础。

7月28日　全国政协主席贾庆林在第八届两岸经贸文化论坛开幕式上发表讲话指出，当前，增进政治互信就是要维护和巩固一个中国的框架。两岸虽然尚未统一，但中国的领土和主权没有分裂。一个中国框架的核心是大陆和台湾同属一个国家，两岸关系不是国与国关系。两岸从各自现行规定出发，确认这一客观事实，形成共同认知，就确立、维护和巩固了一个中国框架。在此基础上，双方可以求同存异，增强彼此的包容性。

9月7日　中共中央总书记胡锦涛在俄罗斯符拉迪沃斯托克会见中国国民党荣誉主席连战时就巩固和深化两岸关系和平发展阐述了三点看法，其中强调，要不断巩固两岸关系和平发展的政治基础。两岸双方确立了反对"台独"、坚持"九二共识"的共同政治基础，这是确保两岸关系沿着正确道路前进的关键所在。巩固和深化两岸关系和平发展，需要我们不断增进互信、扩大共识，尤其是要在共同坚持一个中国原则这一重大问题上毫不动摇，态度鲜明。连战也表示，"九二共识"是两岸和平发展的基础，一个中国是处理两岸事务的基本原则，未来期盼双方进一步增进互信，加强合作，建构两岸关系和平稳定发展的架构。

10月6日　前民进党主席谢长廷参访大陆，谢在与中央台办主任王毅会面时表示，我们不认为有"九二共识"这四个字，且有替代方案，我提出的"宪法共识"就是替代方案。

10月17日　海基会董事长林中森在全国政协主席贾庆林会见时表示，2008年以来两岸两会在"九二共识"的基础上恢复制度化协商，取得丰硕成果，得到两岸同胞的认同肯定。两岸应在维持、巩固和强化"九二共识"的基础上，百尺竿头，再进一步。

11月8日　中国共产党第十八次代表大会开幕，胡锦涛总书记在大会报告中指出，我们要始终坚持一个中国原则。大陆和台湾虽然尚未统一，但两岸同属一个中国的事实从未改变，国家领土和主权从未分割、也不容分割。两岸双方应恪守反对"台独"、坚持"九二共识"的共同立场，增进维护一个中国框架的共同认知，在此基础上求同存异。对台湾任何政党，只要不主张"台独"、认同一个中国，我们都愿意同他们交往、对话、合作。

11月9日　马英九出席海基会主办的"九二共识"20周年学术研讨会时致辞（节选）："'九二共识'绝非口头或凭空而来，而系白纸黑字的函电往来。当时台湾媒体分别以'一个中国，各自表述'、'一中各表'及'一个中国，各说各话'等标题描述此共识，显见此事实是存在的。"

"陆委会"主委王郁琦表示：为了两岸更好的发展，我们有责任在"九二共识、一中各表"所奠定的基础与创造的成果之上，以更积极主动的态度，推动大陆政策相关措施。

11月26日　中台办主任王毅在"九二共识"20周年座谈会上发表讲话，表示："九二共识"的核心是坚持一个中国原则。"九二共识"的精髓是求同存异。"九二共识"的意义在于构建了两岸关系发展的政治基础。"九二共识"的启示是要有正视问题、面向未来的政治勇气和智慧。

海协会长陈云林表示：我们要更加重视坚持"九二共识"的基础作用。要正确把握和运用"九二共识"的政治智慧。要继续在"九二共识"基础上推进两岸协商。